Das Buch

Nicht von ungefähr ist Martin Menges Archäologe: Er liebt es, kleinsten Details nachzuspüren, verborgenen Zusammenhängen nachzugehen und so einen eigenen Standpunkt zu gewinnen. Auf einer Reise nach Kreta sucht er Abstand zu seinem Alltag, aber auch Klärung der problematischen Beziehung zu seiner in Deutschland zurückgebliebenen Lebensgefährtin Helen.

In Chania begegnet er der bezaubernden Griechin Katharina. Die zurückhaltende junge Studentin eröffnet ihm eine neue Dimension bei der Auseinandersetzung mit Vergangenem: Sie stellt die Bekanntschaft zu dem Engländer Steve Harrison und dem Griechen Jannis her, die wie durch geheimnisvolle Fäden miteinander verbunden scheinen. In zahlreichen Rückblenden erschließt sich allmählich die schicksalhafte Verbindung dieser beiden Männer während des Zweiten Weltkriegs auf Kreta.

Der Leser begegnet in diesem zweiten Kreta-Roman von Herbert Asbeck Motiven und Figuren aus *Lambis, der Geiger* wieder – den beiden jüdischen Musikerinnen Jenny und Julia, dem Geiger Lambis, dem deutschen Leutnant Toni B. Singer und dem Jäger Johannes Wiesbauer. In dem in sich abgeschlossenen neuen Roman wirft der Autor aber zugleich aus heutiger Sicht einen Blick auf die Geschehnisse des Zweiten Weltkriegs in Kreta: Leid und Not der Kriegsjahre treffen Soldaten aller Nationen wie Zivilbevölkerung gleichermaßen, und die Freundschaft über Nationen und Generationen hinweg hat mehr als nur Symbolcharakter!

Der Autor

Herbert Asbeck, Jahrgang 1936, studierte Sprachen in Amsterdam und Barcelona. Ausgedehnte geschäftliche Reisen durch viele Länder und Kulturen schlugen sich in ersten Textentwürfen nieder. Zu seinen Veröffentlichungen zählen »Gedichte eines Unmodernen«, »Die Reise nach S.« sowie die Theaterstücke »Die Graugans«, »Trott«, »Trilogie der Liebe«, »Dio Mio« und »Reise zurück«. Im Allitera Verlag sind bereits seine Romane »Lambis, der Geiger«, »Das liebe Fräulein Klimpernell«, die Erzählung »Der Sommergarten« und der Erzählungsband »Hassans Geschenk« erschienen. Asbeck lebt heute als freier Schriftsteller in Erkrath bei Düsseldorf.

Herbert Asbeck

Tage auf Kreta

Roman

allitera verlag

Weitere Informationen über den Verlag und sein Programm unter:
www.allitera.de

Zweite Ausgabe
März 2008
Allitera Verlag
Ein Verlag der Buch&media GmbH, München
© 2001 Herbert Asbeck
Umschlaggestaltung: Kay Fretwurst, Spreeau
unter Verwendung eines Gemäldes von Tivadar Csontváry
Herstellung: Books on Demand GmbH, Norderstedt
Printed in Germany · ISBN 978-3-86520-305-2

I.

Nichts dringt durch die dumpfe Taubheit des Ohrs als dieses silberhelle Sirren, der Chor eines beflügelten Fortstrebens, das unseren abgehobenen Raum vorwärts bewegt. Die sichere Höhe des Tons betäubt die Sinne und lässt eigene Gedanken an das entfernte Flugziel vorauseilen. Dabei ist mir das rumpelnde Anrennen gegen die Schwerlastigkeit beim Start, der lärmende Trotz, mit dem sich diese Kleinwelt vom Boden löste, das Triumphgeheul im endlichen Aufstieg, längst aus dem Bewusstsein gefallen.

Sanft, mit leisem Atem, gleitet der Nachtvogel mit uns durch die Dunkelheit, als wolle er den Schlaf der Erde belauschen. Draußen haben die Sterne ihre Lichtpunkte gesetzt, die treuen Wegmarken des Menschen, seit er begann, seine Richtung durch Meere und Wüsten zu suchen.

Hier in der Kabine glimmt nur die Notbeleuchtung, die Gesichter und Konturen matt aus dem Schatten hebt. Die meisten Fluggäste schlafen. Bei anderen setzen Leselampen hoch über den Köpfen grelle Lichtkegel auf Bücher und Magazine und geben so wachen Nachtgeistern den Blick frei auf Geschichten und Bilder. Irgendwo hinten jammert ein Kind.

Zum ersten Mal sitze ich vorn in der ersten Klasse, auf Linienflügen Privileg für Fluggäste mit goldener Kreditkarte. Aber heute ist die Maschine der *OLYMPIC AIRWAYS* Ferienflieger. Alle Klassenschranken sind aufgehoben, die Polster breit und bequem. Es macht keine Mühe, die Beine übereinander zu schlagen. Ich fühle mich wie ein Lord. Die Zeitung steckt ungelesen vor mir im Netz. Sie ist erst gerade diesen einen Tag alt und doch schon von gestern. Irgendwann wird der Mensch seine eigene Zeit überholen und weit vor ihr im Niemandsland niedergehen.

Ein leises Knacken, wie ein trockener Zweig, den jemand neben dem Ohr zerbricht, ruft meine fliehenden Gedanken zurück. Ganz nah der keuchende Atem eines Mannes, der nach Worten sucht und dann leise durch den Lautsprecher raunt: »Wir sind jetzt genau über Thessaloniki.« Ein Hinweis für die Schlaflosen und Halbwachen, die nicht wegdämmern wollten aus diesem Wunder des Fliegens.

Weit unten, doch keine Lichtjahre entfernt, die Stadt, das Bild einer fremden Galaxie, akkurat geknüpfte Geometrie der Kreise, Achsen und Diagonalen, der Rechtecke und Quadrate, so ganz anders als das scheinbare Chaos nach einem Urknall. Venus, Waage und Fisch, irgendwo sind sie auch hinter diesen Lichtern versteckt. Mein Blick folgt den feinen Verästelungen an den Rändern, an denen alles wie ein Spinnennetz aufgehängt scheint.

Die Gedanken wandern zurück zu dem Altertums-Jäger, der in lehmigen Stiefeln lautlos durch Moder und Schutt pirscht, obwohl er doch weiß, dass kein noch so polterndes Auftreten seine Beute je wieder aufschreckt. Sie nimmt keine Witterung mehr von diesem Bodenschnüffler, der unter jedem Hügel eine verschollene Stadt oder ein Fürstengrab, unter jeder Autostraße einen alt-römischen Heerweg sieht. Er findet sicher den Punkt, wo er die rot-weiße Lanze des Archäologen in den Boden rammt, seine Kreuzfäden über das Land wirft, bis die Erde aufgeteilt ist in kleine Quadrate, und er sie als schrumpelige Orange in seinem Netz fest in der Hand hält.

Und jetzt bin ich in dieser zielgenau gesteuerten Speerspitze, die mich zehntausend Meter hoch über das schlafende Thessaloniki hinweg trägt! Die Briefe des Paulus fallen mir ein und der Stern Davids, der seit der Vertreibung der Juden aus Spanien jahrhundertelang über diesem neuen Andalusien leuchtete, bis ihn Eroberer aus meinem eigenen Land mutwillig aus dem Himmel über der Stadt brachen.

Meine Hand greift nach dem Glas, das schon lange auf dem kleinen Tisch vor mir steht. Ich halte es gegen das blasse Licht, aber weder Vergangenheit noch Zukunft lassen sich aus den Brechungen lesen. Nur der dunkle Saft in der Bodenwölbung schwappt geheimnisvoll. Ich blicke über den Rand in den offenen Krater, atme den flüchtigen Geist, der unsichtbar in Nase und Hirn steigt, dort versperrte Türen aufstößt und das Auge für eine fremde Welt öffnet. Da unten in diesem See liegt verborgen das alte Griechenland, aufeinander gestapelt Jahrtausende alte Geschichte, deren vergangener Glanz aus mancher Untiefe aufscheint wie ein Leuchtturm aus der Finsternis.

Kühl liegt mir das Glas zwischen den Lippen. Die Schleuse öffnet sich einen Spalt, und der Metaxa füllt die dunkle Höhle, legt kleine Brände zwischen Zunge und Gaumen, stürzt beim ersten Schluck als glühende Lava über die Klippe. Ich fühle mich wie der Dornbusch, den das mythische Feuer nicht wirklich verzehrt, sondern der nur sichtbares Zeichen göttlichen Atems ist.

Dumpfe Schritte stöckeln von irgendwo hinter mir in meine Träume. Ein Luftzug mit einem Hauch Duftwasser weht mir übers Gesicht. Köpfe heben sich aus trägem Dahindämmern, doch nichts hat sich geändert am gleich bleibenden Fluggeräusch. Die Tür zum Cockpit wird aufgerissen. Die Silhouette der Stewardess steht im Rahmen, ein Scherenschnitt, der sich schwarz gegen den Leuchtkäferschwarm der Bordinstrumente abhebt, jetzt zu einem der Piloten hinabbeugt. Gleich wird der Vampir da vorn dem Ahnungslosen die Blutzähne in den Hals stoßen, und wir treiben steuerlos über den Himmel. Doch ich höre nur Männerlachen, und die Türe fällt zu.

Der Schlag erlöst mich von dem kindlichen Trugbild, hat doch dieser Flug nichts Erschreckendes. Auch fühle ich mich nicht als göttlicher Wächter, der über einer nachtschwarzen Schöpfung Patrouille fliegt. Im hellen Wachsein empfinde ich wieder die innere Rastlosigkeit, die mich befällt, sobald ich erkennen muss, dass mein Leben nicht reicht, der unterirdischen Welt alle Geheimnisse zu entlocken. Zu übermächtig ist die Summe der Zeitalter gegenüber der Spanne, die dem Ausgräber bleibt, die einzelnen Schichten ans Licht zu bringen und sie wie Jahresringe eines versteinerten Baums zu deuten.

›Vierzig Jahre sind doch kein Alter‹, hatten Kollegen behauptet, denen die eigene Pensionierung bevorstand. Und doch ist die Rechnung sehr einfach: Noch einmal vierzig, heißt in der Summe achtzig. Lebe ich noch, habe ich Spaten und Peilstange längst an Jüngere weitergegeben. Vielleicht blättere ich dann mit gichtigen Fingern in alten Grabungsberichten und erinnere mich meiner ersten eigenen Funde.

Der trockene Erdklumpen kommt mir in den Sinn, gegen den damals meine Fußspitze stieß, als ich mit meiner Schulklasse auf Tour in der Heide war. Ein länglicher, merkwürdig geformter Stein war zurück geblieben, als die Erde zur Seite spritzte. Nicht rund oder oval von Wasserstürzen und stetiger Reibung, sondern mit Kanten und Ecken, unbeholfen aus einem größeren Brocken herausgeschlagen: eine Pfeilspitze. Irgendwann war der Mensch vom Sammler zum Fleischfresser geworden. Noch scharf das eine Ende des Flintsteins, um in argloses Leben zu dringen. Primitiv für heutiges Formverständnis, nichts, was Gesetzen der Aerodynamik folgt und doch etwas, das zu seiner Zeit, ausbalanciert mit Länge und Gewicht seines Pfeils, oft oder vielleicht auch selten genug, sein Ziel fand. Ein Glücksspiel für den, der auf Sieg setzte und ihn dann doch verfehlte. Für ihn gab es nur eine Rettung: davonlaufen.

Mag sein, auch meine Reise nach Kreta gleicht einer Flucht. Nicht, dass ich mich vor etwas Greifbarem fürchte. Denkbar, sie ist der unbewusste Versuch, mich für eine Weile vor einer Erscheinung davonzustehlen, die nach meinen Freiräumen schnappt und mir gierig die Lebenszeit frisst. Möglich, ich bin deshalb Altertumsforscher geworden, weil sich Vergangenheit nicht mehr verzehrt, und der Weg zu ihr sicherer scheint, als der in die Zukunft.

Wie ein Klagelied klingt jetzt im Niedergehen der abschwellende Gesang des Vogels. Die Luft wird fühlbar als Druck auf Lungen und Trommelfell. Eine Hand mit Goldring greift nach dem leeren Metaxaglas. Hell blitzt das volle Kabinenlicht in endende Träume und verschlafene Augen.

Die Nase des Flugzeugs hat sich kaum merkbar geneigt. Und schon rückt alles in eine schiefe Ebene. Der Blick durchs Fenster lässt immer noch nichts erkennen als Nacht. Die Suche im Dunkeln ist mir nicht fremd, nur, dass die Piloten Signale empfangen, die ihnen sicher den Weg weisen. Ich blättere in der Zeitung, lese Überschriften, ohne dass mir der Sinn bewusst wird. Irgendetwas muss man ja tun so kurz vor dem Ziel.

2.

Ich horche in den beginnenden Tag, ohne die Augen zu öffnen. Selten hat mich ein kurzer Schlaf so erfrischt. In der Nacht noch hatten mir kleine Hämmer wild gegen die Schläfen gepocht. Und von dem »Kaliníchta« des Nachtportiers, der dem späten Gast müde den Zimmerschlüssel gab, stach mich das kurze ›í‹ als spitze Nadel ins Ohr.

Im Zimmer stand ich eine Weile am offenen Fenster und atmete die kühle Nachtluft. Schwach wehte eine Brise von den Bergen herüber und strich mir wohltuend übers Gesicht. Nicht weit von hier flüsterte und gluckste das Meer. Straßenlaternen warfen Lichtkreise auf Pflaster und Fassaden. Der Himmel zeigte wenig Neugier in dieser Nacht. Der Mond war verschwunden und kühlte sein blasses Gesicht im Schatten der Erde. Die Sterne blinzelten matt herüber und ließen der Stadt ihr nächtliches Geheimnis.

Jetzt weckt die frische Morgenluft streichelnd die Sinne. Sanft bläht sie die Vorhänge, und die Sonne zeichnet Mast und Spieren aufs Tuch. Holz knarrt. Stimmen reden in einer fremden Sprache. Stolz fährt das Schiff der Argonauten in meine Wachträume. Doch bin ich nicht hier, um mit Jason nach dem Goldenen Vlies zu jagen.

»Willkommen im Hotel Pharos!« Heute, am Morgen, lächelt mir Artemis an der Rezeption entgegen. »Ich hoffe, Sie werden sich bei uns wohl fühlen.«

»Ja, sicher.« Ich versuche, durch das Lächeln hindurch ihr anderes Wesen zu entdecken, von dem die Sage berichtet.

Ich sitze in einem hellen Raum und frühstücke. Schwarzer Kaffee, ein wenig bitter für meinen Geschmack, kleine Weißbrotscheiben, Konfitüre, ein Stück Kuchen, genug, um das flaue Gefühl im Magen zu vertreiben. Und wunderbar der Blick aus dem Fenster auf ein Stück Blau mit einem dümpelnden Boot, weiße und pinkfarbene Hausfassaden, alles wie eingerahmt in der Kunstgalerie, Kleinstausschnitt eines Bilderrätsels, dessen Lösung Chania heißt.

»Waren Sie schon mal hier?« Ich hatte nur kurz gegrüßt, als ich an den Tisch kam. Ansonsten saßen die Frau und das Mädchen weit hinter meinen Gedanken.

»Nein, noch nie.« Wie anders, als mit einem Schlag kurz hinter das Netz, kann man jemandem deutlich machen, dass einem, zumindest zu dieser Zeit, das aufgedrängte Satzspiel eines Wortpingpong zuwider ist?

»Ihnen scheint die Stadt zu gefallen.«

»Ich habe noch nichts gesehen, außer dem hier« – dabei zeige ich aus dem Fenster – »und ein paar brennenden Straßenlaternen heute Nacht.«

»Wollen Sie sagen, es gäbe hier so was wie Nachtleben?« Dabei klimpert sie mit den Armreifen.

»Weiß nicht. Ich bin erst diese Nacht mit dem Taxi vom Flughafen hergekommen.«

»Und was machen Sie hier?«, fragt das Mädchen.

»Ferien.«

»Hier ist es furchtbar langweilig.«

»Ja, dann einen schönen Tag«, wünsche ich, wische mir den Mund mit der Serviette und gehe.

An diesem Morgen will ich ohne Plan durch Straßen und Gassen schlendern, den Atem der Häuser riechen, der aus Fenstern und Türen und durch die Poren der Mauern dringt, die Stimme der Stadt hören, in der Hoffnung, sie zu verstehen. Aber wieder lächelt Artemis. »Yes, Mr. Harrison.« Ein älterer Gast stellt Fragen. Auf das stelzfüßige Englisch des Briten antwortet sie mit einem Akzent, bei dem ihr das ›r‹ wie ein Kieselstein von der Zunge rollt. Sie winkt mir zu. »Einen Moment bitte, Herr Menges!« Sie kennt meinen Namen. Und auch dem Deutschen gibt sie einen anderen Klang. Die Sprache fällt ihr aus dem gewohnten Rhythmus, tanzt in fremden Schritten und findet eine ganz neue Harmonie.

Mr. Harrison geht, nickt mir freundlich zu, bevor er das Hotel verlässt. Jetzt steht Artemis vor mir. »Ich heiße Katharina.«

›Ka-tha-ri-na!‹ Aus gleich großen Scherben setzt ihr gebrochener Ton den Namen zusammen, ein Gefäß strenger Symmetrie. Aber ich bin nicht hier, um in ihrem jungen Gesicht das Geheimnis der klassischen Form zu ergründen. Und hatte sie nicht eben das gleiche Lächeln für Mr. Harrison?

Irgendwo habe ich ihr weißes Gesicht schon gesehen. Es war kühl, als ich mit den Fingern über den Marmor strich. Aber die kleinen, blanken Spiegel ihrer Augen erinnern mich, dass man Lebende nicht anstarrt wie Statuen. »Menges. Martin Menges.« Unsinnig, ihr meinen Namen zu nennen. Sie kennt ihn ja längst.

»Ist mit Ihrem Zimmer alles in Ordnung?«

»Ja, danke. Alles in Ordnung.« Statt nach dem Faden zu greifen, mit dem mich jemand aus dem Labyrinth lockt, jetzt nur nüchterne Abwehr. Aber diese Katharina will nicht Artemis sein, wie ich anfangs dachte, noch ist sie Ariadne.

»Sie sind Archäologe, nicht wahr?« Das hat sie in der Anmeldung gelesen. Doch was hilft es dem Krebs, mit seinen Scheren zu drohen? Wenn er gefangen ist, wird ihm der Panzer gebrochen.

»Ja, Katharina.« Ich wundere mich, wie leicht mir dieses ›Katharina‹ daherkommt. Was im Privaten so vertraulich scheint, ist in der Reisewelt wohl eher etwas, hinter dem man als Person unauffindbar bleibt.

»Ich studiere Sprachen. Im Winter. Im Sommer arbeite ich hier im Hotel. Es gehört meiner Tante.«

»Welche Sprachen?«

»Englisch, Deutsch, Französisch.«

»Ihr Deutsch ist sehr gut.«

»Ich muss noch viel lernen.«

»Wer muss das nicht?«

»Waren Sie schon mal auf Kreta?«

»Nein. Noch nie.«

»Ich möchte Sie einladen. Gleich um zehn beginnt drüben an der Moschee eine Führung durch Chania.« Ja, ich bin interessiert. Sie nennt mir den Preis. Ich zahle.

»Danke, Herr Menges.« Sie trägt meinen Namen in eine Liste ein und gibt mir die Quittung. »Bitte, gut aufheben. Sie werden gleich abgeholt.«

Noch bleibt Zeit, um aufs Zimmer zu gehen. Der Hotelprospekt sagt, das Haus stamme aus dem 13. Jahrhundert. Geblieben von damals sind wohl nur Mauern und Fundamente. Verschwunden die alten Marmorböden und -treppen. Stattdessen Holz. Stufen und Türen glänzen blau, Geländer und Fensterrahmen strahlen in frischem Weiß. Die braunen Dielen knarren unter den Füßen. Alles riecht neu. Doch würde mich nicht wundern, wenn es hinter den Türen in altem Italienisch tuschelt oder eine stolze Venezianerin lautstark ihr Dienstpersonal antreibt.

Evtychios erzählt von längst vergangenen Zeiten. »Das heutige Chania liegt auf den Resten des alten *Kydonia*. König *Minos* selbst hat die Stadt gegründet. In *Knossos* wurde eine Schrifttafel mit dem Namen ›Kudonija‹ gefunden.« Ja, diese Linear-B-Schrift könne man inzwischen entziffern. Die damals gesprochene Sprache sei eine Vorläuferin des Griechischen. Im Übrigen würden wir gleich auf dem Rundgang die griechisch-schwedische Ausgrabung der minoischen Fundamente sehen.

Ich lehne derweil an der Mauer der kleinen Moschee. Irgendwann in osmanischer Zeit hat sie sich zwischen venezianische Hausfassaden und das Hafenbecken gezwängt. Aber kein Minarett zeigt mehr als mahnender Finger zum Himmel. Kein Muezzin ruft sein ›Allah akbar‹ über die Stadt. Schon lange ist es her, seit die letzten Muslime Kreta verlassen mussten. Dafür kamen ausgewiesene Griechen aus der Türkei.

Nur wenige Personen zählt unsere Gruppe: die Frau und das Mädchen vom Frühstückstisch, einige Paare aus anderen Hotels und eine alte Dame mit Sonnenhut. Jedes Mal, wenn wir anhalten, klappt sie ein kleines Stühlchen auseinander und nimmt in der ersten Reihe Platz, die Galionsfigur eines Seglers, mit wehenden Wimpeln, die vom Hut flattern, das Gesicht straff in das Auf und Ab der Wellen gereckt. Vorn auf dem Klüverbaum steht Evtychios und erklärt ihr die Welt. Und Evtychios liebt seine Welt. Nichts, was er sagt, klingt nach Routine. Jeder Satz, jedes Wort ist wie frisch aus dem Stein gehauen. Unmerklich legt er die Lockspeise aus, die den Archäologen wegreißt von den bequemen Asphaltwegen auf die buckligen Pflaster seit langem versunkener Orte.

Kühl zergeht mir das Eis auf der Zunge. So hemmt es die heftige Entgegnung, die mir im Hals steckt, als mich die Frau am Nachbartisch fragt, wie spät es denn sei. Wie spät! Fange ich doch gerade erst an, der Zeit ihren Lauf zu lassen, die mit jedem Moment wegführt von dem, was gerade noch Gegenwart ist.

Genau an diesem Punkt liege bei mir der unbehauene Block, meint Helen, der mir den Weg in die Zukunft verstelle. Einer wie ich müsse doch wissen, wie man Lasten beiseite räumt und Stein um Stein aufeinanderschichtet, bis Paläste und Tempel entstünden, die, wenn der Mensch sie nicht mutwillig einreiße, weit über ihn selbst hinausreichten.

Dabei vergaß sie, wer in der Geschichte die großen Lasten getragen hatte. Ich wollte nie Sklave sein! Und so schritt ich die Zeit zurück und sammelte auf meinem Weg die im Staub verborgenen kleinen Steinquadrate und setzte sie zusammen zu einem eigenen Bild. Ich wusste: vollkommen würde es nie. Aber ich schloss seine Lücken, indem ich vorhandene Linien über ihre sichtbaren Endpunkte fortsetzte, bis alles seine eigene Geometrie hatte.

»Wie spät?« Wieder diese Stimme, die das Trommelfell klirren lässt.

»Du hast doch selbst eine Uhr«, kreischt das Mädchen. Schon am Frühstückstisch war mir das grellbunte Zifferblatt aufgefallen. Das Mädchen verdreht den Arm der Frau und den eigenen Kopf so, dass es leicht den Stand der Zeiger erkennt. »Es ist genau zwölf.« Sagt es und saugt schlürfend den kremigen Rest aus seinem Eisbecher.

Auch ich hatte das näher kommende Geräusch gehört. Metallhämmer, die in wechselndem Takt spitz auf Stein schlugen und nun mit dem Aufschrei der Frau am Nachbartisch abbrechen. »Ich will Kutsche fahren!« Mit diesem Ruf war kurz vorher das Mädchen aufgesprungen und zwischen Stühle und Tische hindurch zur Straße gerannt.

Groß, sich unter stramm gezogenen Zügeln aufbäumend, steht vor dem Mädchen ein Pferd, wohl ebenso herausgerissen aus gleich bleibendem Trott wie der Kutscher. Das Pferd, von dem alle Welt weiß, dass es selbst im Kampf nur unter dem Zwang seines Reiters über Menschen hinwegtritt, rudert mit den Vorderhufen wild in der Luft wie ein Ertrinkender im tiefen Wasser, um im Zurückfallen in seinen vierbeinigen Stand nicht das Kind unter sich zu begraben.

Nichts ist passiert, außer dass alle Welt auf das Mädchen und den Kutscher starrt, der es hochgehoben hat wie einen gerade gewonnenen Pokal und dann an sich drückt, es mit Schwung in die Kutsche setzt und die Frau nun ebenfalls mit einladenden Handbewegungen auffordert, neben dem Mädchen Platz zu nehmen.

Ich bestelle einen Kaffee. Helen und ich haben uns oft über Kinder gestritten. Der Grund für den Streit lag bei mir in der Unmöglichkeit, für zwei unabhängige Kreise den gemeinsamen Mittelpunkt zu finden. Genau der seien Kinder, meinte sie.

Schien da nicht eben Triumph in den Augen des Mädchens, als es sich aus der davonfahrenden Kutsche nach mir umsah? War sie doch durch eigene, kindliche Dramaturgie in den Mittelpunkt des Kreises zurück gestellt, aus dem ihre Mutter versucht hatte auszubrechen.

»Städte sind lebende Wesen mit einem eigenen Gesicht. Ihre Schönheit zeigt sich am ehesten dort, wo sie es nicht – wie Schauspieler in altgriechischen Tragödien – hinter glatten Masken verbergen.« So oder so ähnlich hatte es Evtychios heute Morgen beim Rundgang durch Chania gesagt. »Durch die Risse und Schründe eines alten Gesichts scheint das innere Wesen durch: die Liebe zu den Nachwachsenden und die Hoffnung auf Erlösung nach lebenslangem Kampf.« Wie oft mochte er wohl darüber nachgedacht haben. Und:

»Jede neue Zeit frisst die alte«, als er auf eine antike Säulentrommel zeigte, die die Venezianer als Baustein in eine Häuserwand eingemauert hatten.

Nur der Kaffeesatz, der mir herb zwischen Gaumen und Zunge liegt, verhindert, dass mir die Sinne völlig in süße Schwerelosigkeit gleiten. Wind weht von See her und drängt weiße Wolken über die Stadt. In stetiger Verwandlung ergeben sie sich der ruhelosen Kraft, die ihnen keinen unverrückbaren Platz am Himmel lässt. Der blickt blau durch die großen Lücken, und die Sonne wirft ihre Lichtbündel wie Laserstrahlen zur Erde. Ein wunderbares Gefühl, wenn nach kühlen Momenten warmes Licht auf die Stirn trifft. Für einen Augenblick scheint die eigene Innenwelt hell und schattenlos.

Drüben im Fort werden hastig Flaggen gedippt. Aus dem Geschützrohr auf der Festungsmauer schießt weißer Rauch, dem ein dumpfer Schlag aufs Trommelfell folgt. Draußen vom Meer her das Echo ist Zeichen, dass in den Hafen von Canea bald ein venezianischer Schiffsverband einlaufen wird. Segel werden geborgen, um den Dreimastern Fahrt zu nehmen. Flinke Galeassen, die draußen auf See kreuzen, sichern die schwerfälligen Kauffahrer. Bald würden Handelsherren und Schiffseigner am Kai stehen, die einen Hände reibend, wenn Gewürze, Zucker und Tuche durch die Ladeluken gehievt werden, die anderen mit finsteren Mienen, um Havarien durch feindliche Kugeln oder widrige Stürme in Augenschein zu nehmen.

Gäbe es Schäden am Rumpf, müsste das Schiff abgetakelt und an Land in eines der Arsenale geschleppt werden. Das dauert, hat doch die Arbeit der Bootszimmerleute stetig zugenommen, seit der Sultan und die Piraten den Druck auf die christliche Seefahrt verstärkten. Die Kaufleute müssten warten, ehe die Havaristen wieder auslaufen könnten, diesmal beladen mit Baumwolle, Getreide, kretischem Wein und Holz. Ja, Holz! Kannten doch Seefahrer von jeher keinerlei Skrupel, wenn es galt, für ihre Schiffe die Wälder der Welt kahlzuschlagen.

Der Wind ist aufgefrischt. In der Nähe knattert festgezurrtes Tuch. Gut, festen Boden unter den Füßen zu haben. Ich höre, wie das Meer gegen die Mole anrennt. Langsam wie ein Dimmerlicht ist mir die Helle aus dem Kopf gewichen. Ein lauter Schlag weckt mich aus meinen Gedanken. Mir ist, als rolle eine Kugel polternd über einen hölzernen Steg davon.

Das Gewitter schreckt die Stadt aus dem Mittagsschlaf. Ich sehe ein Fischerboot, das auf die Hafeneinfahrt zuhält, nickend in Wellentäler fällt, die Kämme zerteilt, sich wie ein springender Delfin für einen Moment aus dem

Wasser hebt. Es beginnt zu regnen. Unter einer Markise des Restaurants suche ich Schutz.

»Hallo, Herr Menges!« Ich hatte näher kommende Laufschritte gehört. Außer Atem steht Evtychios vor mir, für uns Fremde heute Morgen der Wiedererwecker des alten Chania, ein Zauberer, der träge gewordener Fantasie Flügel gab wie seinerzeit die Venezianer ihrem San-Marco-Löwen. Sie führte uns in türkische Badehäuser, auf altorientalische Märkte und weit zurück in die minoische Zeit, ließ uns in die verwegenen Augen sarazenischer Seeleute blicken und erschrocken in Hauseingänge flüchten, als wir meinten, Bomben schlügen ganz in der Nähe ein, und eine erneute Invasion stünde bevor. Aber immer dann, wenn ein äußerer Feind sein geliebtes Kreta bedrohte, war da sein »Freiheit oder Tod!« wie eine uneinnehmbare Bastion.

Doch jetzt lacht er, obwohl ihm kleine Wasserströme aus dem Haar rinnen, das seinen Kopf wie eine schwarze Filzmütze bedeckt. »Entschuldigung! Ich bin ein bisschen spät. Das Geschäft, wissen Sie …« Er blickt bekümmert. »Sie kommen doch?« Am Morgen hatte er verkündet, dass er in diesen Tagen einen Souvenirladen eröffnen wolle. »Nichts klappt hier. Wer in der Welt wissen will, was Chaos ist, der sollte zu uns kommen.« Ihm zuzustimmen, wage ich nicht. »Aber ich habe den da!« Er hält einen großen Schlüssel in die Luft, als wolle er damit den Himmel öffnen. Die Rostschicht auf dem Schlüsselbart zeigt, dass er lange Zeit nicht benutzt worden war. Mir ist dieser Anblick stetiger Zersetzung nicht fremd, die feste Körper langsam auflöst, bis nur kaum wahrnehmbare Spuren bleiben, die nicht mehr zu deuten sind. Doch dieser Schlüssel zeigt noch Kontur und die Kraft, etwas lange Erstarrtes erneut zu bewegen.

Schon früh hatte ich begriffen, dass uns Vergangenes nicht mehr davonläuft. Da, wo andere vor einer erwarteten Entdeckung von einem nervösen Fieber befallen werden, dämpft mir der Kopf jede innere Erregung. Zu oft haben den Sucher falsche Zeichen genarrt, und er ist ausgeglitten auf den schlüpfrigen Wegen der Vermutungen. Umso tiefer war dann der Sturz in den eiskalten See unumstößlicher Wahrheit. Daher bin ich den hastigen Schritten Evtychios' anfangs nur zögernd gefolgt. Er wolle mir etwas zeigen, was mich gewiss interessiere. Und so sieht er sich fortwährend nach mir um mit dem ergeben-aufmunternden Blick eines Mannes, der ahnt, wie unberechenbar das Maultier ist, das er an unsichtbarer Leine hinter sich herzerrt.

Es hat aufgehört zu regnen. Nur noch die Pflastersteine glänzen feucht und Evtychios' Augen. »Wir sind gleich da.«

»Wunderbar«, sage ich, und er lächelt. Glatt rasiert war sein Gesicht heute Morgen, doch jetzt liegen ihm dunkel nachwachsende Bartstoppeln dicht unter der Haut. Er fasst meinen Arm und zeigt auf die Hausfassaden.

»Früher haben hier die Venezianer gewohnt, dann die Türken und jetzt wir.« Jahrhunderte der Unterdrückung in wenigen Worten. Aber je länger Geschichte dauert, umso mehr verdichten sich ihre Zeiträume zu einem Satz oder nur einem Wort, bis sie in unserem Bewusstsein nur Leerstellen sind zwischen ihrem Anfang und der Gegenwart.

»Jetzt schlafen die Kreter«, sagt Evtychios, doch in seinen Augen ist nichts von Müdigkeit. Balkone zwei- und dreigeschossiger Bürgerhäuser recken sich über die schmalen Gehwege. Der Blick zum Himmel zeigt ihn als grobzackigen Scherenschnitt, über den der Wind riesige Schaumberge weht. Tief atme ich die Luft, in der ich Meersalz und Sonne rieche. Hinter geschlossenen Fensterläden staut sich der Duft von Oliven und Thymian. Nirgendwo zeigt sich ein Mensch. Das Straßenleben nimmt eine Auszeit, um Atem zu schöpfen. Müde blinzelt eine Katze auf einem Stuhl hinter uns her. Mich hat die mediterrane Mittagsträgheit noch nicht erfasst, dieser Selbstschutz vor sengender Sommerhitze, in der sich jeder das Leben aufspart für die kühleren Abende.

Auch Evtychios hat sich wohl eher dem Rhythmus der Fremden genähert, gibt es für Leute wie ihn in langen Wintermonaten genügend Zeit, das Versäumte nachzuholen. Vor einem geschlossenen Laden bleibt er stehen.

»So etwas werde ich auch verkaufen.« In der Auslage drängt sich meerblaue Keramik, Krüge und Schalen in schlichter, klassischer Form. »Aber mehr noch kretischen Schmuck. Frauen bei Ihnen lieben doch Schmuck?«

Ich zucke die Achseln. »Weiß nicht.« Ein wenig eigenartig scheint ihm wohl meine Einsilbigkeit. Doch wie soll er ahnen, wie oft und vergeblich ich meine stummen Zeugen befrage, ohne eine direkte Antwort zu erhalten. Die gibt oft der Fragende selbst in diesem merkwürdigen Rollenspiel, das ›Archäologie‹ heißt. Wenn ich verzweifelt den verschollenen Text suche, ist niemand da, der in einem geheimen Souffleurkasten sitzt. Oft sind es nur die unscheinbaren Dinge, die mir etwas zuflüstern und alles in einen wahrscheinlichen Zusammenhang setzen. Meist führt dann der Zufall Regie, und eine kühle Dramaturgie streicht alles Unsichere.

Etwas hat sich geändert am Gleichgewicht der Häuserreihen. Und an Evtychios' Gang. Eben noch waren seine Schritte die des eiligen Wanderers, der um Länge und Beschwerlichkeit des zurückzulegenden Wegs weiß. Jetzt geht er vorsichtig, fast auf Zehenspitzen, als wolle er bei später Heimkehr die Hausbewohner nicht aus dem Schlaf wecken. Aber die Häuser auf dieser Straßenseite sind leer. Sie haben die filigrane Leichtigkeit unbedachter Ruinen. Entblößt von ihrer glatten Außenhaut zeigen Mauern und Fassaden ihr nacktes, zerbröselndes Knochengerüst, dem schon vor langem das Leben abhanden gekommen ist.

Mich erschreckt nicht so sehr, wenn die fortschreitende Zeit alles in einem gewöhnlichen Kreislauf aus dem Bewusstsein löst, wohl eher das gleichgültige Nebeneinander von Verfall und Leben. Das Leben hat schwergewichtig die andere Straßenseite besetzt. Zur Mittagszeit haben sich dort die Menschen wie Schnecken in ihre Häuser zurückgezogen. Aus einem Radio tanzt kretische Lyramusik auf dünnen Beinen über brüchige Tonleitern. Halb auf dem Gehsteig parkt ein Auto.

Oft habe ich bei meiner Suche das Gefühl, eine unsichtbare Grenzlinie zu überschreiten, hinter der eine geheime Kraft wie ein starkes Magnetfeld alles nach eigener Gesetzmäßigkeit ausrichtet. Trotz der inneren Beklemmung treibt es mich immer wieder in diese verschlossene Welt, in der es aus Mauerspalten und modrigen Kammern nach mir blickt und aus weit offenen Mündern um mich her atmet. Auch jetzt ahne ich, dass hinter diesen Mauern, an denen Evtychios zögernd stehen bleibt, eine Totenstadt liegt. Nicht, dass dem Eindringling dort der Tod greifbar begegnet, sondern er erschreckt durch die dauerhafte Abwesenheit von Leben.

Der spitze Giebel mit seinem rund gemauerten Fenster weit oben, so ähnlich hatte ich es an den venezianischen Arsenalen im Hafen gesehen. Eine Kirche vielleicht. Doch etwas ist anders: keine Glocken, kein Kruzifix. In zwei runden Halbfenstern schmiedeeiserne Gitter als Zierrat und Schutz. Darin wie im Strahlenkranz aufgehend der Davidstern. »Das hier wollte ich Ihnen zeigen«, sagt Evtychios. »Die Ebreica, das alte Judenviertel von Chania. Alle Juden in der Republik Venedig, auf der Terraferma wie auf den Inseln, mussten in Ghettos leben.«

»Venedig war überall«, antworte ich. Ratlos sieht er mich an.

Erstaunlich, dass zu einem Sarg gezimmertes Holz in unserer Vorstellung erstorbenem Leben einen Aufschub gibt, als könne es fortschreitende Zersetzung aufhalten und den davongeflogenen Seelen den Raum bewahren zurückzukehren und mit ihren Leibern wieder aufzuerstehen, bis es sich schließlich selbst auflöst und zurückfällt in den ewigen Kreislauf.

Anders als in ägyptischen Totenstädten, in die Lebende Einzug hielten, um der Grabesenge in den Slums zu entgehen, wurde hier die Grenze zwischen den Reichen gewahrt. Abweisend zeigt das Portal die fasrigen Sehnen der Stämme, aus denen es einmal geschnitten wurde, nackte Jahresringe, die längst ihre Bedeutung verloren haben, da ihnen kein weiterer zuwächst.

Die geradlinige Geometrie lässt keinerlei Bildhaftigkeit zu, keine geschwungene Ornamentik oder Abweichung von der Strenge der Flächen und Kasetten. Schwer hängen die beiden Portalflügel in ihren rostigen Angeln, ohne jede Leichtigkeit von Engelsschwingen, mit denen sie Zaudernde doch einstmals über die Schwelle heben sollten.

Vorsichtig dreht Evtychios den Schlüssel und horcht nach der knarzenden Stimme des Schließmechanismus, die so gar nichts gemein hat mit der geölten Leichtigkeit eines modernen Zylinder-Schlosses. Triumph liegt in seinen Augen, als er mich anblickt: Die Sperre ist überwunden. Nur noch das Vorhängeschloss der Kette ist mit einem zweiten Schlüssel zu öffnen, bis auch sie rasselnd den Widerstand aufgibt. Behutsam drückt er einen der Türflügel auf. Erst zögert er, über die Schwelle zu treten, als wolle er jemanden um Erlaubnis bitten. Doch niemand ist da.

Einmal bisher habe ich dieses Gefühl der Abgeschiedenheit von der Welt um mich her empfunden, als ich mitten in der Großstadt einen Beginenhof betrat. Anders als jetzt wusste ich, dort war es die Freiheit des Menschen, aus eigenem Wollen die Stille zu suchen. Hier gibt es für ihn längst keine Heimat mehr. Verfallene Mauern ringsum, dazwischen Gefache mit diagonalen Verstrebungen, Holzskelette, von denen sich alles Fleisch gelöst hat. In geschützten Winkeln nur noch Reste, die zeigen, dass dort die Bauleute vor langer Zeit kleine Steinklumpen aus den Bergen übereinander geschichtet hatten. Rechteckige Maueröffnungen mit halb verrotteten Fensterläden, die sich als Augenklappen über die Blindheit legen, Steinstufen, die irgendwo enden, eine Stahltreppe, die weit oben auf die verlassene Brücke eines aufgegebenen Schiffs führt.

3.

Helen meint, mit jedem Schritt zurück in die Vergangenheit stiege jemand wie ich in die eigene Gruft. Sie hat nicht begriffen, dass unsere Quellen nur selten dicht unter der Oberfläche zu finden sind. So kann sie auch nicht mein immer wiederkehrendes Glück verstehen, das ich empfinde, wenn ich, so sagt sie, nach getaner Arbeit wie mein eigener Geist aus der Unterwelt trete. In unserem letzten Streit habe ich sie angeschrien, sie solle aufpassen, dass ihr der Geist nicht abhanden käme. Heute schäme ich mich des sinnlosen Gezänks, von dem nur ein galliger Geschmack zurück blieb und die Erkenntnis, dass nichts leichter ist, als ein dünnwandiges Gefäß wie die Liebe zu zerschlagen.

Evtychios ist mit mir zum Hotel Pharos zurückgekehrt. Bevor ich eintrete, streiche ich, ohne dass er es bemerkt, mit den Fingern über die Wand des Innenhofs. Putz und Farbe sind eine lebende Haut. Auf ihr fühle ich die Wärme des Tags. Schon in der Antike hatten Baumeister ein Gespür für geschlossene Innenwelten. Auch die Venezianer, die diese bescheidenen Palazzi für ihre Kolonialbeamten und Handelsherren entworfen hatten, wussten davon und schufen neben strengen, hierarchisch gegliederten Zimmer-Anordnungen einen Freiraum, der den Blick in den eigenen Himmel offen ließ und die übrige Welt davon ausschloss.

Jemand hinter dem Bartresen poliert ein Glas und hält es prüfend gegen das Deckenlicht. Grell zuckt es aus dem Kristallschliff in meine Augen.

»Kalispéra«, sagt Evtychios. Erschrocken dreht sich die junge Frau um. Katharina steht da, als hole sie gerade einen Stern vom Himmel.

»Kalispéra!« Ihr Gesicht lächelt. »Guten Abend, Herr Menges.« Im Allgemeinen misstraue ich plötzlichem Lächeln, das aus tiefer Abgekehrtheit aufscheint, sobald jemand ins Blickfeld tritt. Oft habe ich bei solcher Gelegenheit versucht, hinter das Lächeln zu blicken. Meist sind es die Augen, die verraten, ob die lächelnde Maske einen gemeißelten Stein verbirgt. Nicht, dass es jetzt aus Katharinas Augen geblitzt hätte wie eben noch die Lichtbrechung aus ihrem Glas. Und sicher strömt aus ihnen nicht mehr als die laue Wärme dieses Vorsommertags. Aber etwas ist anders als in den kühlen Gesichtern vieler Frauen, die nichts preisgeben wollen von ihrer inneren Strahlkraft.

Uns Touristen hatte Evtychios heute Morgen das Alter der griechischen Sprache erklärt: »Genau wie unsere uralten Ölbäume ist das Griechische über die Jahrtausende aus einem winzigen Kern gewachsen. Aber der knorrige Stamm trägt auch weiter jedes Jahr Frucht.« Und: »Nur weil sie so viele Oliven aßen, konnten Homer und Aischylos so große Dramen schreiben.« Es folgte ein Zitat, Worte, die in langen, gleichmäßigen Wellen in unsere Ohren wogten.

Das, was er und Katharina jetzt miteinander tauschen, ist freie Rede, die nichts gemein hat mit dem gemessenen Versmaß klassischer Epen. Aus dem wohltönenden Wortklang höre ich nur ›Evreici‹ heraus und einmal ein ›Menges‹. Zwar fehlt mir der Schlüssel zu ihrer Sprache, doch fühle ich mich nicht ausgesperrt aus ihrem Verständnis.

»Verzeihen Sie«, sagt Katharina, »aber Griechisch zu reden ist für uns einfacher.«

»Wir überlegen gerade«, sagt Evtychios, »ob Katharina gleich mit Ihnen eine Volta durch den Hafen macht. Sie wissen doch, was eine Volta ist?« Dabei beschreibt er mit dem Zeigefinger einen Kreis in der Luft. »Um diese Zeit kommen die Leute aus ihren Häusern und gehen hier im Hafen auf und ab. Bei Ihnen in Deutschland geht man, glaube ich, immer nur in eine Richtung ...« Dabei lacht er.

»Ich habe bald frei«, sagt Katharina, »und noch ein bisschen Zeit.«

»Ja, wenn es Ihnen nichts ausmacht ...«

»Katharina tut das gern«, bestimmt Evtychios. »Sie ist meine Schwester.« Und das klingt fast wie eine Mahnung.

Wir kommen aus der stillen Seitengasse, und das Leben umfängt uns mit seinen Stimmen und Sprachen. Babel ist auch in Chania. Meistens, wenn ich aus der Lautlosigkeit trete, ist die Anwesenheit von Menschen ein wohltuendes Bad. Nicht, dass mir dabei jeder einzelne Tropfen bewusst über die Haut perlt. Eher ist es die sanfte Berührung der Aura Lebender, die mich aus der Zwiesprache mit meinen Geistern erlöst.

Jetzt stört nur die lärmende Aufdringlichkeit, mit der junge Motorradfahrer Lücken in die wandelnde Menge reißen und ihre Maschinen mit jaulendem Motor auf dem Hinterrad balancieren.

»Wir sollen wohl meinen, sie reiten auf wilden Stieren!« Mehr als der unerwartete Aufruhr unter den Leuten verwundert mich Katharinas Stimme. Aus der Sprachlosigkeit springt sie in laute Empörung. »Manche Männer auf Kreta haben vergessen, dass es eine Frau war ...« Und: »Sie kennen doch die Geschichte von Europa?« Aber da geht ihr der Atem schon wieder ruhiger.

»Auf Kreta hat alles einmal angefangen. Es gibt manche, die sagen, es habe hier sogar ein Matriarchat gegeben.« Sie sieht mich von der Seite an. »Sie brauchen keine Angst zu haben, Herr Menges. Wir Kreterinnen waren niemals Amazonen.«

»Sie sind die erste Kreterin, die ich kenne«, weiche ich aus. Sie lacht.

Eine Weile gehen wir schweigend nebeneinander her. Die Lärmflut ist wieder zurückgefallen in Sprachgemurmel. Als spitzer Eisberg treibt nur ein Lachen vorbei, ein Kinderweinen, und Touristen schieben ihren ausgelassenen Wortschwall als Bugwelle vor sich her. Bisweilen scheren Neuangekommene mit hektischen Manövern aus der allgemeinen Langsamkeit aus. Auch ich habe noch nicht den Gleichmut gefunden, den ich in diesem Urlaub suche. Oft, wenn ich zu Hause über das Stadtpflaster laufe, ertappe ich mich, dass die Hast der anderen mich einfängt und mit ihnen durch Straßen und Läden zerrt.

So ganz anders ist es, sobald ich in uralten Gräbern neben Menschen- und Tierskeletten, die sich nur durch die geringere Größe von heutigen unterscheiden, nach Zeugnissen sich ändernder Zeiten suche. Dabei springen in mir die Jahre zurück bis zu dem Augenblick, in dem hier ein Lebensweg endete. Und ich frage mich, wo wohl die Seele geblieben ist, und ob sie mir zusieht bei meinem räuberischen Tun.

Dann weiß ich nicht, ob es das schlechte Gewissen ist, wenn sich eiskalte Ruhe über mich legt, oder die Grausamkeit des Forschenden. Manchmal ertappe ich mich beim Sprechen eines Gebets. Und dann wieder komme ich mir vor wie ein Dieb, der nicht nur die Totenruhe stört, sondern persönliche Beigaben stiehlt, die Hinterbliebene den Toten mit auf die Reise gaben. Wann überhaupt endet eine Person? Mit dem Tod? Oder bleibt sie für alle Zeit ein zu beschützender Teil dieser Welt?

Erst in Gedanken an solche Momente erinnere ich mich, wie flach mir dabei der Atem geht und meine Hand stillzustehen scheint, wenn ich etwas aus seiner Lage bewege, in der es über die Jahrhunderte im Boden eingeschlossen war. Alles in mir richtet sich nur auf das Eine. Es ist der fast völlige Stillstand von Zeit. Später, wenn sich die Starre aus mir löst, rast mir das Herz, als ob es die versäumten Schläge doppelt aufholen will. Ich brauche dann lange, um zu mir selbst und in die Gegenwart zurückzufinden.

»Ich glaube, Sie sind noch nicht bei uns angekommen«, höre ich Katharina sagen. Unfreundlich klingt ihre Stimme nicht, aber es muss sie langweilen, mitten in einer Menschenmenge an der Seite eines Verstummten zu gehen. ›Ich mag nicht mit dir in einer Krypta leben‹, hatte schon Helen gesagt.

»Entschuldigen Sie, ich war abwesend.« Irgendwann habe ich das, was ich für leere Geschwätzigkeit hielt, abgelegt. Doch ist mir dabei die Kunst abhanden gekommen, mit Worten das unsichtbare Netz zu knoten, mit dem man Freunde einfängt. Unmerklich waren in meinem Netz die Maschen weiter geworden, bis fast jeder durchschlüpfte, und ich das Fischen ganz aufgab.

»Sicher ist es die Klima-Umstellung, Katharina.«

»Kreta hat ein sehr gutes Klima«, verteidigt sie ihre Insel. »Genau deshalb sind so viele Eroberer hierher gekommen. Aus Asien, Afrika und Europa.«

»Und jetzt kommen die Touristen«, sage ich.

»Die Touristen sind uns willkommen.«

»Sie gehen wieder. Freiwillig.«

»Aber Sie werden uns doch nicht verlassen, Herr Menges. Und vielleicht sogar wiederkommen?« In ihrer Bemerkung liegt ein Hauch feinen Spotts, weiß sie doch aus meiner Hotelanmeldung, für wie lange ich reserviert habe. Wie vielen Fremden mag sie in einer Saison begegnen? Und was wohl von ihnen bleibt, wenn im Herbst die letzten Gäste abgereist sind? Zahlen und manchmal ein flüchtiges Erinnern. Ich hasse es, nur Zahl zu sein.

Schwarze Zahlen vor Augen wecken mich aus dem Sinnieren. Deutlich, mit breitem Filzstift auf weiße Papiertüten geschrieben, stehen oder liegen sie in säuberlicher Ordnung auf Holzborden in einem dreirädrigen Verkaufskarren: 100, 50, 150 … Davor in offenen Kästen der Inhalt zur Ansicht: Pistazien, Mandeln, Erdnüsse, Haselnüsse. Der Junge dahinter beachtet uns nicht. Versunken wandern seine Augen über die Stationen einer bunten Bilderwelt, die Sprache kaum kennt. Gelöst sind seine Gesichtszüge wie die eines Menschen, der für Augenblicke aus dem realen Leben tritt und sich bereitwillig in fremde Geschichten führen lässt. Er zeigt sich auch nicht erschreckt oder gestört, als Katharina ihn anspricht. Artig legt er das Heft beiseite, und nichts Mürrisches scheint um seine Mundwinkel auf, als er sein »Kalispéra« sagt. Ich murmele mein »Guten Abend« auf Deutsch. Auch das verwundert ihn nicht. Und wieder staune ich über den Wohlklang von Sprache, obwohl mir jedes Wort fremd ist, das sie miteinander reden.

»Bitte, entschuldigen Sie einen Moment«, sagt Katharina, »ich kenne ihn und seine Familie.«

»Ich will nicht stören«, antworte ich und gehe ein paar Schritte weiter ans Wasser.

Ein Boot liegt dort vertäut. Kurze, kabbelige Wellen schaukeln es in der Sonne. Im gleichmäßigen Auf und Ab lecken Wasserzungen die Bordwand hinauf und fallen spritzend zurück. Hier hinter der Mole hat das Meer seine Kraft verloren, Schiffe und Land zu verschlingen. Im Schutz des Bootsbauchs zappelt ein Schwarm winziger Fische, feine, schwänzelnde Linien, die im einfallenden Licht fast durchscheinen wie das Wasser und dann wieder als silbrige Neonstreifen aufleuchten.

»Mögen Sie Mandeln?«, höre ich Katharinas Stimme. Ich hatte gesehen, wie ihr Spiegelbild neben dem meinen im Wasser erschien. Einen Moment war sie stumm geblieben, als beobachte sie in den Wellen unsere zerfließenden Gestalten. Sie hält mir die offene Papiertüte hin.

»Sie müssen sie probieren!«

»Gern.« Ich greife hinein. »Danke.«

»Wenn bei Ihnen noch tiefer Winter ist, im Januar und Februar, blühen auf Kreta die Mandelbäume.«

Eine Weile blicken wir kauend über das Wasser. Ob es die Blausäure ist, die sich so gallig auf die Geschmacksnerven legt? Warum überhaupt nimmt der Mensch dieses Gift freiwillig zu sich? Wie viele dieser braunen Kerne müsste ich schlucken, bis die tödliche Wirkung eintritt?

»Zur Hochzeit werden hier von den Gästen Zuckermandeln geworfen«, sagt Katharina leise.

»Ein schöner Brauch«, sage ich. »Sicher wollen die Hochzeitsgäste, dass das Brautpaar zuerst nur die Süße schmeckt.« Ich halte einen der Mandelkerne in der Hand und sehe, dass seine Form das Vorbild für die steinzeitliche Speerspitze gewesen sein könnte.

»Sind Sie verheiratet?«, fragt sie.

»Nein«, sage ich. Jetzt ist es Katharina, die schweigt.

Das Trommeln im Ohr hat etwas Antreibendes, rennt mit wilden Sprüngen gegen das behäbige Gleichmaß von Zeit. Wie anders muss das fordernde Schlagen des Tierfells auf den venezianischen Galeeren geklungen haben! Und wie oft mag es gewesen sein, dass der Leuchtturm da drüben das Stöhnen und Fluchen der Männer in Ketten hörte!

Hier im Straßencafé ist es der Rhythmus des Graeco-Pop, der als Schrittmacher den trägen Puls treibt. Mit geschlossenen Augen und wiegendem Kopf summt Katharina die Melodie mit, die aus den Lautsprechern kommt. Mir scheint ihr Haar nicht ganz so dunkel wie das der anderen Griechen um uns her. Ich blicke sie an wie durch das weit offene Fenster eines fremden

Hauses, in der Hoffnung, dass mich niemand ertappt. Eine sanfte Schneelandschaft ist ihr Gesicht, in das noch niemand seine Spur gezogen hat, der Mund geschwungen wie eine fliegende Möwe über dem Meer.

Bin ich mit vierzig schon alt? Und ist es wirklich so lange her, seit ich das letzte Mal ein solches Mädchengesicht sah? Was ist es, das unsere Gesichter mit den Jahren verändert? Sind es nur die Risse und Krater in unserer Haut? Was lässt uns immer wieder nach der Jugend greifen? Die Suche nach dem, was wir längst verloren haben? Die Sehnsucht nach der Unschuld der Seele, obwohl wir doch wissen, dass wir selbst sie zerstören?

»Kalispéra!« Es gibt laute Begrüßung, Umarmungen und Stühlerücken. Einige junge Leute, Studentinnen und Studenten wohl und mit Katharina befreundet, setzen sich zu uns an den Tisch. Fragende Blicke. Katharina erklärt. Noch nie hat jemand zuvor meinen Namen gesprochen wie sie: Meng-gess. Dann höre ich ›Germanía‹ aus ihren Worten und ›Archaiología‹. Das Gurren einer Taube jede Silbe, die sie da spricht: ›Archaio-lo-gía‹! Bisher hatte mich das Wort selten an seinen Ursprung erinnert. Und nie war mir in den Sinn gekommen, dass wir seit Generationen nicht nur ihre antiken Orte und Mythen plündern, sondern genauso bedenkenlos unsere Feder in ihre Tinte tauchen.

»My name is Giorgios«, sagt mein Nachbar und drückt mir fest die Hand. »Welcome to Crete.«

»Thank you. My name is Martin.«

»Wann sind Sie angekommen?«, fragt mein Gegenüber.

»Gestern Nacht.«

»Dann haben Sie noch nichts von Chania gesehen.«

»Doch. Schon. Etwas.«

»Herr Menges war heute Morgen auf Evtychios' Stadtrundgang«, höre ich Katharina.

»Ja! Evtychios!« Zustimmung ringsum. Die Bedienung bringt die bestellten Getränke.

»Noch einen Kaffee, bitte«, sage ich. »Sie auch?« Katharina nickt.

Jemand, den sie Stavros nennen, trinkt schlürfend aus seiner Tasse und redet leise mit Katharina. Er zeigt dabei kurz auf mich, dann auf sie als Aufforderung, das Gesagte zu übersetzen: »Stavros fragt, ob Sie hier auf Kreta an Ausgrabungen teilnehmen werden.«

»Nein. Ich mache Urlaub.« Schade, dass ich nicht ihre Sprache verstehe. Aber wie oft würde ich als Fremder die Aura ihrer Wörter verletzen? Ungläubig blickt Stavros zu mir herüber. Mit ernstem Gesicht redet er weiter, doch zeigen sich in den Augenwinkeln feine mäandernde Linien. An den Mienen der andern sehe ich, dass sich hinter den Mündern das Lachen staut. »Stavros sagt, dass da, wo bei normalen Menschen die Hände sind, den Archäologen Schaufel und Hacke aus den Armen wachsen. Ein Archäologe kann gar nichts Anderes als graben.« Mir bleibt keine Zeit, eine Antwort zu finden. Um nicht im Gelächter der andern zu ertrinken, schwimme ich oben auf der Welle, bis sie schäumend in sich zusammenfällt. »Und egal, wo hier einer den Boden aufreißt, er findet immer was Epochales!«

Ein Mädchen, vielleicht achtzehn, kramt aus ihrer Büchertasche ein schmales Bändchen hervor, blättert darin und liest laut: »Wo wohnen Sie?« Mehr als die Frage belustigt mich das weit offene ›O‹, doch denke ich gleich daran, wie es wohl klänge, wenn jetzt ich einen Satz aus ›Griechisch für Anfänger‹ zitieren müsste. »Ich wohne im Hotel Pharos.«

»Können Sie das Hotel empfehlen?«

»Ja. Sehr.« Und dabei blicke ich zu Katharina hinüber.

»Maria reist bald nach Deutschland«, erklärt sie. »Sie besucht dort ihren Bruder.« Lachend klappt das Mädchen das Buch zu. Alle klatschen ihr Beifall.

Allmählich fällt die Unterhaltung ins Griechische zurück. Münder trinken, reden und kauen Auberginenscheiben, Brotstücke, Fischbrocken und Oliven, die mit den Getränken auf kleinen Tellern kamen und nun an spitzen Holzspießen in die Worte hineinfahren. So bemerkt niemand von ihnen, dass ich verstohlen in ihre Gesichter sehe, ihre Kleidung betrachte und ihre Gestik verfolge. Sie bewegen sich selbstbewusst, die jungen Frauen in ihren weißen Blusen, dunklen Pullovern und engen Jeans, eher noch als die Männer, aber nichts an ihnen ist schrill. So ist es wohl dieses Fehlen von Aufdringlichkeit, was mich einfängt.

4.

Von einer Stelle wie dieser hätte Antonio Millo[1], hoher Beamter des venezianischen Armiraglio in Candia, leicht den Hafen von Canea überblicken können. Das Auge reicht hier, anders als unten am Kai, weit über Mole und Leuchtturm hinaus aufs offene Meer.

Schon längst hatte Fernão de Magelhães die Erde umsegelt und damit bewiesen, dass sie eine Kugel ist. Für Seefahrer eine Erkenntnis, die die stets vor ihnen herflüchtende Horizontlinie erklärte. Anderen war es eine unvorstellbare Erscheinung, in einem Kosmos, in dem es bisher nur oben und unten gab, auf einem Teil des Globus bergauf und bergab oder streckenweise sogar kopfunter die Meere zu durchsegeln und dabei nicht aus der Welt zu fallen.

Er, Antonio Millo, hielt es im Denken und in der Kunst, Seekarten zu zeichnen, ganz mit der Tradition. Was dieser Kopernikus behauptete, die Sonne, nicht die Erde, sei Mittelpunkt des Universums, um den sich alles, sogar Gott, drehe, war reine Häresie. Fehlte nur, dass er nach altägyptischem Vorbild die Sonne selbst zum Gott und Schöpfer aller Dinge erklärte. Jesus, eine Feuergeburt! Und doch: Hieß es nicht in den Offenbarungen, dass sein Feuer vom Himmel fiele?

Und überhaupt all dieses Neue: Da hatte ein Tedesco, dieser Gutenberg, ein Verfahren entwickelt, mit in Formen gegossenen Metalllettern, ohne dass jemand vorher Hilfslinien für die gerade Führung der Schrift zog und doch Länge und Position der Buchstaben in den Zeilen mit Leichtigkeit ausmaß, den Inhalt ganzer Buchseiten in einem einzigen Gewaltakt aufs Papier zu pressen. Welchen Aufschrei der Wörter musste es geben, wenn sich die Platte mit den verdrehten Bleigesichtern herabsenkte und ihnen die luftige Seele unauslöschlich ins Papier quetschte! Literatur unter Druck, der Tod jeder Schreibkunst!

Doch musste er zugeben, dass alle Kopisten Europas nicht reichten, das Wissen um die wachsende Welt festzuschreiben und weiterzugeben. Ehe er auch nur eine seiner Portolankarten[2] zeichnen konnte, hatte dieser Giacomo Gastaldi[3] in seiner Heimat Venedig hundert oder mehr völlig gleiche Stücke gedruckt. Seine Kupferstecher waren Meister in Genauigkeit und Tempo. Bei ihm selbst war jedes Blatt eine neue Schöpfung. Nicht, dass er sich wie ein Gott fühlte, aber unter der Hand wuchsen ihm Inseln, Länder und Erdteile aus den Ozeanen, und im Geist umsegelte er beim Zeichnen jede Landzunge, jedes Riff, bestand doch für ihn, den Seefahrer, alles Land nur aus Küsten, sanften und tückischen, aus Häfen und Piratennestern.

Und so war es für die Kaufleute und Notablen, denen er seine Kunstwerke lieferte, ob einzeln oder zu Atlanten gebunden, der Gipfel an Abenteuer, wenn sie sich in ihre Bibliotheken und Kontore zurückzogen, unter dem Arm die Flasche mit dem schweren Roten und heimlich die Meere kreuzten, neben der Karte sein Segelhandbuch »Arte del Navigar«. Bei Kerzenlicht setzten sie Segel, packten mit gichtsteifen Fingern das Ruder. Der Sturm in ihren Köpfen ließ die Schiffe über die Meere fliegen, ohne die Strapazen, die wirkliche Seefahrt mit sich bringt. In fremden Ländern luden sie deren Reichtum bis zum Bersten in ihre hungrigen Schiffsbäuche, betasteten auf arabischen Märkten das frische Fleisch junger Sklavinnen und kauften die schönsten. Und dann träumten sie von einer fernen Insel, um dort ein eigenes Reich zu gründen und da zu leben, ohne all die Mühsal und Angst vor der Konkurrenz der anderen.

Eben noch hatte er unten, nicht weit von der Ebreica, Isaac de Castris getroffen und ihn gefragt, wann endlich seine neue Farblieferung einträfe, vor allem das rare Pulver für die Gold- und Silbermalerei. Auch sein Papier ginge zur Neige, zumal ein Teil der letzten Sendung durch Seewasser unbrauchbar war. Und das Pergament. Ja, das Pergament! Es müsste doch möglich sein, auch heute noch, obwohl fast alle Welt auf Papier druckte, irgendwo in Venetien brauchbares Pergament aufzutreiben. Schafe gäb's doch genug und auch Kalk, um die Häute ausreichend lange darin zu tränken, da ihm sonst jedes Mal beim Malen die Farbe vom Tierfell tropfte. Er selbst, Antonio Millo, garantierte schließlich für Lesbarkeit seiner Werke über viele Generationen. Und er, Isaac de Castris, könnte seinetwegen beim Türken, dem Erzfeind, das Pergament für ihn kaufen. Schließlich wäre seine, Millos Kunst, nicht etwas, das vor irgendeiner Grenze Halt machte. Und dabei hatte der Jude verlegen den gelben Hut in den Händen gedreht.

»It's a wonderful place, isn't it?« Ich hatte gar nicht bemerkt, wie jemand neben mich trat.

»Yes, wonderful indeed.« Mein Englisch kommt spröde daher als Antwort auf seinen makellos britischen Akzent. Dabei hätte mir der Geruch von Tabakqualm in meiner Nähe längst auffallen müssen.

»My name is Steve Harrison.«

»My name is Martin Menges.« Einen Moment blickt er stumm zu mir herüber. Ich sehe, wie er einen tiefen Zug aus der Pfeife nimmt und den Rauch mit der ganzen Kraft seiner Lungen hoch in die Luft bläst. Erst dann folgt sein: »Nice to meet you.«

Schon einmal hatte mich jemand bei einer Tagung mit »Dr. Mengele« angeredet. Erst in jenem Moment war mir aufgefallen, wie sehr mein Familienname dem des berüchtigten KZ-Arztes ähnelt. Was mein Gegenüber damals als gewollte Kränkung meinte, war hier in diesem kaum merklichen Zögern eher ein erschrecktes Erinnern. In erster Abwehr des unbeabsichtigten Stichs kommt mir bei »Harrison« der Name des englischen Generals Harris[4] in den Sinn, von dem neulich Helens Vater sprach. Noch vor wenigen Jahren wurde ihm in seiner Heimat ein Denkmal gesetzt. Doch sofort hatte ich mich gegen den Widersinn zur Wehr gesetzt, längst vergangene Kriege in meinem Kopf weiter zu führen. Aber ich fand keine Lösung, wie sich ein unschuldiger Name gegen bösen Verdacht wehren kann.

Mit den Jahren habe ich durch meinen Beruf einen eigenen Blick auf menschliche Gesichter gewonnen. Ich nehme sie von innen nach außen wahr, weil das tragende Gerüst, das ich als einziges noch in den Gräbern finde, kaum Rückschlüsse auf die noch lebende Person zulässt. Und so formt sich, wenn ich Menschen begegne, oft ein eigenes Bild, das nichts oder nur wenig gemein hat mit dem, was leibhaftig vor mir steht. Manches Mal habe ich versucht, dies Helen zu erklären, aber sie sagte nur, das sei eine gefährliche Vorstellung. Und dabei sah sie mich merkwürdig an.

Ich blicke kurz zur Seite, dorthin, wo Mr. Harrison eben noch stand. Vielleicht hat ihn ja doch mein Name vertrieben. Aber nichts an ihm war mir aufgefallen, was auf Abneigung schließen ließe. Schon als er mit Katharina an der Hotelrezeption sprach, war er mir freundlich begegnet. Er machte auf mich den Eindruck eines Mannes, der glücklich am Ende eines langen Weges angekommen war.

Auf ihrer Reise in die Nacht zieht jetzt die Sonne ihr verblassendes Licht wie eine rosa Schleppe hinter sich her und entzündet in den still dahinschwebenden Wolken ein letztes, aufleuchtendes Feuer. Durch die Lücken scheint kalt der Mond, und Sterne schauen unsicher in das aufziehende Dunkel.

»Herr Menges, Sie machen mir doch die Freude?«, höre ich Mr. Harrisons Stimme. Er hält eine Flasche in der Hand und zeigt auf einen kleinen Tisch. »Dies ist ein wunderbarer Platz, um abends ein Glas zu trinken.«

»Ja, gern. Danke.«

Er holt Gläser aus seinem Zimmer und einen zweiten Stuhl. Erst jetzt fällt mir auf, dass auch andere Hotelgäste auf die Terrasse getreten sind, sich ans

Geländer lehnen und am Leuchtturm vorbei auf das sich langsam verfärbende Meer blicken. Andere sitzen um kleine Tischquadrate beisammen, manche im schwachen Schein eines Windlichts. Nichts von der Betriebsamkeit in den Straßen überträgt sich auf die Menschen hier oben. Ihr Reden ringsum ist nur ein ständig murmelnder Bach, hin und wieder ein Glucksen dazwischen, wenn sein Wasser unerwartet über eine Klippe springt.

»Ich komme jedes Jahr nach Kreta«, sagt Mr. Harrison und gießt mir einen ersten Probierschluck ins Glas. Mein »Danke« klingt weit entfernt, als wäre es gar nicht von mir. Ich ermahne mich selbst, nicht nur auf Stimmen zu hören, die aus lange vergangener Zeit zu mir herüber klingen, sondern die eigene Gegenwart und die anderer wahrzunehmen. Rot wie fremdes Blut fließt mir der Wein in den ausgedörrten Mund. Ich schmecke Erde und Fels und auch ein wenig den Schweiß der Ackerleute. Ich rieche die Herbstsonne, diesen seit den Tagen der Traubenernte eingekerkerten Lebensgeist. Vielleicht wird er mir im eigenen Innern ängstlich verschlossene Türen aufstoßen und es mit frischem Atem durchwehen.

So, oder so ähnlich muss König *Minos* geredet haben, wenn er Gäste von jenseits des Meers begrüßte. Und wirklich war ja eine Insel mein Ziel. Losgelöst von der mächtigen Masse des Festlands verschieben sich auf ihr die Verhältnisse wieder ins Überschaubare, und selbst der unscheinbarste Punkt gewinnt eine eigene Größe.

Zu Anfang hatte ich keine bestimmte Insel im Sinn. Aber dann sprach jemand von Kreta. Kreta sei ein Schiff, das mit seinen weißen Segeln mitten zwischen den Welten liege und von dem niemand wisse, ob es der ewig umspringende Wind endgültig nach Europa oder nach Asien oder Afrika treiben werde. Mir gefiel der Gedanke, für eine Weile die Richtung meines Wegs einfach dem Wind zu überlassen.

»Bisher bin ich nur an Orte zurückgekehrt, die mir noch nicht ihre ganze Geschichte erzählt haben, Mr. Harrison.«

»Lassen wir doch dieses ›Mister‹! Ich heiße Steve.« Ich mag es, wie leichtfüßig diese Engländer und Amerikaner über die Hürde des eigenen Familiennamens springen. Ist er bei uns doch oft der eiserne Harnisch, der einem die Luft zur freien Rede abschnürt. Doch dann wieder schützt er vor unerwünschter Vertrautheit oder einer Nähe, aus der jeder Hieb besonders verletzt. »Wer einmal hier war, wird immer wieder kommen, Martin. Diese Insel ist eine einzige, endlose Geschichte. Sie wächst aus dem Boden wie dieser Wein. Man kann nie genug davon haben.« Er trinkt mit geschlossenen Augen, ein versunkener Priester, der andächtig die Kraft seiner heiligen Quelle in sich aufnimmt.

»Martin ... Ja, Martin! Ihr Name erinnert mich an eine alte Geschichte. Ich war am Rhein direkt nach dem Krieg. Eines Abends im November kamen von überall aus den Trümmern Kinder mit ihren Lichtern. Sie kamen aus völliger Dunkelheit und sangen ein Lied von Sankt Martin.« Summend versucht er, Ton an Ton zu fügen. Ich stimme in sein Summen ein und dort, wo sie mir einfällt, setze ich die passende Textstelle auf die Melodie: »Sankt Martin ritt durch Schnee und Wind ... Im Schnee saß, im Schnee da saß ... hat Kleider nicht, hat Lumpen an ...«

Eine Weile schweigt er still. »Ich habe das nie vergessen. Auch die Augen der Kinder nicht, als sie zum ersten Mal in ihrem Leben Cadbury-Schokolade sahen.« Er lacht kurz auf. »Ja, aber eine Mantelteilung gab es nicht. Damals fröstelte es unseren Sankt Martin wohl selbst im kalten Germanien.«

»Schön, dass die Tage jetzt heller sind, Steve.«

»Helle Tage, ja. Bald wird es heiß auf Kreta.«

»Trotz Schnee in den Bergen?«

»Der bleibt fast bis zum Sommer.«

»Waren Sie schon da oben?«

»Es ist lange her.« Das sagt er, als wolle er nicht darüber reden. »Kennen Sie Griechenland, Martin, ich meine das Festland?«

»Ich war nur in Athen und Delphi. Mit einer Freundin.«

»Was hat Ihnen das Orakel prophezeit?«

»Ich glaube nicht an Weissagungen.«

»Und ich dachte, Sie sind Theologe.« Dabei lächelt er.

Vielleicht hätte ich schon in Delphi aufhorchen sollen, als uns die Frau im Gewand der Seherin verkündete, Apollon trüge uns in naher Zukunft auf eine paradiesische Insel und Helen mir erregt zuraunte, sie würde niemals den festen Boden verlassen und schon gar nicht mit mir. Daraufhin hatte ich böse gefragt, ob sie halb nackte Schwerthelden wie diesen Paris vorzöge. Mit dem wäre sie aber nur bis Troja gekommen. Was ich einer Frau wie ihr denn zutraute, war Helens empörte Antwort. Und ich solle die Quellen gründlicher lesen. Schließlich sei dieser großmäulige Frauenschänder – wie alle Männer – ein Feigling gewesen und abgetaucht, als Menelaos, Helenas wütender Ehemann, ihn stellen wollte.

»Nein, Steve, mein Beruf ist sehr erdverbunden: Ich bin Archäologe.«

»Ein Sherlock Holmes ...«

»… auf den Spuren der Römer und Franken.«

Nachdenklich hält Steve sein Glas, trinkt einen Schluck und blickt zu mir herüber. »Griechen versetzt es jedes Mal einen Stich …«

»Sechstausend Gräber haben wir inzwischen erforscht, darunter ein Fürstengrab aus fränkischer Zeit.«

»… wenn sie von Franken hören. Sie haben nie vergessen, dass deren Kreuzfahrerhorden das alte Byzanz zerstörten.«

Warum nur ist Geschichte eine endlose Aufzählung von Zerstörungen? Und doch wird behauptet, sie wiederhole sich nie. Weshalb blieb sie hier über die Jahrhunderte als Stachel im Fleisch, während wir sie am Niederrhein mühsam aus der Vergessenheit graben müssen? Aber was ist das heutige Bauerndorf Gellep[5], das einmal römisches Heerlager war und Gelduba hieß und von Tacitus eher beiläufig erwähnt wurde, gegen den Glanz der Weltstadt Byzanz?

»Wie immer war die Habgier der Menschen größer als ihr Verstand!« Hastig saugt er an seiner Pfeife, aber die Glut ist längst erloschen. »Kreuzritter! Vernichten die Hauptstadt der östlichen Christenheit! Fränkische Raubritter, die das Tor für die eigenen Feinde weit aufrissen. Und als dann die Osmanen kamen, wurde das alte Land der Hellenen unter einem dicken Orientteppich erstickt!«

»Sie lieben Griechenland, nicht wahr?«

»Ich hatte hier viele Freunde. Fast alle sind tot.«

Er will bei mir nachgießen, aber der Wein in der Flasche reicht nur für die Hälfte. Ich sehe, dass seine Hände zittern. »Entschuldigen Sie. Ich hole rasch eine neue.« Er steht auf und geht in sein Zimmer. Durchs halboffene Fenster höre ich ein nervöses Räuspern und das Geräusch leerer Flaschen, die aneinander schlagen. Wie alt mag er sein? Sicher einiges über siebzig. Doch nichts an ihm wirkt greisenhaft. Wenn er dasitzt, schimmert sein Haar durch das Halbdunkel wie die Schaumkrone einer Welle. Professor könnte er sein. Oder Musiker. Aber einen Beruf vom Gesicht abzulesen, scheint mir unmöglich. Auch er hatte sich bei mir ja geirrt. Doch aus dem vermuteten Alter lässt sich schließen, dass er längst Pensionär ist. Drinnen schießt ihm mit lautem ›Plopp‹ der Korken aus dem Flaschenhals.

Das Gluckern in meinem Glas verrät mir, dass Steve aus seinem Zimmer zurückgekehrt ist und mir nachschenkt. »Ich hoffe, Martin, Sie mögen ihn.« Er füllt auch sein eigenes Glas bis zum Rand.

»Der Wein schmeckt wundervoll.«

»Das klingt sehr britisch«, sagt er und lacht.

»Ich meine es.«

»Sie wissen, wir machen gern Scherze. So wie dieser Wein ist Kreta im Sommer: herb und trocken. Wenn ich auf der Insel bin, brauche ich ihn wie ein Verwundeter die Bluttransfusion.«

Mich erstaunt dieser Vergleich, aber ehe ich fragen kann, fährt er fort: »Irgendwann begann man im Abendland, unter dem Teppich die alten Quellen zu suchen. Aber es wurden nur Steine gefunden, Ruinen, Amphoren. Den alten Geist hatten die Eroberer mit ihren gierigen Mäulern längst aufgesogen, und der stand jetzt in arabischen Lettern in ihren Bibliotheken. Ein Unding! Aber da wurde in vielen europäischen Köpfen das alte Griechenland neu geboren.«

Ich habe mich oft gewundert, wie sehr manchen Menschen das eigene Reden den Atem beschleunigt. Es muss wohl so sein, dass beim Sprechen erzeugte Bilder sie in einen unkontrollierten Erregungszustand versetzen. Das gesprochene Wort formt in ihnen eine eigene Wirklichkeit, die sie wie ein unsichtbarer Gezeitenstrom mit sich fortreißt. Aber Steve ist wohl zu sehr Brite, als dass es bei ihm pathetisch klänge.

»Sicher kennen Sie Winckelmann[6]. Ein Kollege von Ihnen.«

»Johann Joachim Winckelmann?«

»Er war einer der Ersten. Man hat ihn ermordet!« Auch hier erkenne ich an seiner Empörung, wie ein blutiges Ereignis sich dauerhaft einprägt im Bewusstsein nachfolgender Generationen.

»Oder Lord Byron ...«

»Sein ›Childe Harold's Pilgrimage‹ musste ich lesen.«

»Damit hat Byron ein neues Griechisches Feuer entzündet, damit die alten Götter endlich heimkehren konnten auf ihren Olymp.«

Mir selbst ist der Griechenkult fremd. Zu sehr haben die Zeitläufte bewiesen, dass Gedachtes die Welt nicht wirklich verändert. Denkbar sind seltene Momente, in denen jeder einmal von der dauerhaften Wirkung neuer Philosophien träumt. Mag sein, dass Dichter, die das Hehre priesen und unsere Zeit noch nicht kannten, an ihre eigenen Fantasien glaubten und das Waffengeklirr, das die großen Gedanken so oft begleitete, nicht wahrhaben wollten.

»Goethe hat Byron bewundert, und Heine hat ihn geliebt, Steve.«

»Heine!« Seine Lippen bewegen sich lautlos. Jetzt flüstert er etwas und nickt bestätigend im Rhythmus eines wieder gefundenen Takts, bis auch die Stimme einfällt:

»I don't know the reason why
I should be feeling so sad;
A tale of times goes by
Keeps running through my head.

The air is cool, day is sinking,
And quiet flows the Rhine;
The mountain peak is glinting
In the evening's parting shine.«

»Die schönste Jungfrau sitzet
Dort oben wunderbar,
Ihr goldnes Geschmeide blitzet
Sie kämmt ihr goldenes Haar.«[7]

Überrascht blickt er zu mir herüber. »Wie haben Sie es erkannt?«
»Die Übersetzung ...«
»Sie ist gut?«
»Perfekt! Ich hätte nicht gedacht ...«
»Es ist selten genug, dass man in zwei Sprachen genau dasselbe sagt.«
»Haben Sie die Loreley einmal besucht?«
»Nicht als Schiffer im Kahn!« So muss Zeus gelacht haben, der unheilige Gott, wenn er in seinen Maskeraden die Menschen narrte. Die Gesichter ringsum wenden sich uns erstaunt oder auch erschreckt zu. »Sorry«, sagt Steve, dass jeder auf der Terrasse es hören kann und fällt in seine normale Rede zurück: »Manchmal sind auch wir Briten Romantiker. Wie unser Lord Byron. Er zog ins fast vergessene Griechenland, um dessen Eroberer ins Meer zu jagen.«

5.

Ängstlich war der junge Frühling seiner Herrin, der untergehenden Sonne, gefolgt. Die aufziehende Nacht hatte noch einmal über den Schneehängen ihre Lungen mit kaltem Atem gefüllt und ihn dann zu uns auf die Terrasse geblasen, war unter die Kleidung gekrochen und hatte sich als eisiger Firn auf die Haut gelegt.

Um uns her war es längst still geworden. Tische und Stühle warteten verlassen auf den neuen Tag. Unsere Wahrnehmung hatte flüchtiger Leichtigkeit Platz gemacht. Nur die Glieder zog es schwer in den Sitz. »Wir sollten was essen, Steve.«

»Am Meer isst man am besten Fisch«, war Steves bestimmender Vorschlag. Und so stehen jetzt unten im Hotelrestaurant vielerlei Teller und Schalen mit Salaten und Auberginenscheiben, Tintenfisch, Schrimps, kleinen weißen Fischen, die er mit der Hand greift, und Barben, die ich an ihrer rötlich schimmernden Haut erkenne, vor uns auf dem Tisch. »Hier heißen sie ›Barbunjas‹«, hatte der Ober auf meine Frage geantwortet. Steve sieht mir lächelnd zu, wie ich sie sauber mit Messer und Gabel zerteile. »Sie sind noch kein richtiger Grieche.« Und er zeigt mit einer Kopfbewegung zum Nachbartisch, wo ein junges Paar geschickt an halbskelettierten Barbunjas nagt und dann die noch im Tod freundlich drein blickenden Fischgesichter mit ihren kahlen Gerippen auf eine freie Stelle des Tisches zwischen ihre Weingläser wirft.

»Solche Fischfriedhöfe wirst du hier öfter sehen.« Unversehens ist Steve aus dem ›Sie‹ ins ›du‹ gefallen. »Morgen werde ich alte Freunde besuchen.« So, wie er das sagt, klingt es nicht wie in Erwartung eines lange erhofften Wiedersehens. Vielleicht empfindet ein älterer Mensch die Endlichkeit aller Freundschaft durch den nahenden Tod. »Hast du Freunde?«

»Ja«, sage ich.

»Du musst unbedingt Jannis kennen lernen. Auf unsere Freunde!« Steve trinkt mit geschlossenen Augen. Ein Sterblicher, der versucht, aus jedem Tropfen die Kraft zu ewigem Leben zu saugen.

»Magst du den Weißen, Martin?«

»Schmeckt fast wie zu Hause.«

»Er stammt aus Maleme. Kennst du Maleme?«

»Habe davon gehört.«

»Eigentlich dürfte dort nur noch Roter wachsen. In den Dörfern heißt es, mit dem Rotwein gebe die Erde das Blut gefallener Krieger zurück.«
»Freiwillig gibt die Erde nichts her.«
»Anders als dieser Byron: Sein Leben für Griechenland! Sterbend mit dem eigenen Blut ›Freiheit‹ auf die Mauern der Akropolis schreiben und dann auf in den Olymp! Hah!« Steves Lachen klingt böse. Die Fischesser von nebenan blicken herüber. »Nur Dichter erdenken sich so ihren Tod. Aber statt der Kugel biss ihn die Fiebermücke.«
»Wie Alexander.«
»Aber alle Welt hielt sie für Helden. Helden! Die Kerle sind ganz einfach in ihrem Wahn verglüht!«
»Auch ich war solch ein Byron. Aber ich habe meine Gedichte zerrissen und ins Meer geworfen.«
»Schade.«
»Gedichte verraten zu viel über den, der sie schreibt.«
»Man kann sich auch hinter den eigenen Worten verstecken.«
»Besser noch hinter dem, was man nicht sagt.« Und wirklich sitzt er nun schweigend da, nimmt einen der weißen Fische und beißt Stück für Stück ab wie von einer Möhre. Sicher denkt er auch beim Kauen nach über das, was er eben gesagt hat oder noch sagen will. Ihn könnte ich mir gut als Poeten vorstellen. Aber wie sehen leibhaftige Dichter aus? »Du darfst nicht glauben, ich hätte wie dieser Lord auf dem hohen Ross ... oder wie sagt ihr richtig? ... hoch zu Ross gesessen.« Der Wein, dieser hinterhältige Dämmerreiter, gibt jetzt Steves Erzählung die Sporen, und auf ihr galoppieren wir zurück durch die Zeit.

Sein Vater hatte dem Jungen erzählt, wie sie im Weltkrieg mit stählernen Tanks die feindlichen Linien überrollten. »Das war unser Sieg über die Deutschen!« Als dann nach wenig mehr als zwanzig Jahren der Weltfrieden ein zweites Mal zerbrach, war auch der Sohn erwachsen. ›Wenn schon Krieg, dann bei der Royal Air Force! Unbedingt!‹ Fliegen, der uralte Traum, sich lösen aus der bleiernen Schwere und abheben in eine andere Welt! Doch hatte man ihn nicht genommen. ›Die Augen‹, hieß es.

Nun saß er zwischen engen Stahlschotten vor piepsenden und quäkenden Apparaten auf Seiner Majestät Kreuzer *York*. Funken könne auch ein Blinder, wurde ihm gesagt. Doch zuerst hatte er das Handwerk aller Soldaten gelernt: Ein Gewehr demontieren, die Teile ölen und wieder zusammensetzen, erst das Ziel finden und dann den Punkt am Abzug, an dem sich der Schuss löst. Schließlich das Ziel des Funkers in Kriegszeiten: Schrift in scheinbar wirre Zeichen zerlegen, die andere, für die sie bestimmt waren, mit ihren Antennen aus dem Äther fischten und wieder zu ihrer wahren Bedeutung zusammenfügten. Aber das konnte auch der Feind, wenn er auf ihre Sendefrequenz traf. Und so wurden die eigenen Signale nochmals verstümmelt, indem man nach irrwitzigem Plan Buchstaben gegen Zahlen tauschte, dann wieder deren Sinngebung durch wechselnde Folgen zerriss, bis alle Sprache zerfallen war. Ihren Klartext fand nur wieder, wer den geheimen Code zum sicheren Sprachtresor kannte.

Unter all den falschen Wahrheiten und wahren Verfälschungen hatte er in letzter Zeit immer häufiger Notsignale untergehender Schiffe aufgefangen. Die Römer waren wieder ins alte Hellas eingefallen, doch das hatte sich gewehrt. Britannia kam den Bedrängten mit Schiffen und Truppen zu Hilfe. Die Schiffe besiegten einen Großteil der römischen Flotte. Doch Rom rief germanische Legionen, und die neuen Cäsaren, Mussolini und Hitler, walzten den Widerstand nieder. Es war das Jahr 1941.

Wütenden Wachhunden gleich waren die Zerstörer um ihre Herde gehetzt und hatten sich in die Wölfe verbissen, wenn sie versuchten, ihre schwerfälligen Opfer, die Transportschiffe des Geleits, zu reißen. Oft genug hatte es U-Bootalarm gegeben. Bis in den Funkraum konnte er die Explosion der Wasserbomben hören. Aber mehr noch fürchtete er die Gefahr aus der Luft. Diese Siegfrieds da oben schienen unverwundbar, wenn sie sich trotz aller Gegenwehr im Flugrausch auf ihre Ziele stürzten. Und Hagens Speer fand nicht selten dorthin, wo das Lindenblatt eine verletzliche Stelle ließ.

Er, Steve Harrison, an Bord eines bis in die Mastspitzen bewaffneten Kriegsschiffs, musste sich eingestehen, dass auch die Uniform Seiner Majestät einen Mann nicht vor Angst schützte. Obwohl er sich vornahm, sie nicht zur Kenntnis zu nehmen, war sie da. In der Sichtlosigkeit seines Funkraums hatte er sein eigenes Gespür für nahende Gefahr entdeckt: Das auf- und abschwellende Stampfen, mit dem die Kolben Pleuel und Welle antrieben und über die Schrauben den Kreuzer mit wechselnder Geschwindigkeit in Fahrt brachten, die sich ändernde Neigung des Schiffs, wenn das Ruder in einer Wendung dem Ganzen eine andere Richtung gab, die Alarmsirene, die gleichzeitig Befehl war, die Gefechtsstationen zu besetzen, das Getrappel der Füße in den Gängen, das Ächzen der Geschütztürme, wenn sie in Schussposition gedreht wurden, das Horchen danach, ob nicht ein fremdes Geräusch den nahenden Angriff verriet, das Brummen von Flugzeugen etwa, mit dem auch das eigene Schießen einsetzen würde und das Erwarten des großen Schlags und der Gedanke, als einzigen Akt der Gegenwehr mit flatternden Fingern die Funktaste zu drücken, das ›SOS – SOS – SOS‹ in den Äther zu schicken, um aller Welt anzuzeigen, dass Seiner Majestät Kreuzer *York* sänke. Die Vibration der Maschinen übertrug sich auf alles um ihn, auf die Stahlwände und Decks, auf Tische, Stuhl und Apparaturen, schließlich auch auf ihn selbst, sodass er nicht mehr unterscheiden konnte, ob das, was ihn gerade erschütterte, das eigene Zittern oder das seines Schiffs war.

Und dann empfand er die Bitterkeit des zum Tode Verurteilten bei der Vorstellung, dass andere, auch die Vollstrecker, nach ihm noch weiterlebten. Dabei schmerzte ihn der Gedanke, dass es nicht einmal ein Grab gäbe, an dem Emily und die Eltern stünden, ein Bild, das ihm oft vor Augen trat, wenn er schlaflos in seiner Koje lag und an zu Hause dachte.

An Schlaf war die nächste Zeit ohnehin nicht zu denken. Zum ersten Mal hörte er von der OPERATION DEMON. Dämon! Das konnte alles bedeuten: Das unsichtbare Böse, das sich nachts in die Träume der Menschen schlich, etwas Ungreifbares, ein Magma, von dem alle Welt wusste, aber das die trägen Sinne nicht wahrhaben wollten, bis es weithin sichtbar an der schwächsten Stelle die Erdkruste aufbrach und sich brodelnd aus dem eigenen Krater stürzte, jeden Einschnitt, jedes Gefälle nutzte, um alles Kulturland mit seinem Feuerteppich zu überziehen und die Niederungen in brennende Seen zu verwandeln. Und wenn nach dieser Sturmflut das Feuer erkaltet sein würde, wäre alles, was einmal atmete, unter der schwarzen Starre erstickt.

Zum ersten Mal fühlte er eigene Machtlosigkeit, als Munitionsfrachter im Hafen von Piräus nach einem Bombardement explodierten. Es war, als ob es alles Land und Leben und schließlich sein eigenes Trommelfell an Bord der *York* zerrisse. Nicht lange danach hieß es, Saloniki sei gefallen und die griechische Armee und die eigene auf dem Rückzug. Und vielleicht war das der Sinn der nun beginnenden OPERATION, dem Feuersturm des Dämon auszuweichen, solange die eigenen Kräfte für erfolgreiche Gegenwehr nicht reichten und zu warten, bis sich die Flammen von selbst verzehrten.

Das Versorgungsschiff, das längsseits lag, pumpte Treibstoff in die Bunker der *York*. Proviant und Trinkwasser für die vielen Männer wurde an Bord genommen. Alles funktionierte wie bei einer Übung in Friedenszeiten. Nur die Soldaten der Flugabwehr waren in dauernder Alarmbereitschaft. Beim letzten Landgang, kurz bevor der Befehl zum Auslaufen kam, quoll der Hafen von Truppen über. Von weit her, manche vom andern Ende der Welt, waren sie gekommen, um in einem Land zu kämpfen, das die meisten nur aus ihren Schulbüchern kannten: Briten, Australier und Neuseeländer, dabei die ersten Maori in Uniform, die er sah, Versprengte darunter und solche auf geordnetem Rückzug.

Unauffällig versuchte er, im Vorbeigehen aus den Gesichtern ihre Geschichte der vergangenen Tage zu lesen. Müde wirkten die Männer, aber kaum einer ließ erkennen, ob er sich geschlagen fühlte, obwohl jeder von ihnen wissen musste, dass dies für sie ›land's end‹ war, der Punkt, von dem sie der Feind ins Meer treiben würde. Für sie gab es als Rettung nur diese Schiffe.

Mit einigen von ihnen hatte er für die Dauer einer Zigarettenlänge geredet: Fantastisch, dass die Navy sie hier rausholen wollte. Und sicher kämen sie wieder, dann besser ausgerüstet und mit neuem Mut. Ob er denn wüsste, wohin es ginge? Nach Ägypten vielleicht, oder noch eher nach Kreta. Kreta? Es gab fragende Blicke, vor allem bei den Australiern und Neuseeländern. Kreta läge gleich gegenüber, erklärte er ihnen. Das gehöre zu Griechenland. Da hatten manche genickt.

Und dann waren sie über ihnen. Von den Schiffen und von den Dächern der Lagerhallen wurde geschossen. Bomben detonierten. Auf dem Kai gab es Panik. Jeder warf sich, wo er gerade stand, zu Boden, legte die Hände schützend um den eigenen Kopf. Dort, wo die Bomben ins Wasser fielen, gab es hohe Fontänen. Einige vor Anker liegende Schiffe wurden getroffen. Er hörte einen fremden, wütenden Motorensingsang am Himmel. ›Das sind unsere‹, rief jemand. Und das Motorengedröhn trieb ab aufs offene Meer, wo das Geschieße in der Luft weiterging. Für einen Moment dachte er, um ihn her wäre es totenstill, bis er die Schreie der Verwundeten hörte.

Seit dem frühen Morgen ankerte die *York* im Hafen von Suda. Nach der Wachablösung ging er an Deck. Auch aus anderen Stationen standen Männer der Freiwache an der Reeling und rauchten. Schon nach dem ersten Zug warf er die eigene Zigarette über Bord. Tief atmete er die reine Luft, die so anders roch als der Schwaden aus Öl und Schwitzwasser im Innern des Schiffs. Er liebte diese Mischung aus Salz und Tang in der Nase, die er von zu Hause kannte. Doch lag hier noch etwas Anderes im eingesogenen Atem, eine schwere Süße, die mit dem Wind von Land herüberwehte. Er hatte vom Duft der Orangenblüte gehört. Aber vielleicht war seine Wahrnehmung die Täuschung überreizter Sinne, die Euphorie des Glücklichen, dem der Krieg eine Pause gönnte.

Er sah zu den felsigen Berghängen hinüber. Kalkgestein offenbar, nicht so abweisend steil wie die südenglische Küste, die sich irgendwann trotzig vom Kontinent löste und als riesige Scholle aufs offene Meer hinaustrieb. Aber auch hier eine Insel, die sich nie einfach anbinden ließ und selbst ihre Strömung suchte, um den eigenen Platz in der Welt zu finden: Kreta, ein Solitär, doch immer die Hände unter dem Wasser ausgestreckt nach Griechenland, der heiligen Mutter.

Den ganzen Tag über waren Boote zwischen den Transportern und der Küste hin- und hergefahren und hatten Soldaten und Ausrüstung an Land gebracht. Vor Einbruch der Dunkelheit sollten Truppen und Material die Schiffe verlassen haben. Griechische Fischer halfen mit ihren *Kaíkis*[8] bei der Landung. Sie, die sonst unbeachtet von der Welt ihre Netze auswarfen, um eine stumme Beute einzufahren, mochten sich in diesem Moment als Handelnde der Geschichte fühlen, dienstbare Fährleute, die als Lohn auf die Hilfe ihrer fremden, lärmenden Fracht bei der Bewahrung ihrer eigenen Freiheit hofften. Die ungewohnte Schwere drückte die Boote tief ins Wasser, und mit ihren beladenen Leibern zeichneten sie bei der Fahrt spitze Wellendreiecke in die Bucht.

Von Deck der *York* konnte er sehen, wie sich diese Dreiecke schnitten und den Wasserspiegel in neue, sich stets ändernde Geometrien brachen. Bevor er zur ROYAL NAVY kam, waren ihm derartige Bilder nie aufgefallen. Erst, als er im Funkraum des Schiffs in einen engen Kubus gesperrt war, folgte er draußen jeder Bewegung und jeder Veränderung mit wachem Auge.

Einige Offiziere beobachteten durch Ferngläser das Chaos an Land. Seit geraumer Zeit schon gab es ein Kommando der ROYAL AIR FORCE auf kretischen Flughäfen. Aber kein Flugzeug war zu sehen. Dabei könnte jeden Augenblick die gegnerische LUFTWAFFE einfallen und ein Blutbad anrichten. Auch waren vor Wochen erste britische Soldaten in Suda an Land gegangen, wie es hieß, eine geschlagene Armee mit vielen Verwundeten, fast ohne Waffen und Ausrüstung. Sie hätten ohne Schutz vor nächtlicher Kälte in Olivenhainen kampiert. Die Schiffe brachten jetzt genügend Armeezelte sowie Ärzte und Sanitäter. Und nach einer Zeit der Erholung würde die Moral der Männer ohnehin wieder wachsen.

Weit oben am Himmel war eine feine weiße Linie zu sehen, die sich langsam fort bewegte und an den Rändern wie ein Wollfaden zerfaserte. Ein Aufklärer offenbar, der sich in großer Höhe sicher wusste, da ihn von Bord der Schiffe kein Geschoss je erreichen würde. Niemand hatte erwarten können, dass das militärische Treiben in der Sudabucht unbeobachtet bliebe und sich der Feind mit der Besetzung des Festlands zufriedengäbe.

In Berichten über Arthur Evans hatte er gelesen, dass Briten und Deutsche schon einmal im Wettlauf um kretische Erde standen. Zu der Zeit beherrschten noch die Osmanen die Insel. Heinrich Schliemann, der deutsche Wiederentdecker Trojas, und Arthur Evans, der britische Forscher, hatten beide in Homers Ilias über *Knossos*, die Stadt der kretischen Könige und ihren Herrscher Minos gelesen. Und als dann ein griechischer Gräber bei *Candia*, dem heutigen *Heraklion*, riesige antike Vorratskrüge entdeckte, hatte sich Schliemann erfolgreich um eine Grabungserlaubnis bemüht. Aber über den Grundstückpreis pokerte der knauserige Kaufmann vergeblich. Da war dieser Evans geschickter. Schließlich hatte das Empire eine lange koloniale Tradition und über Generationen Erfahrung mit solchen Geschäften.

Möglich, es würde auch diesmal gelingen, Kretas Bewohner für sich zu gewinnen, hatte ihnen doch das Weltreich als eine der Großmächte[9] schon einmal zur Freiheit verholfen. Und sein, Steve Harrisons, Wunsch war, des König Minos' weitläufigen Palast bald zu durchschreiten. Er ging zurück unter Deck, legte sich in seine Koje und schlief sofort ein.

»Nachts, wenn ich Wache hatte, habe ich heimlich die Wellen nach Musik abgehorcht. Du fühlst dich allein und holst die ganze Welt zu dir, und dein nur ein paar Quadratfuß großer Raum wird zum riesigen Konzertsaal. ›Pampam-pampaam, pampam pampaam.‹ Wunderbar, dieser Beethoven! Und dann eine deutsche Stimme: ›Dirigent Wilhelm Furtwängler‹. Wie kann es sein, dass Leute, die die gleiche Musik lieben, aufeinander schießen? Und dann, wenn ›Les Préludes‹ von Liszt über den Sender kamen, schlugen gleich mit jedem Takt ihre Bomben und Torpedos bei mir ein. Sondermeldung! ›Wieder soundsoviele Bruttoregistertonnen versenkt!‹ Dann musste ich an das immer häufigere ›SOS‹ denken und daran, wie viele von uns es wieder erwischt hatte.« Er macht eine Pause. Ich sage nichts. »Aber dann drehte ich weiter am Knopf, und irgendwo tanzten die ›Papillons‹ zu mir durch den Äther. Leichte Schmetterlinge ... Dieser Schumann! Warum nur hat einer wie er versucht sich umzubringen?«

Steve deutet mit den Fingern einige Takte auf der Tischkante an. Eine Antwort auf seine Frage erwartet er offenbar nicht. »Oder Geige! Ein Ton, der sicher, ohne zu wanken, auf dem Hochseil stillsteht!« Er schließt die Augen, und seine rechte Hand führt den unsichtbaren Bogen, streicht damit über die nicht vorhandenen Saiten, auf denen die Finger der Linken im wilden Vibrato springen.

»Warum bist du nicht Musiker?«

»Musiker? Dazu brauchst du das absolute Gehör, eine eigene Stille, um die Töne rein und klar in dich hineinzulassen. In meinem Ohr ist immer noch zu viel Lärm, seit damals.« Sein Gesicht schimmert jetzt rosa, wie eben noch die Haut der Barbunjas. »Aber nachts, wenn hier im Hotel alles schläft, stehe ich manchmal unten am Kai. Und wenn der Wind von den Bergen kommt so wie heute, hörst du in den Mastspitzen der Boote das leise Singen einer Geige, einen fernen, traurigen Ton. Und dann ein schwaches ›Pling-Pling‹, wenn die Stahltaue gegen die Masten schlagen, wie von einem Klavier …«

6.

Heute Morgen bin ich der Letzte am Frühstückstisch. Beim Blick durchs Fenster sticht das Sonnenlicht grell in die Augen. Auch, wenn ich sie einen Moment schließe, lässt der Kopfschmerz nicht nach. Noch kurz vor dem Aufwachen muss ich geträumt haben. Mein Gesicht war fest ins Kissen gepresst, als ich durch den Lidspalt vorsichtig ins abgedunkelte Zimmer sah. Meine Hände hielten schützend den Kopf, hatte ich doch eben Einschläge ganz in der Nähe gehört und dazwischen ein an- und abschwellendes Grollen. Es dauerte eine Weile, bis ich mich in der Wirklichkeit wieder fand. Jemand lief mit hochhackigen Schuhen über den Flur und zog rumpelnd einen Koffer über die Holzdielen hinter sich her. Eine Mädchen- und eine Frauenstimme stritten miteinander.

Es ist nicht ohne Mühe, nach dem gestrigen Abend den schweren Stein vom Zugang zur eigenen Erinnerung wegzurollen. Dumpf widersetzt er sich jedem Versuch, bis Schritte und Traum zum jungen Steve Harrison zurückführen und den Barbunjas im Restaurant und dem Wein. Das letzte Glas hatte ich mit auf mein Zimmer genommen. Warum nur sind Niedergänge auf Schiffen so steil? Und warum heißen sie so, wo sie jeder doch auch in der anderen Richtung benutzt? Ich erinnere mich schwach, dass ich oben in meiner Kajüte das Glas hoch in der Hand hielt und mir daraus ein Affengesicht grinsend entgegensah. Und daneben zwei Augen, nur Augen, die prüfend in mich hineinblickten. Doch dann hob eine Welle das Schiff und riss mich von den Beinen.

Auch, als ich morgens schlaftrunken auf der Bettkante saß, hatte sich die See noch nicht völlig beruhigt. Wieso verführte mich die Erzählung eines alten Mannes, an Bord eines Schiffes in einem längst vergangenen Krieg durch gefährliche Wasser zu fahren? Vom letzten Glas war nur noch der abgebrochene Fuß zu erkennen. Im Deckenlicht glitzerten Splitter wie ungleich geschliffene Diamanten. Mit der Zeitung aus dem Flugzeug schob ich sie vorsichtig zusammen.

Fade schmeckt das Weißbrot heute. Der Kaffee säuert im Magen. Die Bedienung räumt an den Nachbarplätzen benutztes Geschirr beiseite. Ich bestelle eine Flasche Mineralwasser.

»Groß?«

»Groß.« Zum ersten Mal mag ich es ohne Kohlensäure. Aus kühlen Bergbächen rinnt es in den ausgetrockneten See und vertreibt langsam die Übelkeit.

In der Rezeption steht Katharina hinter dem Tresen und sortiert Zimmerschlüssel. »Guten Morgen, Herr Menges.«

»Guten Morgen.«

»Ich hoffe, Sie haben gut geschlafen.«

»Ja.« Katharina lächelt. Ich lege meinen Schlüssel zu den übrigen. »Was haben Sie da?«

»Wo?«

»Da.« Katharina zeigt auf meine Hand. Sie blickt besorgt. Blut quillt mir aus einer kleinen Wunde am Finger.

»Geschnitten. Ich habe mich wohl geschnitten.«

»Wo bleibt unser Taxi?«

»Wir wollen endlich zu einem richtigen Strand.« Da sind sie wieder, diese streitbaren Stimmen von heute Morgen.

»Ihr Taxi kommt gleich«, antwortet Katharina ruhig. Und zu mir: »Warten Sie.« Sie geht in das kleine Büro nebenan.

Mutter und Tochter! Ich hatte gehofft, sie seien längst abgereist. Vom Halbdunkel in der Sitzecke ist das Gesicht der Frau kaum zu unterscheiden. Nur ein kleiner roter Punkt leuchtet auf, als sie an ihrer Zigarette zieht. ›Braun von der Sonnenbank‹, denke ich. ›Andere gäben ein Vermögen für weiße Haut.‹ Das Mädchen hält eine Margerite aus der Tischvase in der Hand und zupft ihr die Blätter aus.

Mit Mull und Heftpflaster kommt Katharina zurück. Wortlos nimmt sie meine Hand, tupft mit dem Mull das Blut von der Wunde und legt behutsam das Pflaster auf. Ich denke an das, was Steve mir gestern Abend über Verwundete erzählt hatte. Beschämt zucke ich mit der Hand zurück.

»Tut's weh?«, fragt Katharina. Zum ersten Mal treffen sich unsere Augen länger als einen kurzen Lidschlag. Es waren ihre Augen, die mich in der Nacht aus dem Glas anstarrten!

»Ich glaube, Sie können niemandem wehtun, Katharina.«

Von außen wird die Eingangstür aufgerissen. Ein Mann mit Mütze und Lederjacke tritt ein. »Taxi«, ruft er. »Na, endlich!« Die Raucherin drückt ihre Zigarette aus. Der Mann nimmt Koffer und Taschen und zwängt sich damit durch die Tür. »Wir lassen Sie jetzt mit Ihrem Patienten allein. Männer!« Beide, Mutter und Tochter, gehen grußlos hinaus.

Manchmal wundert es mich, wie schnell sich das bösartige Vokabular aus Jugendtagen wieder losreißt aus der mit den Jahren gefundenen Balance der Wörter. In solchen Momenten bin ich froh, dass bei mir zwischen Denken

und Sagen ein weiter Weg liegt. Und so hört Katharina nur meine Frage: »Müssen Sie solche Gäste öfter ertragen?«
»Nein. Und wenn, dann nie sehr lange.« Eine Weile blickt sie mich fragend an. »Hospitality, wie heißt das auf Deutsch?«
»Gastfreundschaft.«
»Danke. Manchmal gehen mir die Sprachen ganz durcheinander. ›Gast-Freundschaft‹! Ein schönes Wort haben Sie da. Auf ganz Kreta wird das in Großbuchstaben geschrieben. Und wir Kreter legen Wert auf beides: Gast und Freundschaft.«
Sie nimmt jetzt meinen Zimmerschlüssel vom Tresen und hängt ihn an seinen Haken. Helen hätte sich gegen die dreizehn gewehrt und nächtelang mit mir über die Bedeutung magischer Zahlen gestritten. »Hier ist eine Nachricht für Sie, Herr Menges. Ich glaube, Mr. Harrison möchte Sie treffen.« Wie förmlich dieses ›Herr Menges‹ aus ihrem Mund klingt, und woher sie wohl von Steves Absicht weiß! In eckigen Lettern schimmert das Spiegelbild des Hotelnamens und daneben ein Leuchtturm durch das Papier.
»Danke.« Ich lese: ›Dear Martin!‹ Er, der so fließend unsere Sprache spricht, schreibt mit einem Mal Englisch! Vielleicht hat ihm der Wein letzte Nacht alles Deutsch aus der Erinnerung geschwemmt, oder er scheut unsere Rechtschreibung. Egal. Sicher tue ich Steve Unrecht. Was, wenn er den ganzen Abend nur Englisch geredet hätte und dazu vielleicht in einem unverständlichen Dialekt? Es stimmt schon. Wir Heutigen wollen alles ohne jede Mühe. Also: ›Dear Martin! Would like to meet you – if possible – this afternoon at 5 o'clock at Hotel reception. Kindest regards, Steve.‹
Was mag er wollen? Er hatte von Freunden geredet, die er besuchen würde und von einem Jannis, den ich unbedingt kennen lernen müsse. Zugegeben, Steve hatte mich ganz in seine Geschichte gezogen, als Statisten zwar, ohne tragende Rolle, aber immerhin spielte ich mit. Doch ist das nicht mein Spiel, nicht der Sinn meiner Reise hierher. In der Nacht hatte ich von einem riesigen Tintenfisch geträumt, der mich verfolgte und mit seinen saugenden Schlangenarmen nach mir griff. Ich wehrte mich und versuchte zu schreien. Aber das Wasser drohte mich zu ersticken, und ich sah nur ein höhnisch verzogenes Maul, das mir gierig näher kam. Auch jetzt wieder schreckt mich der Gedanke, eingefangen und verschlungen zu werden. Die Zeit, meine Zeit ...
»Haben Sie dort an der Wand schon unseren Veranstaltungsplan für heute gesehen?« Es ist Katharinas klare Stimme, die mir den Albtraum der letzten Nacht aus dem Kopf treibt.

»Nein.«

»Heute fahren wir nach Arkadi.«

»Arkadi?« Ich gehe zum schwarzen Brett und überfliege den Aushang. »Ein Kloster?«

»Ja, unser Nationalheiligtum.«

»Es wird nicht gehen.« Ich halte ihr Steves Nachricht entgegen. »Mr. Harrison will mich treffen. Um fünf heute Nachmittag.«

»Mr. Harrison! Er ist ein treuer Gast.«

»Ich glaube, ich sollte …«

»Ich werde ihm sagen, dass Sie spätestens um achtzehn Uhr zurück sind.«

»Ich weiß nicht …«

»Es ist eine schöne Fahrt. Wir Kreter sind stolz auf Arkadi.« Auf der Reiseankündigung sehe ich die verwitterte Fassade einer alten Kirche.

»Kennen Sie die Geschichte des Klosters?«

»Nein.« Ich weiß nur, dass es in Griechenland unendlich viele Kirchen und Klöster gibt.

»Mein Bruder wird alles erklären.«

»Ihr Bruder?«

»Ja, Evtychios. Er hat die Reiseleitung.« Längst hat sie mich überzeugt. Oder richtiger, überredet. Es ist das alte Ritual der Verzögerung, das Rückzugsgeplänkel, wobei jeder mit Sicherheit weiß, dass die Aufgabe allen Widerstands kurz bevorsteht.

»Wann geht es los?«

Sie wirft einen Blick auf die Uhr. »Gleich wird Evtychios hier sein.«

Eben noch, als wir gerade erst vom alten Hafen mit dem Bus aufgebrochen waren, hatten wir an einem Platz mit einer eigenartigen Kirche Halt gemacht. »Warum wohl legen wir hier einen kurzen Stopp ein?« Fragend drehte sich Evtychios' Kopf von einem zum andern. »Haben Sie schon mal eine Kirche mit einem Glockenturm und einem Minarett gesehen?« Und alle sahen erstaunt auf das eigenartige Bauwerk, das da vor uns stand und sich offenbar zwischen den Religionen nicht entscheiden konnte. »Das ist die Kirche Agios Nikolaos. Erbaut wurde sie von den Venezianern für ihren römisch-katholischen Ritus. Sie können es noch an dem typischen Campanile erkennen. Als die Türken kamen, haben sie die Kirche kurzerhand in eine Moschee umgebaut. Wie es heißt, wurde hier das wundertätige Schwert eines Derwischs aufbewahrt. 1821 rief der orthodoxe Metropolit Germanos von Patras die

Griechen zum Freiheitskampf gegen die Türken auf. Und im gleichen Jahr wurde hier auf diesem Platz unser Bischof Mechisedeh an einer Platane aufgehängt. Ein Bischof an einem Baum! Danach hat es fast weitere einhundert Jahre gedauert, bis Kreta frei war. Wir Kreter lieben unsere Freiheit. Um Ihnen das zu erklären, fahren wir jetzt zum Kloster Arkadi.«

Danach sitzt Evtychios lange Zeit schweigend vorne auf seinem Begleitersitz. Ihm ist anzumerken, wie sehr ihn das Verbrechen der Eroberer noch heute erregt. Erst bei einem Schild mit dem Hinweis auf einen Ort nimmt er wieder das Mikrofon zur Hand. »Links sehen Sie das Dorf Suda. Es gibt der langen Bucht den Namen, die fast aussieht wie ein norwegischer Fjord.« Evtychios erzählt das, als sei er gerade erst vom Lachsfang aus dem Norden zurückgekehrt. »Hier laufen die großen Fährschiffe aus Piräus und Thessaloniki ein.« Vergeblich suche ich nach dem britischen Kreuzer *York* aus Steves Erzählung. Friedlich liegt das Wasser da, ein riesiger, behäbiger Fisch, der mit seinem massigen Leib die ganze Bucht füllt, die silbrige Haut vom einfallenden Wind leicht geschuppt, und der seit ewigen Zeiten sein plätscherndes Maul an den felsigen Ufern wetzt.

Die Straße ist frisch geteert. Nur hin und wieder taucht unser Bus nickend in kaum sichtbare Bodenwellen. Ätzend legen sich die Asphaltdämpfe auf die Schleimhäute. Auch Evtychios rümpft die Nase. »Die gute Straße ist bald zu Ende«, sagt er. Und so sind wir erleichtert, als der Fahrer zurückschaltet und unter uns die Reifen holpernd über alten Straßenbelag springen. Der Motor brummt angestrengt. Ein DB-Zeichen und das akkurat gravierte Schild ›Den Fahrgästen ist die Unterhaltung mit dem Fahrer während der Fahrt verboten‹ verraten, dass wir in einem ehemaligen Bahnbus sitzen, der einmal über deutsche Straßen rollte.

Wir, das sind außer dem Fahrer und Evtychios nur etwa zehn Personen. Die Vorsaison hat gerade erst begonnen. Ein älteres Paar wohnt – wie ich – im Hotel Pharos. Ein junges Pärchen, das eng umschlungen direkt hinter dem Fahrer sitzt, kenne ich vom Stadtrundgang durch Chania. Die Übrigen sehe ich zum ersten Mal.

»Ich möchte Ihnen jetzt etwas über Kreta und die Kreter erzählen.« Sicher weiß Evtychios viel über seine Insel und deren Bewohner. Aber allein das Busfahren macht mich nach einiger Zeit schläfrig. Und das Aufzählen von Geschichtsdaten hat mich schon in der Schule gelangweilt. So ganz anders ergeht es mir, wenn etwa nach einem Fund, und sei er auch noch so unscheinbar, Spürsinn und Überlegung eine eigene Geschichte um das Objekt spinnen und Figuren aus dem Nichts hinzutreten, es wieder als das ihre vereinnahmen und mit großer Selbstverständlichkeit nutzen, so dass der Ausgräber den tieferen Sinn erkennt, zu dem es der längst vergessene Mensch schuf. Und leicht durchmisst der eigene Geist die vergangene Zeit bis zu dem Tag, an dem das Fundstück entstand.

»Griechenland hat viele Inseln«, höre ich aus dem Buslautsprecher, »aber Kreta ist die größte. Zweihundertsechzig Kilometer ist sie lang …« Als ob es von der Größe allein abhinge! Um zu sich selbst zu finden, genügt ein kleiner, ruhiger Ort, der einen weiten Blick zulässt. Und doch denke ich, je älter ich werde, umso öfter daran, wie schwierig es ist, mit sich selbst zu leben. Dann beneide ich Leute wie diesen Evtychios, die sich ohne quälende Fragen mit ihrer Erde und den Menschen, unter denen sie leben, verbinden und in dieser Symbiose Glück empfinden.

»›Alle Kreter lügen!‹ Wenn Ihnen das zu Ohren kommt, dann müssen Sie wissen: Das war die erste und dickste Lüge eines Kreters im Altertum. Dieser Epinemides nämlich …« In mein Halbwachen hinein erzählt er die absonderliche Geschichte eines Mannes, dessen Behauptung wie eine ewige Wahrheit die Jahrtausende überdauert hat. »Richtig ist, die Kreter haben Fantasie. Viele griechische Mythen stammen aus Kreta. Zeus wurde hier geboren …« Ich habe diese wirren Göttergeschichten nie ganz verstanden. Hatten doch viele Bewohner des Olymp oft niederträchtige Züge und von Logos, auf den sich die alten Griechen so viel zugute hielten, keine Spur. Aber vielleicht hat Helen Recht, wenn sie mir vorwirft, bei mir ginge zu vieles nur durch den Kopf, und für sie bedeute das Enge. Ich habe ihr darauf erwidert, dass die Natur nicht ohne Grund Schnecken mit Haus geschaffen habe, und andere seien eben nackt. Ob ich sie damit meinte, war Helens beleidigte Frage.

»Ist hier ein Papa im Bus?« Niemand versteht, was Evtychios meint. Aus halbgeschlossenen Lidern sehe ich, dass die Frau in der Sitzreihe vor mir ihren Mann von der Seite ansieht. »Papa ist bei uns ein Pope, ein Priester. Wir Kreter sind treue, orthodoxe Christen, aber trotzdem sehr abergläubisch.« Das Misstrauen in die Allmacht Gottes und seiner Diener ist offenbar überall verbreitet. Darüber gab es früher bei uns zu Hause aus nichtigem Anlass Streit. Aber heute frage ich mich, warum ich für vieles Unerklärbare immer nur eine einzige Antwort suche und nicht auf die Auslegung anderer höre. Mag sein, es gelänge mir dann, den möglichen Hintersinn des Ungewissen auf eigene Art zu entschlüsseln und auch jetzt die Fältchen in Evtychios' Augenwinkeln richtig zu deuten.

»Kreta ist eine steinige Insel. Aber überall wächst etwas, selbst aus den engsten Felsspalten. Von vielen Pflanzen hat der Wind den Samen aus allen Richtungen hergeweht.« Evtychios erzählt von den Stürmen um Kreta: Vom rauen Nordwind, der im Winter oft Tage und Nächte lang hohe Wellen gegen die Küste und kalte Regengüsse durch Tür- und Fensterritzen der Häuser treibt, vom Nótos, dem tückischen Südwind, den die Fremden Schirokko nennen, der den Kretern aus der Libyschen Wüste roten Sand auf die Insel bläst oder vom Garbis, dem Wind aus Südwest, den die Fischer aus der Bucht von Chania besonders fürchten ...

»Und genau wie der Wind die Pflanzensamen nach Kreta trug, tat er es auch mit den Menschen.« Jetzt folgt etwas über das Neolithikum, das hier schon Menschen antraf, die weiß Gott woher kamen und dann über die glanzvolle Zeit der Minoer, die nicht mehr in Holz- oder Steinhütten lebten, sondern schon die Gesetze hoch entwickelter Architektur kannten und ihre Sprache in Tontafeln ritzten und in riesigen Pithoi, kunstvoll gefertigten Tonkrügen, archivierten. Und dass es nach Meinung mancher Wissenschaftler nicht ausgeschlossen sei, dass sie vom Zweistromland in ihren Schilfbooten herübersegelten, die aber zerfielen, bevor sie die Heimreise antreten konnten. So blieben sie bis zur großen Katastrophe und beherrschten die Insel.

Es kamen die hoch gewachsenen Dorer, und es schwappten hellenistische Ideen vom Peleponnes und vom Festland herüber. Kreter traten als Söldner in fremde Dienste und kämpften überall in der damals bekannten Welt. Derweil plünderten Piraten ihre Dörfer und Städte und schwängerten ihre Frauen. Es fielen die Legionen der Römer ein und brachten ihre lateinische Lebensart mit. Den jungen Mädchen gefielen die stattlichen Krieger. Auf römischen Schiffen reisten die ersten jüdischen Kaufleute hierher und ließen sich auf der Insel nieder. Es landeten Sarazenen aus Spanien und machten sich Kreta auf grausame Weise untertan. Sie raubten die Töchter der Kreter und zeugten Kinder mit ihnen. Es folgten die gewandten Venezianer und bezirzten die Frauen mit ihrem melodischen Lautenspiel. Die Türken eroberten die Insel und füllten ihren Harem mit kretischen Sklavinnen.

Und irgendwann spülte der Seegang einen jungen Seeräuber von einem Segelschiff. Er rettete sich mühsam an Land, stahl einem Kreter die Kleider und blieb fortan stumm, um seine Herkunft nicht zu verraten. Er wurde ein braver Mann, und ein junges Mädchen verliebte sich in den Schweigsamen. Sie heirateten und hatten zehn Kinder. Es kamen Beduinen aus Ägypten als osmanische Hilfstruppen nach Chania und siedelten dort in Koum Kapi[10].

Es folgten Briten und Deutsche und dann wieder die Briten. Und aus all diesen freiwilligen oder unfreiwilligen Begegnungen wuchs das heutige Volk der Kreter ...«

Klatschen und Lachen um mich her. Evtychios' Besiedelungsgeschichte überspielt mit ihrer Leichtigkeit all das Grausame dieser Epochen. Ich selbst lasse mich einfangen von seiner Stimme und seiner Liebe zu dieser eigenartigen Insel und seinen Bewohnern. Leicht kann ich mir vorstellen, dass seine Vorfahren, als hier noch die Sultane oberste Herrscher waren, von Markt zu Markt zogen, um in den abgelegenen Dörfern Menschen mit neugierigen Augen und Ohren und halboffenen Mündern von den Absonderlichkeiten der Welt zu berichten, die, ohne dass sie es bemerkten, oft ihre eigenen waren.

»Und was ist mit dem Popen?«, fragt ein junges Mädchen im Bus.

»Mit dem Popen?« Evtychios blickt verlegen. »Ich weiß nicht ...« Mag sein, er hatte gehofft, niemand erinnere sich seiner Andeutung. »Sein Bruder ist Pope.« Er zeigt auf den Fahrer. »Aber Dimitrios versteht sowieso nur Griechisch.«

Dimitrios nickt, als er seinen Namen hört. »Also, wir Kreter glauben, wenn ein Pope im Bus sitzt oder im gleichen Flugzeug oder Auto, gibt es ein Unglück.« Den Leuten gefällt es, wie sie unterhalten werden. »Aber ich kenne Dimitrios. Er würde bei voller Fahrt aus dem Bus springen. Nicht wahr, Dimitrios?« Der nickt, aber im Spiegel sehe ich den unsicheren Blick desjenigen, der weiß, dass jemand etwas über ihn sagt, dessen Sinn er jedoch nicht versteht. Evtychios weiter: »Dimitrios stammt übrigens von dem stummen Piraten ab. Er spricht nur ein einziges deutsches Wort: ›Trinkgeld‹.«

In diesem Moment bleibt uns allen das Lachen im Hals, denn Dimitrios reißt das Steuer nach rechts. Der Bus schwankt wie ein Schiff, das von einer plötzlichen Welle gepackt wird. ›Die Rache des Piraten‹, denke ich. ›Er begreift mehr als Evtychios glaubt.‹ Aber alles, auch dieses Manöver, hat seine Richtigkeit. Wir haben die Schnellstraße verlassen und fahren über einen schmalen, asphaltierten Weg bergan.

Wir sitzen draußen im Klostergarten, dort, wo Fremde und einheimische Pilger Rast machen vom Aufstieg oder ihre innere Ruhe zurückgewinnen nach den Eindrücken des Klosterbesuchs. Ein lauer Wind weht vom Tal herauf, und in den Ölbäumen blitzen die silbrigen Speerspitzen der Blätter. Im Hang hinter der halbhohen Steinmauer bimmeln helle Glocken von den Halsbändern weidender Ziegen. Auf der Fahrt hatte uns Evtychios von der Kletterkunst der kretischen Urziege, Kriki genannt, erzählt. »Die schroffe Bergwelt erzeugt überall eigene Kreaturen bei Tier und Mensch.« Ausladende Äste von Eichbäumen spenden Schatten und fächern mit sanften Bewegungen die milde Luft. Dimitrios und Evtychios reden freundschaftlich miteinander. Zwischen ihnen gibt es offenbar keinen Groll.

»Schmeckt es Ihnen?«, fragt Evtychios zu mir herüber. Er hatte uns Jogurt mit Honig empfohlen.

»Wunderbar!« Nie hätte ich gedacht, dass Kühle und Süße so erfrischend sein können. Nirgendwo sonst ist wohl der Weg vom Grün der Natur auf den Tisch des Menschen so direkt wie hier. Der Jogurt ist cremig, und der Honig gibt der tastenden Zunge das Gefühl, in reinen Thymiansirup zu tauchen. Mir kommt das biblische Wort vom Land, in dem Milch und Honig fließt, in den Sinn. Und das Mineralwasser ist wie gerade erst mit dem Hirtenstab aus dem Fels geschlagen.

Ich beginne, diese Momente eines äußeren Friedens in mich hineinzulassen, obwohl mir die Schädel in der ehemaligen Mühle des Klosters nicht aus dem Kopf gehen. Anfangs hatte ich mich gesträubt, dort einzutreten. Eben noch murmelte der Mönch ihre Geschichte, und Evtychios übersetzte. Aber es lockt wohl immer, die Ernte des Todes voll innerem Schauder zu bestaunen und durchs Schlüsselloch seiner Verliese zu blicken, in denen er seine Beute bewahrt. Für einen Archäologen liegt das erloschene Leben dieser Schädel zu nahe an der eigenen Zeit, ist doch die Trauer um das tragische Ende der Menschen noch nicht völlig verflogen.

Und so blicken aus ihren leeren Höhlen wieder wachsame Augen, wächst über ihren Backenknochen bärtiges Fleisch und schließt dunkles Kopfhaar den klaffenden Spalt, den ihnen das Schwert der Osmanen geschlagen hat. Auch haben sie erneut eine eigene Stimme, die ihr lautes ›Freiheit oder Tod‹ durch den Klosterhof ruft. Genau wie im Mai 1866, als sie sich wortmächtig und in großer Zahl im Kloster Arkadi versammelt hatten. Jetzt im November, lange nachdem sie in ihre Dörfer und Städte zurückgekehrt waren, brach das Heer des Ismael Pascha zu einer blutigen Strafexpedition auf. Fast tausend Bewohner des Umlands, davon gut dreihundert Männer, zum Teil bewaffnet, die übrigen Frauen und Kinder, suchten im Kloster Arkadi Schutz vor den Osmanen, die die Zuflucht der Kreter bald einschlossen. Den Angreifern gelingt es nicht, das Tor einzurennen. Doch den Kretern geht die Munition aus. Sie verteidigen sich, so gut es geht, mit Schwertern und Dolchen, vereinzelt noch mit Gewehren. Die Glocke der Klosterkirche ruft sie zur letzten Messe. Die Osmanen zerschießen mit herbeigeschafften Kanonen das Tor. Schreie, fallende Leiber. Dazwischen die Stimme eines Mädchens, sie sollen ins Arsenal kommen. Vielleicht gibt es Rettung im Klosterkeller, mögen einige denken. Aber dort liegt in prall gefüllten Holzfässern der heiße Tod. Ein letzter Segen des Priesters, die Frage an die Menschen: ›Freiheit oder Tod?‹ Und da die Freiheit für sie nicht zu gewinnen ist, gibt es nur eine Antwort. Ein Kopfnicken des Priesters und Konstantinos Giaboudakis feuert seine Pistole ins trockene Pulver. Die Explosionswelle erschüttert die ganze Welt ...

Der Gedanke an diese längst vergangene Katastrophe drückt mich tief in meinen Stuhl. Unmerklich habe ich mich geduckt in Erwartung einer erneuten Detonation. Ich muss eingestehen, dass ich mich vor Orten fürchte, an denen solch tragische Ereignisse, die wissentlich von Menschen ausgelöst wurden, geschehen sind. Für mich irrt der Geist der Vernichtung auch weiterhin durch die Ruinen, die nie wieder ihre Unschuld zurückgewinnen. Auch ist mir fremd, andere Menschen zu beherrschen oder von ihnen beherrscht zu werden. Daher rührt es sicherlich, dass es mir schwer fällt, gegen irgendjemanden Hass zu empfinden.

7.

Meine Stimmung schwankt zwischen Wut und Nachdenklichkeit. Ich bemühe mich, die Ursache für die Wut nicht erkennen zu lassen. Sie würde Katharina, und mehr noch Evtychios, kränken. Sie wissen nichts vom tieferen Grund meiner Reise. Statt das wirr geknüpfte Netz unsichtbarer Fäden in lange ersehnten Tagen der Muße zu lösen, habe ich nun diese Bilder im Kopf. Aber woher sollen andere ahnen, dass der Archäologe immer über den Tod in längst geendetes Leben tritt? Und ihm wird Vergänglichkeit besonders deutlich, wenn ein Ereignis tausendfach menschliches Leben auslöscht, ohne Spuren der Unverwechselbarkeit jedes Einzelnen erkennen zu lassen. Vielleicht wäre es doch sinnvoll gewesen, mit Helen ein Kind zu haben, um das Leben von seinem Anfang her zu begreifen. Reicht das doch in der Regel über den eigenen Tod hinaus und weist damit ein Stück weit in eine nachfolgende Zeit.

Wir sind auf dem Weg zurück ins Hotel. Vor mir geht Evtychios mit dem älteren Paar aus dem Bus. Fischer sitzen auf Holzkisten am Kai und ordnen ihr Fanggerät. Ich versuche, in den Gesichtern ihre Vorgeschichte zu lesen. Aber ich kann die babylonische Bilderschrift nicht entziffern. Einer der Männer hebt den Kopf und sieht mich ebenso forschend an. Dann lacht er mir zu wie einem alten Bekannten und ruft: »Gutten Abend!« Woran nur mag er meine Herkunft erraten haben? Ich bin sicher, das Wissen um die eigene endet bei ihm bei der Generation der Eltern und Großeltern!

»Sie sehen unglücklich aus, Herr Menges.« Evtychios steht vor dem Hoteleingang und blickt besorgt. Bis heute habe ich nicht gelernt, mich äußerlich gefasst zu zeigen, wenn mein Inneres aufgewühlt ist. Und er als Grieche müsste sich doch erinnern, dass zu Beginn aller Schauspielerei künstlich geformte Fratzen das wirkliche Mienenspiel der Darsteller verdeckten. Mir ist es fremd, in einen trüben Himmel hineinzulachen und Munterkeit vorzutäuschen. »Kommen Sie, trinken wir einen Kaffee zusammen.«

Drinnen steht Katharina über den Tresen gebeugt und fährt mit dem Finger suchend über Computerlisten. »Guten Abend. Pünktlich, wie ich gesagt habe.« Genau halb sieben zeigt die Uhr an der Wand. Beide reden jetzt Griechisch miteinander. Nur einmal verstehe ich ›Mr. Harrison‹ und zum Schluss ›kafé‹. Katharina geht ins Büro nebenan.

»Nehmen wir doch einen Moment Platz.« Evtychios zeigt in die Ecke, in der heute Morgen die Frau und das Mädchen gesessen hatten.

»Wie hat Ihnen Arkadi gefallen?«, fragt Katharina aus dem Büro.

»Ein schöner, friedlicher Ort, wenn nicht ...«

»Orte sind schuldlos an dem, was dort geschieht«, sagt Evtychios in mein Zaudern. »Ich glaube, Arkadi hat Sie deprimiert.«

»Ja, dieses ›Freiheit oder Tod‹ ...«

»Es sind immer nur wenige, die Zeichen setzen.«

»Wenige? Stellen Sie sich vor, das hätte überall und zu allen Zeiten gegolten!«

»Die Welt wäre menschenleer.«

»Oder fast.«

»Aber wir Kreter leben noch«, sagt lächelnd Katharina und stellt die winzigen Kaffeetassen vor uns auf den Tisch.

»Vielen Dank, Katharina.«

»Efcharistó.«

»Parakalló. Bitte.«

»Hat Mr. Harrison nach mir gefragt?«

»Er ist schon gegangen. Mein Bruder bringt Sie gleich zu ihm.« Der Duft des Kaffees füllt die Nase. Ich mag ihn am liebsten süß. Schon beim zweiten Schluck legt sich die grobe Mahlung zwischen die Zähne und unter die Zunge. Mit geschlossenen Augen kaue ich das herbe Aroma aus dem sandkorngroßen Kaffeesatz.

»Sie sollten hier nie türkischen Kaffee bestellen«, sagt Evtychios. »Das ältere Paar von soeben, erinnern Sie sich? Die beiden sind deshalb in einem Lokal nicht bedient worden.«

»Sie sagen besser ›kafé ellinikó‹«, rät Katharina, »obwohl es dasselbe ist.«

»Es ist nicht dasselbe«, beharrt Evtychios. »Im einen Fall kriegst du deinen Kaffee und im anderen überhaupt nichts.« Und er lacht.

»Ich finde es nicht gerecht, wenn nur Böses über die Türken gesagt wird«, meint Katharina. »Denk nur an die Fahne von Arkadi. Der türkische Offizier, der sie nach dem Gemetzel als Siegestrophäe an sich nahm, gab sie Jahre später dem Kloster zurück. Auch die Glocke.« Und, als Evtychios weiter schweigend an seinem Kaffee nippt: »Hast du Herrn Menges nichts von den Kopten erzählt?«

»Ochi. Nein. Das waren keine Türken.«

»Ägypter. Ich weiß. Aber im Dienst des Sultans.« Er zuckt stumm die Achseln. Doch Katharina redet weiter, und ich fühle, es ist ihr wichtig, dass ich auch diesen Teil der Geschichte erfahre. »Als sich in den Trümmern keine kretische Hand mehr rührte, wurden die Waffen der Toten eingesammelt. Dabei fand man auf einem Hügel, wo während der Kämpfe ein Trupp Kopten gestanden hatte, eine große Menge nicht abgeschossener Gewehrkugeln. Keiner der Kopten wollte auf christliche Glaubensbrüder schießen.«

»Sie haben niemanden damit gerettet«, empört sich Evtychios. »Aber sie haben es versucht. Und an ihnen klebte nicht das Blut Unschuldiger.«

»Davon ist auch ohne sie genug geflossen.«

»Hätten diese Männer gegen das ganze Osmanische Reich kämpfen sollen?«

»Das haben sie uns Kretern überlassen. Feiglinge!«

Ich schwanke, ob in diesem Geschwisterstreit nicht Katharina die größere Weitsicht hat, weil sie jenseits allen gepriesenen Heldenmuts den Ausgleich nach lange vergangenen Kriegen sucht. Mich wundert, dass beide ihren Disput nicht in der eigenen Sprache führen. Auch fehlt ihm die Schärfe, die ich von zu Hause kenne, wenn jeder seine Meinung verbissen verteidigt.

»Schwester«, sagt Evtychios im Tonfall dessen, der weiß, dass heute der Streit nicht entschieden wird, »ich denke, Herr Menges und ich müssen jetzt gehen. Mr. Harrison wartet.« Und dann zu mir, aber so, dass Katharina es deutlich hören kann: »Was Sie gerade von ihr gehört haben, ist die Stimme des neuen minoischen Matriarchats.«

»Glauben Sie ihm kein Wort!«

»Nehmen Sie sich vor kretischen Frauen in Acht«, ist Evtychios' Rat.

»Danke für den Kaffee, Katharina«, sage ich, und wir gehen.

Draußen blickt Evtychios hastig auf seine Uhr. »Seien Sie nicht böse, bitte. Ich muss noch in mein Geschäft. Übermorgen ist Eröffnung. Sie kommen doch?« Aufgeregt kramt er in seiner Mappe, in der er Listen, Belege und abgerissene Eintrittskarten von Museumsbesuchen mit sich trägt. »Hier!« Er gibt mir ein olivgrünes Blatt, darauf in der Mitte die Zeichnung einer zweistöckigen Hausfassade, darin im Untergeschoss zwei Schaufenster mit angedeuteter Auslage von Schmuck und Keramik, beide Fenster geteilt durch einen ebenerdigen Eingang und über allem die unübersehbare Inschrift *Minos' Storehouse*, als böte der sagenhafte König der Kreter persönlich Preziosen aus seiner Schatzkammer an. »Da vorne die genaue Adresse. Ja, und die Zeit: elf Uhr! Aber Sie wissen ja, das heißt bei uns immer: ein bisschen später.« Er lächelt verlegen. »Und auf der Rückseite ein Plan, wie Sie es ganz leicht vom Hotel aus finden können.« Mein Nicken deutet er wohl als Unsicherheit. »Katharina wird Ihnen alles genau erklären.«

»Ich komme. Bestimmt.«

»Leider kann ich heute nicht lange bleiben. Entschuldigen Sie, aber ich habe noch viel zu tun im Geschäft.«

Wir gehen an den vielen Tavernen vorbei, die auf ihre ausländischen Gäste warten. Auch der Junge steht wieder an seinem Verkaufswagen. Die Lektüre hat er beiseite gelegt. Touristen stehen zögernd vor ihm, wiegen die kleinen weißen Tüten in der Hand und rechnen den angegebenen Preis in ihre eigene Währung um. Winkend grüßt Evtychios im Vorbeigehen den Jungen. Ich murmele mein »Guten Abend«. Schneeblasse Gesichter aus dem Norden, die vor wenigen Stunden erst ihr Flugzeug in Kopenhagen oder Stockholm bestiegen hatten, betrachten staunend den alten Hafen und die ringsum verfallende venezianische Pracht. So ganz anders als die Menschen der Zeit, in der dies alles gebaut wurde, wo dem Wanderer oder dem zu Pferd Reisenden das Fremde langsam entgegenwuchs, sind sie aus dem Himmel in diese Welt gefallen.

Einiges hatte ich schon über griechische Kafenions gehört und gelesen. Mich überrascht die kühle Kargheit des Raums mit seinen getünchten Wänden und steillehnigen Holzstühlen. Keine prall geschwungenen Formen, kein kunstvoll verspielter Zierrat. Alles ist gerade und rechtwinklig, auch die einfachen Holztische, an denen Männer vor Schnapsgläsern oder Kaffeetassen sitzen, manche allein, schweigend, andere in kleinen Gruppen, miteinander redend. Die meisten Gesichter scheinen ernst und beherrscht. Aber vielleicht verdecken bei manchem die weißen Bärte ein verstecktes Lächeln oder sogar ein Lachen, das die glattgesichtigen Jüngeren bisweilen noch zeigen.

Im ersten Moment denke ich an alt-athenisches Debattieren, als ich ihre Sprache höre, aber es fehlt die Leidenschaft, mit der neue Philosophien oder die Regeln des hochpolitischen Wortgefechts in der gerade erst entdeckten Demokratie verkündet werden. Wahrscheinlich geht es hier um Abgaben, Familiäres oder die Ungerechtigkeiten des Tages und unterscheidet sich damit durch nichts von den Stammtischen in aller Welt.

Steve Harrison habe ich gleich erkannt. Mit hochrotem Gesicht sitzt er an einem der Tische, ihm gegenüber ein Mann, von dem nur Stirn, Nase, die Augenpartie und der Mund aus dem weißen Haupt- und Barthaar schauen. Beide haben ihre Köpfe über ein Spielbrett, eher die aufgeklappten Hälften einer flachen Holzschatulle, gebeugt. Evtychios zieht mich wortlos auf einen Stuhl am Nachbartisch. Er scheint vergessen zu haben, dass er es eilig hat. Die beiden Spieler bemerken uns nicht. Hell blitzt es auf, wenn ihnen die beiden Würfel wie Heuschrecken aus den Fingern springen. In wilden, taumelnden Figuren, gelegentlich als wollten sie gegen den Drall in die Hand des Werfers zurück, tanzen sie über den Tisch, bis die Kraft sie verlässt, und sie stumm die Punktzahl für die eigene Kür anzeigen. Nichts in den Gesichtern der Spieler verrät, ob das Ergebnis des Wurfs für sie günstig oder eher dürftig war. Nur Schnelligkeit und Weite, mit denen sie anschließend die Steine über das Feld bewegen, verraten, wer dem Sieg ein Stück näher gekommen ist. Steve Harrisons hastiger werdende Züge an seiner Pfeife zeigen, dass es nicht gut um ihn steht.

»Kennen Sie Tavli?«, fragt Evtychios.

»Nein, ich dachte …«

»Bei euch heißt das Backgammon«, sagt laut der Kreter, ohne vom Spielbrett aufzusehen.

»Hallo, Evtychios! Hallo Martin!« Erst jetzt hat uns Steve Harrison bemerkt. »Gegen ihn zu spielen, ist hoffnungslos«, sagt er.

»Du bist dran«, mahnt ihn der Kreter. Während Steve würfelt, wendet sein Gegenspieler sich zum Tresen, hinter dem der Wirt mit Flaschen und Gläsern hantiert, hebt die Hand und ruft ihm etwas auf Griechisch zu. Es dauert nicht lange, und der balanciert auf Fingerspitzen ein Tablett an Tischen und Stühlen vorbei, setzt für jeden von uns Vieren ein Glas Schnaps und ein Glas Wasser ab, dann kleine Schalen mit Oliven, Fisch-, Oktopus- und Tomatenstücken und bleibt abwartend stehen.

Evtychios, der jeden Tag für die Touristen die kretische Welt neu erschafft, versteht die Frage in meinem Blick. »Das in dem kleinen Glas ist ein …«

»Tsikoudiá. Gutt«, unterbricht ihn der Wirt.

»Quatsch keinen Blödsinn!«, ruft der Tavlispieler auf Deutsch dazwischen. »Rede so, dass es auch ein Analphabet kapiert!« Die Fältchen aus Evtychios' Augenwinkeln verschwinden. Ich weiß nicht, ob Erschrecken oder eher Empörung aus seinem Gesicht spricht. Griechische Worte gehen heftig hin und her. Dabei zittern Evtychios' Lippen. Von dem, was der Tavlispieler sagt, verstehe ich nur ›álfa, vita …‹ Dann springt er wieder zurück ins Deutsch: »Beweise mir doch, dass heute einer dieser Lateiner auch nur ein einziges Wort Griechisch lesen und schreiben kann!«

Erst jetzt fällt mir sein Akzent auf, der weicher als der anderer Griechen ist, die versuchen, unseren Tonfall zu finden. Eine Antwort wartet er gar nicht erst ab und poltert erneut: »Erlaubst du nun, dass ich deinem Freund erkläre, was da genau vor ihm auf dem Tisch steht?« Er greift sein Schnapsglas und hält es gegen das Licht. »Das ist der Trost, der uns Kretern nach der Weinernte von unseren ausgequetschten Trauben bleibt. Wochenlang hörst du es in Küchen und Kellern wie Lava im Bauch der Erde brodeln. Und dann kommt der Tag, an dem der Teufel sein Höllenfeuer unter den Kesseln anzündet. Wie das duftet! Nach allen Kräutern Kretas, die die Frauen nur für diesen Moment in den Bergen gesammelt haben. Ein unsichtbarer Geist steigt auf, dir zuerst in die Nase und dann in den Kopf. Vom allerersten Liter musst du trinken, wenn er noch warm ist: Raki!« Zum ersten Mal sieht er mich an. »Den Raki trinkt der Kreter, wenn ein Fremder kommt; er trinkt ihn, wenn er ein Fest feiert; er trinkt ihn, wenn er einsam ist. Jammas!« Er setzt das Glas an den Mund, wirft den Kopf mit geschlossenen Augen nach hinten und schüttet den Inhalt in sich hinein. Einen Moment noch hält er das leere Glas wie einen geweihten Kelch in die Höhe, bis auch wir andern unser ›Jammas‹ oder ›Zum Wohl‹ sagen können und stellt es dann krachend auf seinen Tisch zurück. Mit kleinen, scharfen Widerhaken reißt der Raki an Zunge und Speiseröhre. Erst im Magen gibt er langsam Ruhe. Der Wirt nickt zufrieden und geht an seinen Platz hinter dem Tresen. Steve und der Kreter versenken sich wieder ins unterbrochene Spiel, in dem die Würfel jetzt heftiger fliegen und die Steine sich immer hektischer fortbewegen. Wie es scheint, hat sich auch Evtychios' Erregung gelegt. »Tavli ist uralt«, murmelt er. »Hier spielen es die Männer mit Leidenschaft.« Helen würde fragen, warum es keine Frauen im Kafenion gibt, sei es doch deren gutes Recht, überall dort zu sein, wo auch die Männer sind. Aber ich müsste zugeben, dass ich die Gründe nur ahnen kann. Alleine dieses Eingeständnis ließe wieder diesen Triumph in ihren Augen aufscheinen.

Es ist eine Unart von mir, dass sich meine Gedanken beim Lesen oder auch im Gespräch weit vom Thema entfernen. Ich kann mir diese Erscheinung nur so erklären, dass Wörter durch ihre vielfachen Bedeutungen meine Wahrnehmung auf bisher unentdeckte Seitenwege lenken, wo sich vom eigentlichen Erzählgang neues Leben mit ganz anderen Geschichten abspaltet. Möglich, dies ist sogar das Geheimnis von Dichtung, in dem sich das gerade Entdeckte auf alte Wortstämme schichtet, und so eine stets wachsende Pyramide entsteht.

Ich höre zwar Evtychios' Stimme, habe auch verstanden, dass er mir die Regeln der griechischen Backgammon-Varianten erklären will, aber da sind meine Gedanken mit mir im Alten Ägypten, wo man ähnliche Brettspiele lange schon kannte, lasse ich mir mit großen Palmwedeln die Luft kühl über die Stirn fächern und warte darauf, dass dieses Spiel endlich zu Ende geht. Ich mache mir nichts aus derartigem Zeitvertreib, vielleicht, weil ich es ablehne, dass mich feste Regeln über vorgezeichnete Linien und Felder zwingen. Nach Helens Ansicht dagegen ist dies nur meine Angst zu verlieren, weil ich mir Niederlagen nicht eingestehen könne.

Evtychios spricht weiter vom Tavli: von Portas. Porta sei ein Tor und jeder Punkt eine Porta. Doch das, denke ich, ist wieder typisch Lateinisch. Aber inzwischen hat er wahrscheinlich längst erkannt, dass das, was er sagt, an mir vorbeigeht. Geduldig versucht er es noch mit dem Plakató, einer anderen Spielart. Mein Kopf nickt auch weiter verstehend, als Evtychios längst aufgestanden ist und sich eilig verabschiedet hat. Sein »Guten Abend« klingt mir im Ohr nach, aber da ist er schon aus der Tür.

8.

Steve hat die Partie gegen den Kreter verloren. Der schlägt ihm fest auf die Schulter, was Trost oder Triumph bedeuten mag. Hastig sammelt er Steine und Würfel vom Tisch, wirft sie aufs Spielbrett und klappt es knallend zusammen. »Dein Freund spielt sicher nur Schach«, wendet er sich spitz an Steve. »Am besten fragst du ihn selbst«, antwortet der. Aber die Frage bleibt aus. Mit der Geste des Patriarchen winkt er den Wirt an den Tisch.

Ich krame im Portmonee nach Münzen. Steve schüttelt kurz seinen Kopf und schiebt meine Hand langsam beiseite, so dass es der Kreter nicht sieht. Der Wirt bringt den Kassenbon. Kümmerlich liegt das winzige Stück Papier auf dem Teller. Verwundert greift der Kreter danach, hält es dicht vor die zusammengekniffenen Augen und empört sich. Ich verstehe kein Wort. Steve mischt sich ein und sagt auf Deutsch: »Seit heute hat er eine elektronische Kasse«, und zeigt auf den Wirt. Und dann leise zu mir: »Bisher hat er ihm die Zeche besonders groß auf die Rechnung geschrieben. Wegen der Augen. Du verstehst?«

»Ja, sicher.«

»Nur die Zahl auf dem Würfel erkennt er von weitem.« Derweil wühlt der Kreter in seiner Hosentasche, sortiert ein paar Geldscheine und legt sie mit Schwung auf den Teller. Die Handbewegung, die er folgen lässt, ist die eines Herrn, der seinen Diener nach getaner Arbeit wortlos aus seinem Blickfeld verscheucht. Doch der lächelt selbstbewusst, bedankt sich mit »Efcharistó« und wünscht uns beim Hinausgehen »Kalispéra«.

Bis eben war ich Zeuge eines Spiels und eines Gehabes, das mir fremd ist. Nie hätte ich in einer Zeit und an einem Ort leben wollen, wo ich Herr über andere oder selbst Knecht wäre. Evtychios hatte mich hergebracht, um Steve Harrison zu treffen. Doch warum und wieso jetzt daraus diese Begegnung wurde, bleibt mir ein Rätsel. Draußen stehen der Kreter und Steve beieinander, und ich wundere mich, wie gut der Brite auch Griechisch spricht. Ich trete zu ihnen, und sofort redet Steve wieder Deutsch. Beide müssen sich lange kennen; denn ihr unterschiedliches Wesen scheint sich nicht aneinander zu reiben.

»Martin«, sagt Steve nach einiger Zeit, »unser Freund will uns ins *Kafé Kriki* führen.« Und, als er mein Zögern bemerkt: »Das *Kafé Kriki* ... Ich kenne es. Lange schon.«

»Ja, aber ...«

»Die Einladung eines Kreters darfst du nie ablehnen!« Zum ersten Mal klingt seine Stimme energisch. Aber längst schon gehen wir an den Fischerbooten entlang, die vertäut an ihren Stegen liegen. Es riecht nach Salz, Fisch und Diesel und nach der Kühle der einfallenden Dunkelheit. Die Boote schaukeln dickbäuchig in den kurzen, kabbeligen Wellen und nicken ergeben, wenn die Kaimauer das auflaufende Wasser standhaft zurückwirft. Bald werden die Fischer sie aus ihrem Dämmerschlaf aufwecken und ihre Maschinen sie grummelnd und keuchend zur Arbeit aufs Meer hinaustreiben. In fast leeren Fanggründen würden sie dort den Fisch für den nächsten Tag jagen. Und vielleicht gäbe es dann in Bürgerhäusern und Tavernen wieder Barbunjas und Tintenfisch und die kleinen weißen Fische, die Steve Harrison so gern isst.

Bei einer Gruppe Bootsleute bleibt der Kreter zurück. Möglich, dass er sie etwas fragt. Die blicken sorgenvoll, zeigen aufs offene Meer und zucken die Achseln. Langsam gehen Steve und ich weiter. »Lass dich von seiner Komödie nicht täuschen. Jannis hat das Herz eines ...« Aber da läuft er schon wieder neben uns her, und Steve schweigt. Das also ist Jannis, den er mir als alten Freund angepriesen hat und den ich unbedingt kennen lernen müsse!

Schon oft habe ich mir Gedanken über das Altern gemacht. Helen hielt, wenn wir darüber sprachen, dagegen, ich sei nie wirklich jung gewesen. Sie hat Recht, wenn sie dabei an das kindliche Festhalten an einen Zustand vermeintlicher Jugendlichkeit denkt. Für mich macht es keinen Sinn, weit hinter dem Fortschreiten des eigenen Lebens zurückzubleiben, ist das Älterwerden doch nur ein allmähliches Herauswachsen aus der Zeit, die für Jüngere auf ewig stillzustehen scheint. Auch muss ich mir eingestehen, dass manche Gesichter erst mit dem Alter eine besondere Ausstrahlung gewinnen. Ich habe keine Erklärung dafür. Vielleicht findet der Mensch im Alter zum Wesen des Kindes zurück, und beide bedürfen daher des besonderen Schutzes.

Noch schwerer als beim Menschen ist es, das Alter von Bauwerken zu schätzen. Manche zeigen, trotz aller Wunden und Risse, noch im Verfall eigenen Charakter und die Hand ihrer Architekten. Die Fassade, vor der wir jetzt stehen, lässt durch Putz und Tünche kaum erkennen, ob nicht nach Verwitterung oder mutwilliger Zerstörung ein treuloser Restaurator nur einfach eine neue Krone auf faule Mauerstümpfe setzte. So erscheint sie heute im kosmetischen Glanz einer unbestimmbaren Gegenwart.

Doch im Innern schlägt noch ein echtes Herz. »Das *Kafé Krikri* ist das heimliche Tor ins alte Chania«, hatte Jannis beim Hineingehen verkündet. Und wirklich schließt sich hinter uns die Tür in einem halbrunden Mauerbogen, und wir stehen in einem ebenerdigen Gewölbe, das mich an alte Weinkeller an Rhein und Mosel erinnert. Aus der hintersten Ecke grüßen erfreut Männerstimmen. Steve zeigt auf einen freien Tisch, und wir setzen uns. Auch hier wieder Stühle mit steil aufgereckten Lehnen und als Sitzfläche ein Korbgeflecht. Die Tische dunkel und eckig. An den Wänden halbhohe Täfelungen und durchgehende Holzbänke. Darüber weiß getüncht und von nur wenigen Leuchten angestrahlt das Himmelsgewölbe wie im Planetarium. Doch zieht kein künstlicher Mond seine Bahn. Nur da, wo das Licht aus den Lampen tritt, der helle Schein einer Milchstraße.

Steves Stimme holt mich auf die Erde zurück. »Jannis ist immer so, wenn er Fremde trifft«, entschuldigt er seinen Freund. »Er will seine Neugier nicht zeigen. Alle Kreter sind neugierig.«

»Ja, und alle Kreter lügen.« Steve lächelt. »Du glaubst diese alberne Geschichte?«, frage ich. »Als Jesus durch Galiläa lief, war sie schon über fünfhundert Jahre alt.«

»Stimmt sie deshalb?« Sicher macht er sich jetzt seine eigenen Gedanken über teutonische Besserwisserei, aber er zeigt es nicht.

Jannis kommt zu uns an den Tisch. »Raki?«, fragt er nur. Ihm ›nein‹ zu sagen, hat wenig Sinn, und so stimmen wir beide zu. Wie eine schwarze Bürste hängt dem Wirt der Schnauzbart unter der Nase. Mal nach links, mal nach rechts zuckend, scheint er das, was darunter als Ton von den Lippen kommt, mit ordnendem Besenstrich zu Worten und Sätzen zusammenzufegen. Ein Gesicht sehe ich nicht, nur diesen Bürstentanz vor meinen Augen, höre eine Stimme, die etwas sagt, von dem ich kein Wort verstehe, und das Lachen platzt mir laut aus dem Hals.

Im ersten Moment erschreckt die ungewollte Aufmerksamkeit. Ringsum drehen sich Köpfe. ›Sicher ein Betrunkener …‹ Aber ich schüttle mir weiter das Lachen aus dem Mund, und allmählich erlischt die Frage in den Gesichtern. Stattdessen ist bei einigen Staunen und Freude zu sehen, hat doch offenbar diesen Franken[11] der Aufenthalt in ihrem *Kafé Krikri* ohne Zutun von Alkohol so froh gestimmt, dass er die kühle Zurückhaltung des Fremden einfach abwirft. Ich höre, wie kehlige Stimmen in mein Gelächter einfallen, reden und rufen. Jannis kommt eilig an unseren Tisch. Und plötzlich hat jeder ein Glas in der Hand. »Jammas!« Schwach klingt mein einzelnes »Prost!« dagegen. Laut klatscht mir Jannis' Hand auf den Rücken, und Steves Gesicht zeigt ein mühsam unterdrücktes Zucken.

In diesen Männerlärm fällt selbstbewusst eine helle, klare Stimme, beginnt einen Gesang ohne Worte, mal Heldenlied, mal trauriger Grabchoral, wagt kühn den Spagat zwischen weit auseinander liegenden Tönen, verlässt in wilden Sprüngen die sicheren Sprossen der Tonleiter, hüpft leichtfüßig auf und ab, als sei das ein Kinderspiel, droht abzustürzen, dann sich im eigenen Tonlabyrinth zu verirren, findet den rettenden Faden, ist für Momente ein rasender Kreisel, den nichts aus der Drehung wirft und steht am Ende wieder sicher auf seinen Füßen.

Stumm blickt jeder zu dem Mann hinüber, der vorn am Tresen auf einem Stuhl sitzt und ein kurzes, bauchiges Instrument auf den Knien hält. Versunken in den Klang seiner Musik, führt er den Bogen über die Saiten. »Die kretische Lyra«, erklärt Jannis mir flüsternd. Ich begreife, dieses Spiel ist ein heiliger Akt, mit dem Kreta seine alten Götter zurückruft. Aber anders als sie haben Töne kein ewiges Leben. Nur im kurzen Moment ihres Daseins bewegen sie die Welt um uns her. Doch wenn sie in der Wiederholung oder Variation auferstehen, füllen sie randvoll den Raum, bis jeder meint, darin zu ertrinken.

Mitten im Spiel zerbricht die Melodie, verschwindet lautlos, als sei sie nie da gewesen. Stattdessen dröhnt Klatschen und Rufen in die unerwartete Stille. Die Lyra hat in den Männern Dämme aufgerissen, und jetzt toben ihre Seelen im Gefühl ihrer Freiheit. Ein zweiter Mann nimmt ein Instrument, eine Laute, von der Wand, und beide beginnen, mit- und gegeneinander zu musizieren. Die Lyra umspielt den Rhythmus der Laute, die sich nicht aus dem Tritt bringen lässt. Fest hält der Lyraspieler die Augen geschlossen, als folge sein innerer Blick dem Weg der Musik und staune über das, was zwischen den Saiten hervorkommt. Jemand singt laut, ein anderer antwortet, Rede und Gegenrede. Jannis steht auf und geht eilig nach vorn.

Sein Körper fängt an, sich im Takt der Musik zu bewegen. Rechts, links, ein kurzes Einknicken der Knie. Immer schneller wird der Tanz. Jannis folgt nicht mehr der Musik, sondern scheint sie wie ein Spielzeug hinter sich herzuziehen. Die Laute schlägt dumpfe Trommelwirbel. Mitten im Tanz kommt Jannis zurück an den Tisch, nimmt Steves zögernde Hand, zieht ihn wieder dorthin zurück, wo er sich eben noch im Takt der Musik bewegte. Beide stehen nebeneinander, legen eine Hand auf die Schulter des andern. Nur ihre hochgereckten Köpfe sind in der Menge zu sehen, wie sie auf einem unsichtbaren Wasser treiben, in Wellentäler tauchen, dann wieder hoch auf dem Kamm balancieren. Immer rasender wird die Musik und das rhythmische Klatschen. Und dann ist nur noch das Klatschen zu hören, das langsam aus dem Takt fällt und in Johlen übergeht. Der Tanz ist zu Ende. Mit hochroten Gesichtern drängen sich beide zurück an den Tisch. Jannis kommt auf mich zu und drückt mir schwitzend die Hand: »Du siehst, ein echter Kreter spielt Tavli, trinkt Raki und tanzt!«

»Je höher du in die Berge steigst, umso knorriger werden die Bäume«, lacht Steve, und dabei kommt ihm der Rauch in kurzen Stößen aus dem Mund. »Jannis ist solch ein Baum.« Und, als ich nichts sage: »Aber mit ihren Wurzeln halten sie das bisschen gewachsenen Boden fest.«

»Im Flachland, in der Nähe der Flüsse, bauen die Menschen Deiche.«

»Und die andern fahren zur See«, lacht Steve weiter. »Oder sie fliegen.«

»Kennst du ihn lange?«, frage ich Steve.

»Ja, sehr lange.«

»Es ist sicher ein Glück, Freunde zu haben.«

»Ein Glück, ja. Aber die besten Freunde gewinnst du im Unglück.«

»Einmal frei reden können oder einfach nur zuhören.« Ich denke an das ewige Schweigen in den Grabungsfeldern, wo nur eigene Gedankenkraft vergangenes Leben noch einmal erschafft, und ich vergeblich versuche, einherwankenden Gestalten die Sprache zurückzugeben. »Ich höre dir gern zu, wenn du von früher erzählst.«

»Alte Geschichten ... Du müsstest erst Jannis hören!«

»In ihren Geschichten lebt jede Zeit fort.«

»Nicht jede Zeit ist es wert.«

Katharina steht in der Tür und blickt prüfend über die Tische. »Another coffie, Mr. Harrison?« Dabei tritt sie zu uns und reicht Steve eine Zeitung.

»Thank you, Catherine, no more coffie, please.«

»Noch einen Kaffee, Herr Menges?«

»Einen Orangensaft, bitte.«

»Gern. Wenn die Herren wollen, lasse ich morgen früh auf der Terrasse decken.«

»A wonderful idea. Du siehst, Martin, durch Katharina leben wir hier im Paradies.«

›Nicht ganz.‹ Aber das denke ich nur. Sie geht nach nebenan in die Kaffeeküche. Ein junges Mädchen, unsere Bedienung an diesem Morgen, kommt heraus, bringt den bestellten Saft und räumt wortlos das benutzte Geschirr ab.

Steve blättert in der Zeitung.

»Du sprichst es nicht nur, du liest sogar Griechisch!«, wundere ich mich.

»Sehr mühsam.« Doch ich sehe, wie seine Augen flink über die Zeilen huschen.

»Gibt's was Besonderes?«

»Nein. Nur hier: Ein Kreuzfahrtschiff ist in Brand geraten. Alle Passagiere sind gerettet.« Eine der täglichen Katastrophen-Meldungen. Sensation würde sie erst, wenn es Opfer gab. Und einen Schuldigen. Ich trinke einen Schluck vom frisch gepressten Orangensaft.

»Am Donnerstag fährt unser Bus nach *Knossos*. Und zum Archäologischen Museum in Heraklion.« Katharina steht mit dem neuesten Ausflugsprogramm an unserem Tisch. »Ein Muss für jeden Kreta-Besucher!«

»Vor allem für Archäologen«, ergänzt Steve, als er sieht, wie ich zögere.

»Abfahrt um sieben.«

»So früh?« Katharina lächelt. »Sie bekommen vorher Ihren Kaffee.« Als ob Kaffee ein Ersatz für versäumten Urlaubsschlaf wäre! Nicht zu vergessen die endlosen Abende mit Steve und jetzt auch diesem Jannis! Wenn das zur Gewohnheit wird ... Und doch bewundere ich Katharinas unaufdringliches Beharren, das so anders ist als die in meinem Umfeld gewohnte mäandernde Entschlusslosigkeit.

»Ich überlege es mir«, will ich mich noch nicht festlegen. »Ich melde mich an der Rezeption.«

»Wer *Knossos* nicht gesehen hat, hat Kreta nicht gesehen«, sagt sie im Hinausgehen. Vielleicht habe ich jetzt ihre kretische Seele verletzt, weil auf ihren Vorschlag nicht gleich meine Zustimmung kam. Erschrocken blicke ich auf meine Uhr.

»Du hast es eilig?«, fragt Steve. »Du weißt doch: Dein Freund Jannis wartet.«

»Bis später.« Mit der Serviette wische ich mir über den Mund und gehe.

9.

»Es tut mir sehr Leid«, sagt Katharina an der Rezeption, und ihr Gesicht scheint heute noch weißer als sonst. »Der Bus ist in der Werkstatt. Ein kleiner Unfall. Nichts Schlimmes. Aber die Fahrt nach *Knossos* muss ausfallen.«

»Schade«, sage ich nur. Doch insgeheim freue ich mich auf einen Tag ohne Programm, war doch das Abstreifen aller Zwänge, wenigstens für die Zeit meines Urlaubs, das Ziel dieser Reise.

»Ich fahre morgen mit dem Auto nach Heraklion. Zu meiner Tante. Der das Hotel gehört. Sie erinnern sich?«

»Ja, ich erinnere mich.«

»*Knossos* liegt ganz in der Nähe. Sie können mitfahren, wenn Sie wollen.« Da hänge ich wieder! Ein hin- und herschwingendes Pendel zwischen dem Wunsch nach Ruhe und der Vorstellung, mit dieser Katharina, die mich in Gedanken beschäftigt, einen Tag lang allein zu sein. Und ich weiß, mit jedem Ausschlag nach rechts oder nach links laufen hier die Zeiger schneller als bei der gewöhnlichen Uhr, da sie sicher eine direkte Antwort erwartet.

»Ich dachte, ein Ausflug nach *Knossos* wäre sehr wichtig für einen Archäologen.« Jetzt sind ihre Worte, die in mein Zaudern fallen, schon fast ein Rückzug. »Oder haben Sie Angst?« In dieser Frage, bei der sie mich nicht ansieht, liegt etwas wie Spott.

»Angst vor wem? Nein, Katharina.« Dabei versuche ich ein Lächeln. »Wann fahren wir?«

»Um sieben. Wie sonst der Bus.«

»Da wird Mr. Harrison ohne mich frühstücken müssen.«

In der Hand halte ich die Einladung zur Eröffnung von Minos' Storehouse mit der Wegbeschreibung. Katharina hatte darauf bestanden, trotz des eindeutigen Plans alles genau zu erklären. »Sagen Sie meinem Bruder, ich käme später. Ja, Herr Menges?« Dieses ›Herr Menges‹ schien mir, als stünde sie hinter einer gläsernen Wand. »Ich habe noch zu tun. Für die Tante. Sie will alles ganz genau wissen.« Gemächlich schlendere ich durch Gassen und Straßen, habe ich doch in den wenigen Tagen gelernt, dass Zeit nichts zu tun hat mit ihrer sklavischen Einteilung in Stunden und Minuten. Vor manchem Schaufenster bleibe ich stehen, blicke in die Auslagen, ohne sie wirklich wahrzunehmen.

Ich sehe das alte türkische Bad mit seinen eigenartigen Dachkuppeln. Sie erinnern an in der Mitte durchteilte Kugeln, die auf einer ebenen Fläche, des ewigen Rollens müde und in genau bemessener Distanz zueinander, ihren festen Standort gefunden haben. So ganz anders die rastlos kreisenden Planeten, deren Bahn nur der genaue Beobachter kennt und die, geraten sie in zu große gegenseitige Nähe, Turbulenzen in der Atmosphäre des jeweils anderen erzeugen und selbst Meere in schiefe Gezeitenlagen versetzen oder, im äußersten Fall, durch ihre starke Anziehungskraft mit Wucht aufeinander prallen und sich gegenseitig vernichten. Eine zerstörungsfreie Verschmelzung gibt es wohl nur in noch nicht ausgehärtetem Zustand, gasförmig oder flüssig, wobei niemand mit Sicherheit weiß, ob nicht doch durch gegensätzliche Polaritäten schon beim Hauch einer Berührung eine Explosion stattfinden kann. Selbst da, wo die Verschmelzung scheinbar gelingt, geschieht dies nur unter Aufgabe des jeweiligen Urzustands, um ein neues Ganzes mit eigener Identität hervorzubringen.

Ein wenig schaudert mich der Gedanke, dass ich mit meinen Vorstellungen ein Bild menschlicher Beziehungen gezeichnet habe, als seien sie nur eine Mechanik der Körper ohne inneres Wesen. Doch spätestens, seit der Mensch fliegen kann, weiß er, wie kalt der Himmel in Wirklichkeit ist. Gleichzeitig muss ich mir eingestehen, dass mich meine Träume, auch wenn ich wache, oft aus diesem Dauerfrost führen und ich mich nachher wundere, warum ich mich nicht dagegen gewehrt habe. Ich begreife nicht, wieso ich gegenüber Katharina so wenig Redebereitschaft zeige, fühle ich mich doch von ihr auf unerklärbare Weise angezogen.

Und wieder ist da mein Kopf, der für alles eine Erklärung sucht. Vielleicht liegt Katharinas Wirkung auf mich darin, dass sie nicht eine von anderen übernommene Rolle spielt, sondern ihr eigenes inneres Wesen zeigt, es sei denn, auch das wäre geschickte Verstellung. Und genau das ist wohl meine fortwährende Angst, nur Teil eines Spiels zu sein und mich darin nach fremder Vorgabe als ein Trabant zu bewegen, der ewig die aufgezwungene Bahn um einen einzigen Fixstern zieht. Manchmal, wenn ich kleine Kinder sehe, wundere mich über ihr argloses Lachen, mit dem sie sich anderen ausliefern. Möglich, das ist der ursprüngliche Ausdruck der unverbildeten Seele und die einzige Zeit seines Lebens, in der der Mensch wirklich lieben kann.

Von weitem schon sehe ich Leute in ein Haus mit frisch gestrichener Fassade gehen. Zierbäume in weißen Kübeln stehen davor. Im Näherkommen vergleiche ich die Zeichnung auf der Einladung mit dem, was nun daraus geworden ist. Ich erkenne keinen Unterschied. Über allem, fast in ganzer Breite, die Aufschrift *Minos' Storehouse*, lateinische Buchstaben zwar, aber so, als hätten sie die Wandlung aus dem Griechischen noch nicht ganz vollzogen. Die Auslagen in den Schaufenstern blitzen im grellen Licht verborgener Strahler.

Beim Hineingehen knicke ich das Blatt eines Zierbaums und halte die Nase daran. »Lorbeer«, kommt mir lachend und mit ausgestreckter Hand der neue Ladenbesitzer entgegen. »Früher haben wir daraus Kränze für unsere Dichter gewunden. Heute begrüßen wir unsere Gäste damit.« Eine junge Frau mit den großen Augen einer Ägypterin aus den Palästen und Gräbern der Pharaonen tritt auf mich zu und hält mir ein Tablett entgegen, darauf kleine Gläser mit klarem Inhalt, daneben Schalen mit in Stücke geschnittenem braunen Brot. »Willkommen bei *Minos*«, sagt sie, als sei es ihr voller Ernst und betont dabei jede Silbe.

›Wie eine Sprachschülerin, die zum ersten Mal diesen Satz sprechen muss‹, denke ich, sage laut »Danke« und nehme von beidem.

»Unseren Raki kennen Sie schon«, erklärt mir Evtychios als Warnung.

»Willkommen«, wiederholt die Schöne als Aufforderung, das Glas zu leeren. Ich trinke den Raki in einem Zug.

Steve ist schon da. Er kommt auf uns zu und hält mir einen Ring entgegen. »Gut, dass du kommst. Wie findest du ihn?«

Ich nehme den Ring in die Hand und wiege ihn. »Gold?«

Er nickt. »Gold.«

»Gold hält ewig«, wirft Evtychios ein. »Der Schatz des *Minos* ist noch heute wie neu.«

»Für Emily?«, frage ich. »Emily? Nein. Für Mary. Sie ist meine Enkelin.« Die Form des Rings ist schlicht, die Kanten eckig. Rundum eine in strengen rechten Winkeln verlaufende Linie.

»Sieht aus wie ein Gang durchs Labyrinth«, lacht Steve. »Und irgendwo lauert das Untier.«

»Es ist in jedem von uns«, sage ich.

»Wer es besiegen will, braucht dafür eine Ariadne«, weiß Steve und: »Evtychios hat offenbar seine gefunden«, meint er weiter und sieht zu der jungen Frau hinüber, die gerade am Eingang neue Gäste begrüßt.

»Margarita?«, fragt Evtychios. Dabei ist ihm das Lachen verschwunden. »Sie wäre schon längst meine Frau. Aber bei uns auf Kreta müssen zuerst alle Schwestern verheiratet sein, bevor es der älteste Bruder darf.« Und nach einer Weile: »Vater ist tot. Und da trage ich die Verantwortung für die ganze Familie. Sind Sie verheiratet?« Damit meint er offenbar mich. Aber wie soll ich jemand erklären, dass ich noch immer nicht weiß, wie es mit Helen weitergeht? Und so sage ich: »Nein.«

»Katharina hat mir erzählt, dass sie morgen mit Ihnen nach *Knossos* fährt.« Aber was das mit seiner Frage von soeben zu tun hat, begreife ich nicht.

Ein junger Mann mit einem Musikinstrument betritt das *Storehouse*. Evtychios geht eilig auf ihn zu und umarmt ihn. Was sie miteinander reden, verstehe ich nicht. Auch der Neue bekommt seinen Raki, und Evtychios zeigt auf einen Stuhl in der Ecke. Der junge Mann nimmt Platz und beginnt leise zu spielen. Anders als in den Kaufhäusern bei uns klingt seine Musik wie das Klagelied einer zerrissenen Seele. »Er ist ein Freund. Und die Musik hat er selbst komponiert.« Für mich sind es wirre Fäden, die da jemand vergeblich aneinanderknüpft; denn bei dem geringsten Zug zerreißen sie wieder. Es sind nicht die trotzig hüpfenden Tonschritte, die ich erst neulich von der kretischen Lyra gehört habe. Hier versucht jemand, das, was er nicht zu sagen wagt, der Stimme seiner Musik zu überlassen.

»Ich finde, sie hat das wunderbar gemacht«, sagt Steve und zeigt auf die Wände und dann auf Margarita. Erst jetzt fällt mir auf, dass diese Margarita einem Bild ähnelt, das wie das Fresko auf einem antiken Mauerrest an einer der Wände angestrahlt ist. »Wenn du mit Katharina in Heraklion bist, musst du das Original sehen. Evtychios' Braut hat sich geschminkt wie diese minoische Frau. Die Archäologen nennen sie die ›Pariserin‹.« Doch dieses Bild ist nicht das Einzige. Delfine schießen übermütig aus dem Meer, jemand springt ebenso ausgelassen über einen Stier. »Das hat alles Margarita gemalt. Die beiden haben hier wochenlang gearbeitet.«

Die Musik macht eine Pause. Nur noch Gemurmel und Fragen der Eingeladenen sind zu hören. Und immer wieder Evtychios' Stimme, der Schmuckstücke zeigt, Figuren und Keramiken in Griechisch, Englisch, auch in Deutsch erklärt. Gerade geht er eilig durch eine Tür und kommt bald darauf mit einem leeren Karton zurück. Sorgfältig wickelt er eine bemalte Vase in Seidenpapier, erzählt beim Verpacken ihre Herstellungsgeschichte. »Die Werkstatt ist gar nicht weit von hier. Und achten Sie auf die antike Kithara!« Er lüftet nochmals das Papier wie die Abdeckung über einem geheimen Schatz. »Es ist das Vorbild für Giorgios' Instrument. Ein heutiger Meister hat sie nachgebaut.« Er zeigt in die Ecke, wo der Kitharaspieler immer noch sitzt. Der hält sein Instrument in die Höhe, damit alle die Rarität sehen können und zupft dann einige Töne. »Kithara«, sagt er. »Kopie nach dem Bild auf der Vase«, wiederholt er Evtychios' Erklärung. »Das Original der Vase ist in Athen«, fährt der fort. Mir ist, als ob er zum Abschied liebevoll über das weiße Papier streicht, unter dem nun das teure Stück bis zur baldigen Auferstehung im Haus der Käufer schlummern wird, bevor er es vorsichtig in den Karton gleiten lässt. Möglich, er wäre viel lieber Direktor eines Museums, wo alles beim Alten bleibt und morgens, wenn er als Erster die Räume betritt, alle Objekte unverrückt an gleicher Stelle auf neue Bewunderer warten.

Ich habe noch den Geruch frischer Farbe und eben erst gebrannter Tonware in der Nase.

»Was hast du gekauft?«, fragt Jannis und zeigt auf mein Päckchen.

»Einen Stierkopf. Willst du ihn sehen?« Ich bleibe stehen und beginne, die Schachtel zu öffnen.

»Stierköpfe sind alle gleich«, weiß Jannis. Wir gehen weiter.

»Und du?«, wendet er sich an Steve. An dessen Miene erkenne ich, dass er nicht reden will. ›Ob ihn noch meine Frage nach Emily beschäftigt?‹

»Einen Ring«, antwortet er kurz.

»Einen Ring? Für wen?« Doch Steve schweigt.

»He, Alter, du meinst doch nicht etwa, für so'n bisschen Gold kauft sich einer wie wir noch 'ne Frau, was?«

»Der Ring ist für seine Enkelin«, sage ich knapp.

»Enkelin? Wusste ich nicht!« Und zum ersten Mal, seit ich ihn kenne, klingt Jannis' Stimme kleinlaut.

»Ich bin müde«, sagt Steve. »Ich gehe zurück ins Hotel.«

»Was hat er?«, fragt Jannis. Aber da ist Steve schon um die nächste Hausecke gebogen.

Woher wohl beim Menschen die Lust kommt, andere aus ihrer Balance zu reißen? Ob es dem Pöbler ein Gefühl eigener Stärke gibt, wenn er sieht, wie sein hinterlistiges Wort den Angesprochenen aus dem sicheren Stand wirft?

»Er wollte gestern nach Suda«, sage ich in unsere Schweigsamkeit.

»Suda?«

»Ja, alte Freunde besuchen.«

»Alte Freunde …«, wiederholt Jannis mit eigenartiger Betonung. »Den einzigen alten Freund, den er auf Kreta noch trifft, bin ich.« Gerade denke ich über die Ausschließlichkeit von Freundschaften nach, da fährt Jannis fort: »Seine Freunde in Suda sind lange tot. Es gibt dort einen alten Soldatenfriedhof. Engländer, Australier, Neuseeländer …«

›Wieder ein Friedhof‹, geht es mir durch den Kopf. ›Gräber auch da, wo ich endlich beginne, mich unter Lebenden zu fühlen.‹

Ohne eigenes Ziel bin ich neben ihm hergegangen. Jetzt stehen wir vor Jannis' Kafenion. Von der Begrüßung verstehe ich nur ›Kaliméra‹.

»Raki?«, fragt mich der Wirt.

»Lieber Kaffee.«

»Ellinikó«, ruft Jannis hinter ihm her. »Machen wir heute ein Spiel?« Er zeigt auf einen hölzernen Kasten.

»Backgammon?«, frage ich.

»Schach.« Lang ist es her, seit ich zuletzt Schach gespielt habe. Irgendwann hat es ein Krieger erfunden, um die Pausen zwischen den großen Schlachten mit strategischen Denkspielen zu füllen. Mag sein, dass es heute für die meisten keine Denkpausen mehr gibt, um jemanden zu suchen, der sich zu einem nutzlosen Totschlagen von Zeit bereitfände. Wohl hat mich Helen öfter dazu herausgefordert, doch war ich am Schachbrett mit meinen Gedanken meist abwesend, so dass es ihr häufig gelang, mich nach kurzer Zeit matt zu setzen. Ich glaube, für sie ist es nicht wichtig, ob ich nach besonders heftiger und streitbarer Gegenwehr verliere, sondern ihr Triumph liegt letztlich in ihrer Meinung, dass es mir völlig unmöglich sei, mich ihrer taktischen Überlegenheit zu entziehen. So bin ich nicht sicher, ob ich gegen jemand wie Jannis überhaupt eine Chance habe, ist doch mein Wille, im Spiel zu gewinnen, nur wenig entwickelt.

»Ich dachte, du spielst wenigstens Schach«, unterbricht Jannis meine Gedanken.

»Ja, ja«, sage ich, »aber ich spiele nicht gut.«

»Bei euch sind es eher die Karten …«

»Manchmal.«

»Schafskopf?«

»Skat.«

»Matt!«, sagt Jannis. Sein Gesicht zeigt kein Siegerlächeln, eher die Gleichgültigkeit dessen, der weiß, dass er ohnehin beim Spiel nicht zu schlagen ist. Mit den Augen suche ich Fluchtwege für meinen König, aber weder gerade noch diagonale Züge sind möglich, geschweige denn eine Deckung durch Bauer, Turm oder Läufer. Aber mehr noch als die entmachtete Krone auf dem Spielbrett bin ich selbst durch Figuren gefangen, die Steve und nun auch dieser Jannis um mich her bewegen. Sie ziehen mich mehr und mehr in ihre alten Geschichten. Dabei erschreckt der Gedanke, mich in fremden Geschehnissen zu verlieren und nicht mehr herauszufinden. Mit Verwunderung nehme ich wahr, wie sich die Insel über meine vertraute Landkarte legt und zu einem eigenen Mittelpunkt wird.

10.

Hinter dem Empfangstresen im Hotel Pharos sitzt schläfrig der alte Mann, der den Nachtdienst versehen hat. Schon gestern Abend, als ich spät vom Essen kam, hatte er mir auf mein »Nummer dreizehn, bitte« wortlos den Zimmerschlüssel gereicht. Jetzt hängt er ihn, ebenso schweigsam, an seinen Haken zurück. Sieben Uhr! Für Langschläfer eine ungewöhnliche Zeit, erst recht im Urlaub.

Ich hatte mich für die Ferien nach endlos gedehnten Tagen gesehnt, aber dieser hier wird wohl mit langen Autofahrten und Besichtigungen voll gestopft sein. Wie hätte ich auch erwarten können, dass sich die geplante Reise durch die Jahrtausende in nur wenigen Augenblicken vollziehen ließe, wobei ich dennoch hoffe, dass beim Zusammensein mit Katharina auch Zeit für die Gegenwart bleibt. *Knossos*, der lange verschüttete Traum. Homer setzte den in seinen Schriften aufmerksam Suchenden Wegzeichen; so ging *Knossos* bis in die Neuzeit nicht völlig aus dem Gedächtnis der Menschheit verloren, wurde wieder entdeckt!

Steve, den ich gestern Abend beim Essen traf und der seine schwermütige Schweigsamkeit überwunden hatte, war stolz, dass es ein Brite war, der die Gabe besaß, die in der Antike gelegte Spur aufzunehmen und mit Ideen und Ausdauer die verschollene Welt des König *Minos* wieder ans Licht zu bringen. Doch diesem Arthur Evans, der dafür später von der Krone geadelt wurde, war es nicht genug, Stein für Stein und Fundstück für Fundstück freizulegen und zu katalogisieren, sondern er tat etwas, das in Kreisen der Altertumsforscher noch heute verpönt ist: Er versuchte die Wiederherstellung eines Teils der Palastanlage, und das unter Zuhilfenahme moderner Baustoffe! Dort, wo zu *Minos'* Zeiten Zedernholz, das aus den damals noch existierenden kretischen Wäldern stammte, die Dachkonstruktion hielt und stützte, verwendete er Beton als dauerhaften Ersatz! Steve erwähnte das zwar, aber doch eher entschuldigend, als wollte er seinem berühmten Landsmann posthum die Absolution erteilen. Nun, was ist, das ist. Ich behalte mir vor, selbst ein Urteil darüber abzugeben, sobald ich die wieder sichtbaren Reste und den möglichen Frevel eines lange verstorbenen Kollegen aus eigener Anschauung kenne.

»Guten Morgen, Herr Menges!« Wie eine Glocke klingt Katharinas Stimme in meine Wachträume. Erstaunt blicke ich zur Tür, durch die sie gerade gekommen sein muss.

»Guten Morgen, Katharina.«

»Haben Sie gut geschlafen? Wir können gleich losfahren«, sagt sie und redet dann einige Worte mit dem Mann hinter dem Tresen. Aus ihrem Gesicht strahlt es hell und wach. Sicher ist sie lange vor mir aufgestanden und hat sogar kalt geduscht. Beim flüchtigen Blick in den Spiegel erkenne ich bei mir Unlust und Müdigkeit. Wie soll sich jemals ein Feuer entzünden, wenn eigene Trägheit den ersten Funken gleich wieder erstickt? Ich beobachte, wie ich mir selbst im Spiegel zulächle, und dabei treffen sich Katharinas Blicke mit meinen. Wie mag meine kindische Selbstbetrachtung auf eine junge Erwachsene wie sie wirken? Doch sie fragt nur: »Können wir fahren?«

»Ja«, sage ich.

Ich fühle mich sehr altmodisch; denn ich gehe vor ihr her und halte ihr beim Hinausgehen die Tür auf. »Danke«, sagt sie, und das klingt, als freue sie sich über dieses kleine weibliche Privileg. ›Mit solchem Altmännergehabe kannst du heutige Frauen nicht korrumpieren‹, hatte mir Helen bei gleicher Gelegenheit zugezischt. ›Mentale oder körperliche Überlegenheit oder sogar so etwas wie Höflichkeit brauchst du nicht zu demonstrieren‹. Danach war mir wiederholt aufgefallen, dass ich Schwingtüren, durch die ich vor ihr gegangen war, achtlos hinter mir zufallen ließ.

»Mein Wagen steht da drüben.« Dabei zeigt Katharina auf einen roten Fiat Panda. Nicht selten bin ich diesem Wagentyp auch auf unseren Straßen begegnet. Zumeist wurde er von Frauen gefahren. Vielleicht fühle ich mich als Reisender deshalb nicht fremd, weil ich auch hier Vertrautes sehe. Katharina muss schon eine Strecke bis hierher gefahren sein; denn der Motor ist warm und springt gleich an, als sie den Zündschlüssel dreht. Unwillig rüttelnd rollt der Wagen an, als die Kupplung greift. Zügig und sicher schaltet Katharina die Gänge, packt und dreht energisch das Lenkrad, wenn wir abbiegen oder in eine Kurve fahren. Anfangs fühle ich mich unbehaglich. Nicht, dass ich mich vor etwas fürchte. Es ist eher die ungewohnt passive Rolle auf der Beifahrerseite. Im Wagen überlässt mir sonst Helen das Steuer. Die Konzentration auf die Straße und die mechanischen Vorgänge bei der Fahrzeugbewegung lenken sie zu sehr von der eigenen Rede ab, mit der sie mich bei gemeinsamen Autofahrten überschüttet. Vielleicht ist die Zuweisung meiner Rolle auch kühle Berechnung, weil sie dann sicher sein kann, dass mir ein Ausweichen nicht möglich ist. Ich gebe zu, viel behalte ich nicht von dem, was sie sagt. Aber ihre eindringliche Stimme, die sie sorgsam dem Inhalt anpasst und geschickt moduliert, hält mich eher wach als einschläferndes Geplapper aus dem Autoradio.

Jetzt sitze ich auf dem Platz des Unterhalters. Doch es widerstrebt mir, einfach drauflos zu reden. Sicher könnte ich Katharina nach archäologischen Grabungen auf Kreta fragen. Aber im Augenblick bin ich mehr an der Gegenwart interessiert. Wir halten vor roten Ampeln, lassen Fußgänger passieren. Städter überqueren die Straße, die Frauen geschmackvoll gekleidet, die Stoffe von Kleidern und Röcken dunkel, die Blusen weiß, die Männer glatt rasiert. Auch sie tragen Hemden in Weiß, Hosen und Jacketts in Dunkelblau. Dann Leute vom Land, die aus den Dörfern ringsum eine Beschäftigung in Chania gefunden haben, die Frauen oft ganz in Schwarz, die Männer meist bärtig, in abgetragenen Anzügen.

Routiniert und sicher fährt Katharina bei Grün wieder an und hält ihre Augen auf einen weit entfernten Punkt der Straße gerichtet. Braun gelockt ist ihr Haar. Strähnen zeichnen ihr feine Halbkreise auf die Stirn. Ihre Wimpern sind dunkle Fächer. Die Nase hat einen schlanken, geraden Rücken. Die Nasenflügel wölben sich als kleine Schirme sanft über ihrem Mund. Ich bin nicht sicher, ob sie bemerkt, dass ich sie aufmerksam von der Seite beobachte. Doch als ich auf ihrem Mund ein feines Lächeln bemerke, fühle ich mich ertappt. Aber ist es verwerflich, wenn jemand, der sonst nur im Staub vergangenes Leben zu erkennen sucht, es einmal wagt, das Wesen eines Menschen, dazu einer Frau, aus einem lebenden Gesicht zu deuten?

Während ich jetzt die an uns vorbeifliegende Landschaft betrachte, denke ich über meine Feststellung nach, dass Katharina auf mich eine beherrschte Sinnlichkeit ausstrahlt. Möglich, diese Beherrschtheit ist das Vermächtnis des Paulus, der Kreta besuchte und der jungen Christengemeinde für alle Zukunft die Last der Keuschheit gegen die Lust der Antike setzte.

Gestern, nach dem Abendessen, als Steves Kopf schon vom Wein glühte und er erfuhr, dass ich heute mit Katharina nach *Heraklion* und *Knossos* führe, lachte er laut, stand auf, dass der Stuhl hinter ihm polternd zu Boden fiel, riss mit einer Hand die schon zusammengelegte Decke vom Nachbartisch und warf sie sich wie einen Umhang um die Schultern. »Ich, *Minos*, König von Kreta, Sohn des Zeus und der Europa ...«, brüllte er ins Lokal. Die Ober blickten besorgt, die wenigen Gäste erschrocken oder belustigt. Jemand vom Personal griff den Stuhl und stellte ihn wieder hinter Steve auf die Beine. »Ich, König *Minos*«, begann der erneut, wobei er jede Silbe schwerfällig betonte, »in einem wilden Akt von einem Gott mit einem sterblichen Weib gezeugt ...«

»Steve!«, mahnte ich. »Steve!« Stöhnend ließ er sich auf seinen Stuhl zurückfallen. Sein Mund bewegte sich, als formulierte er mühsam weitere Wörter und Sätze, aber zu hören war nichts als ein unsinniges Murmeln. Ober und Gäste verloren ihr Interesse. »Excuse me, Martin, but King *Minos* is drunk.« Unsicher sah er zu mir herüber. »Excuse me. Die vielen Bilder im Kopf ... jedes Jahr ... um dieselbe Zeit ...« Heftig rieb er sich Augen und Stirn, als wollte er seine Albträume vertreiben. »Kafé ellinikó!«, rief er dorthin, wo die Ober beieinander standen und darauf warteten, dass wir gingen. Müde und wohl auch verlegen brachte der Chef selbst den Kaffee.

»Parakalló, Mister Harrison.« Der nahm ihn wortlos und begann, ihn schlürfend in winzigen Schlucken zu trinken. Dazwischen sagte Steve kichernd: »Wenn du lange genug bleibst, wirst du einer von denen. Hier muss dein Kaffee nicht nur heiß und schwarz sein, du musst ihn auch hören ...« Die kleine Tasse schlug hart auf den Unterteller, als Steve sie absetzte. »... und ihre Geschichte ist mit einem Mal deine eigene«, brachte er den angefangenen Satz zu Ende. Dann wurde er ernst. »Diese Katharina! Sie ist ein wundervolles Mädchen.« Das klang fast wie eine Mahnung. »Wer sie als Frau hat, braucht für den Rest des Lebens keine andere.«

Er goss letzte Tropfen aus der Weinflasche in sein Glas. Ich hatte trotz seiner Proteste darauf bestanden, Wasser zu trinken. »Morgen werde ich sehr früh geweckt. Fast in der Nacht!«

»Fast in der Nacht«, wiederholte er. »Du willst nicht, dass morgen ein stinkendes Weinfass neben Katharina im Auto sitzt, was?« Er lachte wieder. Ich sah, dass er noch etwas sagen wollte. »Wer nach *Knossos* fährt, sollte die ganze Geschichte von diesem *Minos* erfahren. Wenn du sie kennst, hast du vor Halbgöttern und ihrer Sippe keinen Respekt.« Er nahm einen Schluck Wein und wischte sich mit dem Handrücken über den den Mund. »Du hast bei Evtychios einen Stierkopf gekauft.«

»Als Souvenir.«

»Haha, Souvenir! Ein Souvenir, das wollte auch *Pasiphae*, das Weib dieses König *Minos* ...« Und Steve begann, mir die Sage von *Minos* und dem *Kretischen Stier* zu erzählen: Zuerst von der großspurigen Behauptung, seine, *Minos*' Gebete, würden alle von den Göttern erhört. Zum Beweis bat er *Poseidon*, einen Stier dem Meer entsteigen zu lassen, damit er, *Minos*, ihn wiederum ihm opfern könne. Dann vom Betrug des *Minos*, der den schönen, weißen Stier unterschlug und dem Meergott stattdessen eine altersschwach wankende Kuh opferte. Doch der erkannte den Schwindel, rächte sich, indem er den Stier ganz Kreta verwüsten ließ. Und dass die kraftvollen Lenden des

Stiers die Gier der *Pasiphae* erregten, und wie der liebedienernde *Daedalos* dem lüsternen Weib eine hohle Kuh-Attrappe schuf, in die sie hineinkroch und sich dem arglosen Stier in dieser Maske zur viehischen Kopulation darbot. Ich nippte am Wasserglas.

›War das nun Großvaters Bildungsideal?‹, dachte ich. ›Humanismus! Da findet ein Despot auch immer seinen genialen *Daedalos,* der ihm zu allem und jedem dienstbar ist.‹

»Wenn du vor den Ruinen von *Knossos* stehst, wirst du sehen: Seit damals haben sich nur die Fassaden geändert.« Steve lachte betrunken. Ich half ihm die Treppen hinauf auf sein Zimmer.

Die Häuser von Chania liegen hinter uns. Einige Mal waren mir zwischen den Ampelstopps in der Stadt die Augen zugefallen. Jetzt brummt mir der Motor ohne das leiernde Auf und Ab wechselnder Tourenzahl gleichtönig in die Ohren. Auch das Holpern, das mich im Gurt hin- und herrüttelte, hat aufgehört. Wir sind auf der E 75, die als Querverbindung von Chania über *Heraklion* bis nach Sitia führt. Im Halbdämmer rieche ich wieder den frischen Asphalt, der mir seit der Busfahrt zum Kloster *Arkadi* in Erinnerung ist.

»Entschuldigung«, sage ich, als ich beim Aufschlagen der Augen erkenne, wie Katharina aufmerksam die Straße beobachtet, in den Rückspiegel sieht, um dann einen Lastwagen zu überholen.

»Sie brauchen sich nicht zu entschuldigen«, erwidert sie, als wir wieder sicher auf unsere Fahrspur eingeschert sind. »Jeder wird auf dem Beifahrersitz schläfrig«, fährt sie fort. »Ich hoffe, Sie sitzen im Panda bequem.«

»Ja, sehr«, übertreibe ich.

»Die Italiener hätten ihr Auto besser *Asinello* genannt.«

»Aber wer kauft heute noch Esel?«, frage ich.

»Auf Kreta gibt es genug davon.« Und, als ich lache: »Esel sind störrisch, aber treu.«

»Ja«, sage ich nur.

»Fahren Sie gerne Auto, Herr Menges?«

»Warum nennen Sie mich nicht Martin?«

Sie zögert und wiederholt dann die Frage: »Fahren Sie gern, ... Martin?«

»Nein, nicht wenn ich selbst steuern muss.«

»Und, müssen Sie? Zu Hause, meine ich.«

»Ja.«

»Frauen sitzen bei Ihnen nicht gern hinter dem Lenkrad?«

»Manche nicht. Nein.« Danach schweigt Katharina.

Ich denke darüber nach, dass ich mit meiner Antwort dem eigentlichen Sinn ihrer Frage nach der Frau hinter meinem Lenkrad ausgewichen bin. Und dann ihre Bemerkung: ›Esel sind treu!‹ Ob hier auf Kreta der Esel nicht nur Sinnbild des Widerborstigen, sondern auch das des Narren ist? Wobei der Narr doch nicht eigentlich dumm, eher gerissen genug ist, die Wahrheit im Schutz einer Tarnung, seiner Kappe, zu verkünden.

»Wenn wir Zeit genug hätten, würde ich mit Ihnen zum Kloster *Chrissopigi* fahren. Sie müssen es sehen! Unbedingt!«

»Es gibt viele Klöster in Griechenland.«

»Aber dies ist besonders schön. *Chrissopigi* heißt ›Goldene Quelle‹. Sind Sie gläubig?«

»Ja, schon …«

»Lassen Sie mich raten. Sie sind römisch?«

»Ja …«

»Mir dürfen Sie es ruhig sagen. Ich habe nichts gegen den Papst. Unser Bischof sagt, wenn er das *Schisma* beendet und in die Synode zurückkehrt, wäre er mit seiner ganzen Kirche willkommen.« Katharina zeigt mit der Hand auf ein Schild mit zweisprachiger Aufschrift, von der ich nur das *Melaxa* lesen kann. »Von hier geht es direkt zum Kloster.«

Genau dies hatte ich mir für meine Reise erhofft: Einmal spontan, ohne langes Abwägen und festgelegten Plan einem plötzlichen Wunsch oder einer Eingebung folgen und an einen mir unbekannten Ort fahren wie eben dieses *Chrissopigi!*

»Gibt es bei Ihnen auch Klöster?«, fragt sie.

»Ja, aber nur wenige Mönche.«

»Dies hier ist ein Frauenkloster. Seit der Türkenzeit war es unbewohnt, und man hat es vergessen. Die Nonnen haben es erst vor wenigen Jahren wieder eingerichtet. Es muss schlimm ausgesehen haben. Tote Häuser sind wie Menschen, denen die Seele abhanden gekommen ist.«

»In Chania habe ich solche Häuser gesehen.«

»Evtychios … Sie waren mit ihm in der *Ebreica*.«

»Ja.«

»Würden Sie in ein solches Haus ziehen, um dort mit Frau und Kindern zu leben?« Und, als ich mit der Antwort zögere: »Wenn es wieder hergerichtet wäre und mit ihnen und den anderen Bewohnern seine Seele zurückbekäme?«

»Ja, ich denke schon.«

»Als junges Mädchen habe ich auch daran gedacht, ins Kloster zu gehen. Aber ich wollte auch Kinder. Anfangs mochte ich nicht einsehen, weshalb das nicht geht. Mutter hat es mir dann versucht zu erklären. Lieben Sie Kinder?«

»Ich habe eine Nichte und einen Neffen.«

»Keine eigenen?«

»Nein.«

»Ich glaube, ohne Kinder fehlt das Wichtigste im Leben. Und deshalb habe ich damals beschlossen, auf das Klosterleben zu verzichten. Im Himmel ist man später noch lange genug. Meinen Sie nicht?« Sie blickt kurz zu mir herüber, und ihrem Lachen kann ich mich nicht entziehen.

»Die Nonnen von *Chrissopigi* malen Ikonen. Gibt es bei Ihnen Ikonen?«

»Heiligenbilder.«

»Heiligenbilder?«

»Bilder von Heiligen. Gemälde. Figuren.«

»Bei uns ist die Ikone selbst heilig. Manche bewirken sogar Wunder.«

»Glauben Sie an Wunder?«

»So sollten Sie nie fragen. Viele Ikonen sind Abbilder des menschgewordenen Gottes. Und Gott kann alles.«

»Es tut mir Leid.«

»Was tut Ihnen Leid?«

»Dass ich so gefragt habe.«

»Ich kann es Ihnen beweisen! Jeder Kreter kennt die Geschichte der Ikone des Klosters Toplou, die vor langer Zeit nach *Konstantinopel* entführt wurde. Sie wissen: Das *Konstantinopel*, das die Türken heute *Istanbul* nennen. Nur wenige Tage nach der Entführung stand die Ikone wieder an ihrem Platz.« Sie scheint meine Zweifel zu spüren. »Man hat sie ein zweites Mal geraubt, nach *Konstantinopel* gebracht und dort mit Eisenketten festgebunden. Es hat den Räubern nichts genützt. Die Ikone zerbrach die Ketten und floh zurück an den Ort, wohin sie gehörte: Nach Kreta!« Ich gebe den Widerstand auf. Anders als bei Helen kommt Katharinas Rede aus tiefgläubigem Herzen und nicht aus dem Gedankenkonstrukt der Besserwisser. Und ich beginne, Katharina zu beneiden. Der ewige Streit zwischen Kopf und Herz wird mich zerreißen. Im Kopf mag ja manche Wahrheit angesiedelt sein, im Herzen aber das wirkliche Leben.

»Ich hoffe, es langweilt Sie nicht …«

»Was?«

»... wenn ich Ihnen von unseren Ikonen erzähle.«

»Nein, ganz bestimmt nicht!«

»Mönche vom Berg *Athos* haben die Nonnen von *Chrissopigi* die Kunst der Ikonenmalerei gelehrt. Am Berg *Athos* werden die uralten Vorschriften aufbewahrt.«

»Vorschriften?«

»Jede Ikone hat ein Urbild.«

»Und danach wird kopiert?«

»Jede neue Ikone ist ein Abbild der alten.«

»Keine Freiheit der Kunst?«

»Das Urbild ist das getreue Abbild des lebenden Originals. Lässt sich ein lebendes Original verändern? Es wäre eine Verfälschung.«

»Und es gibt keine Schattierung, die anders wäre?«

»Nein. Nur manchmal ein Lächeln. Aber hat nicht die Mutter Maria manchmal gelächelt, wenn sie ihr Kind im Arm hielt?« So, wie Katharina jetzt dasitzt und ihren Blick für einen Moment von der Straße wendet und zu mir herüberlächelt, löst sich ihr Ausdruck von den strengen Regeln, die für Ikonen gelten. In diesem Augenblick wäre sie das ideale Modell für die freie Kunst eines der alten italienischen Meister.

So liebe ich den Himmel! Und so habe ich ihn schon vor Tagen erlebt: Ein schwacher Wind treibt weiße Wolken gemächlich vor sich her. Die haben weder Eile sich fortzubewegen noch die Fülle, das Land mit Regen zu übergießen. Wie eine Herde Schafe, die liegend in der Sonne dösen, dahinter bisweilen ein kantiger Kopf, der des Schäfers vielleicht, der staunend Grimassen schneidet über das, was er da unten sieht und allmählich wieder eins wird mit seinen Tieren. Und dann hellhäutige Gottheiten, die sich im weichen Himmelbett aalen, aus dem sich verschlafen ein Arm oder ein Bein reckt. Doch kein Blick ist den Mächtigen diese Welt würdig. In den Lücken zwischen den davonschwebenden Wolken-Bildern ein Blau, als sei das Meer bis zum Himmel gestiegen, darauf das rote Flammenschiff, das sich bis zum Mittagsstand über unseren Köpfen in blendendes Licht wandeln wird.

Katharina greift ins Handschuhfach und setzt ihre Sonnenbrille auf. Ich habe mich oft gewundert, wie sehr dunkle Gläser den menschlichen Ausdruck verändern. Möglich, es ist die starre Unbeweglichkeit, die fast den ganzen Menschen hinter einer gläsernen Wand verbirgt. Hier, von meinem Sitz aus, bleibt mir jedoch ihr Profil, auf dem nur ein Schatten liegt, der ihrem Gesicht einen besonderen Ernst verleiht. Ich selbst lasse die Augen ungeschützt. Da ich Beifahrer bin, kann ich den Strahlen jederzeit ausweichen oder die Sonnenblende im Wagen herunterklappen. Ich will Land und Menschen nicht durch einen Filter, sondern in ihrer grellen Buntheit, auch bei Gefahr zeitweiliger Blendung, betrachten.

Straßen wie diese sind Wunderwerke. Sie verbinden weit auseinander liegende Orte und lassen die Bewohner der Dörfer und Städte an ihrer Strecke über den eigenen Horizont blicken. Für Urlauber wie mich rücken sie entfernte Flecken wie *Knossos* dicht ans eigene Ferienquartier. Das birgt die Gefahr, dass die Landstriche dazwischen nicht oder kaum wahrgenommen werden. Dabei ist der Reichtum von Kreta die im Vergleich zu anderen griechischen Inseln gewaltige Ausdehnung, die dem Fremden und sicher auch den ständigen Bewohnern das Gefühl gibt, auf festem Boden und nicht nur auf einem Felssplitter im Meer zu leben, der irgendwann bei einer nächsten Katastrophe aus der sichtbaren Welt verschwindet.

Katastrophen hat es auch auf Kreta genug gegeben. Die erste bekannte war der Untergang des Minoischen Reichs. Kürzlich noch hatte ich gelesen, dass wahrscheinlich ein gewaltiger Vulkanausbruch, bei dem ein Teil der Insel *Santorin,* auf der es eine minoische Kolonie gab, weggesprengt wurde, die Palastanlagen von *Knossos* zerstört hat. Es ist anzunehmen, dass dem Ausbruch starke Erdbeben vorausgingen. Denen folgte eine riesige Flutwelle, die die Flotte mit sich riss, und Aschewolken, die den Himmel verdunkelten und die sonnenverwöhnten Minoer, die überlebt hatten, in lang anhaltender Finsternis frieren ließen.

Außer dieser Naturkatastrophe, die vielleicht nur von der Sintflut übertroffen wurde, gab es auf Kreta zu allen Zeiten versuchte und erfolgte Eroberungen mit Gemetzel und anschließender Unterdrückung. In jedem Fall kamen die Katastrophen von außerhalb. Kein Wunder, dass die Kreter sich gegen jeden fremden Einfluss zur Wehr setzten. Und doch haben manche Besetzungen vieles verändert. Römer und Byzantiner, Sarazenen, Venezianer und Osmanen, alle waren sie hier und haben Bauwerke hinterlassen und einen Teil ihrer Kultur und Sprache ins Unterbewusstsein der Kreter gepflanzt.

Von Briten und Deutschen blieben nur Gräber und die Erinnerung an den letzten Krieg, der mit der Kapitulation der Deutschen für die Griechen noch nicht zu Ende war, sondern im ganzen Land in einen Bürgerkrieg mündete. Für den, der nur Geschichtsdaten liest, entsteht der falsche Eindruck, als habe Geschichte auf Kreta nur aus blutigen Schlachten bestanden. Der härteste

Kampf der Einwohner war wohl immer der ums eigene Überleben. Immerhin herrscht hier seit einem halben Jahrhundert Frieden.

Unser Tempo lässt Zeit, die Vegetation am Straßenrand wahrzunehmen, Arten und Blattformen kann ich allerdings kaum unterscheiden. Dort, wo vor Jahren Sprengungen den Weg durch Felsen frei gemacht haben, wächst in den Spalten des blanken Gesteins nur hier und dort ein Nadelbaum. Vielfach ist sattes Immergrün zu sehen, zumeist halbhohe Bäume, die ich als Eiben erkenne. Wie es heißt, sollen die Griechen den römischen Eroberern beigebracht haben, aus ihrem Holz brauchbare Pfeile und Bögen zu fertigen. Durch Lücken im Randbewuchs entdecke ich weitläufige Olivenhaine, neue Plantagen mit kleinwüchsigen Ölbäumen, die den Menschen die Ernte erleichtern. Die Blätter scheinen im Sonnenlicht in einer Farbmischung aus Grün und Silber.

Katharina, die mein Interesse am Pflanzenwuchs um uns her bemerkt, fragt: »Gibt es bei Ihnen Johannesbrotbäume?«

»Nein. Am Niederrhein wachsen Weiden und Pappeln.«

»Der Johannesbrotbaum …« Und jetzt folgt die Geschichte von den immer gleich schweren Samenkörnern, die schon von alters her Goldschmiede unter dem Begriff Karat als Einheitsgewicht verwendeten. Schon von Evtychios hatte ich während der Stadtführung durch Chania erfahren, dass diese Bäume auch hier auf Kreta heimisch sind. Aber ich unterbreche sie nicht, höre ich doch gern ihre Stimme und wie sie unsere Wörter und Endungen betont und weil es ihr offenbar wichtig ist, mir von den Einzigartigkeiten ihrer Insel zu berichten.

Streckenweise blüht am Straßenrand Oleander. »Manche Touristen kaufen hier kleine Oleandersträucher und nehmen sie mit nach Hause«, sagt sie stolz.

»Ja«, antworte ich ihr. »Im Sommer stehen sie bei Freunden in Terrakotta-Töpfen auf Balkonen und Terrassen. Und im Winter im Keller.«

»Im Keller?« Das klingt entrüstet.

»Am Rhein wird es im Winter nicht sonderlich kalt, aber die Nachtfröste …«

»Nachtfröste«, wiederholt sie nachdenklich. »Schnee und Frost gibt es auf Kreta nur in den Bergen.«

Links von uns liegt jetzt das Meer. Unter weißen Dreiecken bewegen sich Boote durchs Wasser. Mein Blick pendelt, von Katharina unbemerkt, zwischen ihr und dem Meer. Ich vermag nicht zu unterscheiden, wem von beiden ich meine Hochstimmung verdanke. Auch frage ich mich, wessen Rätsel sich leichter entschlüsseln ließen. Doch, obschon ich Katharina erst seit wenigen Tagen kenne, scheint mir ihr Wesen nicht fremd.

Der Motor fällt aus dem hellen Surren hochtourig hastender Fahrt in tiefes Gebrumm zurück. Katharina nimmt die Geschwindigkeit zurück, wartet in der Straßenmitte entgegenkommende Wagen ab und biegt dann nach links auf einen kleinen Platz. »Viele machen an dieser Stelle Rast«, erklärt sie mir. »Es gibt hier eine Kirche.« Wir steigen aus. Tief atme ich die klare Morgenluft, die schon nach Sonne riecht. So sehr mir die Reise an Katharinas Seite gefallen mag, empfinde ich es doch als wohltuend, für eine Weile nicht in diesem polternden Käfig zu sitzen. Verglichen mit unseren Fernstraßen rollt jetzt auf dem wichtigen Verbindungsweg hinter uns nur wenig Verkehr. Das Fehlen eines ständig auf und abschwellenden Fahrgeräuschs von Autos und Motorrädern lässt im ersten Moment unruhig aufhorchen, ob wir nicht mit einem Mal aus der lärmenden Welt gestürzt sind.

»Kommen Sie mit?«, fragt Katharina in diese unerwartete Stille. Ich wende mich von der Straße ab und folge ihr. Ein unscheinbarer, weiß getünchter Bau, darüber die typische Kuppel, die an byzantinische Vorbilder erinnert: die Kirche. Bei uns würde sie eher Kapelle genannt, denn von den Ausmaßen her passt sie ohne Mühe mehrfach in unsere normalen Vorstadtkirchen. Überhaupt wundert mich, wie bescheiden sich hier die Orthodoxie gibt. Erst, wenn man den Innenraum betritt, überrascht die kunst- und prunkvolle Ausstattung. Die Vielzahl herabhängender Öllampen zeigt die Kunstfertigkeit griechischer Silberschmiede. Das geschnitzte Gestühl an den Wänden ringsum, das gedämpfte Licht, das nach der blendenden Sonne dem Auge eine willkommene Pause verschafft, die Ikonenwand, die den Kirchenraum in Himmel und Erde teilt und der Wachsgeruch in der Luft lassen an ewige Fortdauer denken. »Unsere Lithurgie ist sehr alt«, flüstert Katharina. »Aus dem vierten Jahrhundert.« Der Fortbestand von Riten über eine derart lange Zeit mag Zeichen für die Strenge der Priesterschaft und die tiefe Gläubigkeit der Gemeinde sein. Mir fällt dazu ein, dass es hier nie Reformen des Alten, geschweige denn eine Reformation gegeben hat. Und so bleibt die Orthodoxe Kirche mit ihrer Lithurgie ihrem Ursprung sehr nah.

»Bei Ihnen dauert eine Messe gleich mehrere Stunden, nicht wahr?«, weiß ich aus Erzählungen anderer. »Schon, wenn wir uns auf den Weg zur Kirche machen, beginnt unser Gottesdienst«, sagt Katharina. Wir stehen jetzt vor der Ikonenwand. »Durch die Mitteltür ziehen Priester und Diakone ins dahinter liegende Heiligtum. Dort steht der Kommuniontisch.« Katharina geht auf eine Christus-Ikone zu, küsst sie andächtig und schließt dabei die Augen.

Ich spüre mein eigenes Lächeln, während ich dieses Bild betrachte. Vielleicht ist das Schließen der Augen beim Kuss, beim Darbieten der Lippen, Ausdruck eines so innigen Gefühls, dass es der offene Blick durch seine Direktheit sofort zum Erkalten brächte. Ob Katharinas Lippen auch die eines Mannes so zart und versunken berühren würden? Ich denke an Helen. Diese Zartheit ist es wohl, die uns verloren ging. Da, wo ein Hauch wie dieser die ganze Seele auf Dauer bewegt, presst uns die Wildheit der Leiber nur für wenige Minuten keuchenden Atem aus offenen Mündern.

Aber ob sich bei einer Frau wie Katharina die Zartheit der Berührung je in Leidenschaft wandelt? Wahrscheinlich lassen sich solche Frauen nur auf das Überschreiten der Grenze ein, wenn sie dem Geliebten und der Liebe vorbehaltlos vertrauen. Ich gestehe mir ein, dass ich – und sicher auch Helen – der Dauer eines Gefühls tief misstraue. Wohl deshalb umkreisen wir uns jedes Mal lauernd und spielen uns kühle Distanziertheit vor, während wir uns fortwährend mit Lust verletzen.

Das Fallen einer Münze in einen Opferstock weckt mich aus den unheiligen Gedanken. Katharina nimmt eine der fingerdünnen Kerzen, die an der Seite in einem Stapel liegen, entzündet sie an einer bereits brennenden und stellt sie vor einer Marien-Ikone auf. »Möchten Sie auch eine?«, flüstert sie fragend. Aber schon im gleichen Augenblick wirft sie eine zweite Münze ein und reicht mir die Kerze. Mir ist das aus der Jugend nicht fremd. Frauen, meist ältere, fallen mir ein, die in der Marien-Kapelle unserer Kirche vor flackernden Lichtern beteten. Von ihnen unbemerkt hatte ich dabei ihre Gesichter beobachtet und mich über die fromme Versunkenheit gewundert.

»Danke«, sage ich kurz und sehe, wie der wachsgetränkte Docht lodernd aufflammt und sich im Feuer verzehrt. Jetzt stehen die schlanken, braungelben Kerzenleiber dicht beieinander und senden ein mildes Licht in den Raum. Mir ist, als leuchte es auch aus Katharinas Gesicht, das wie ein Abbild der Maria auf der Ikone scheint. Auch sie wird eines Tages ein Kind auf dem Arm tragen und mit gleich liebevollen Augen betrachten.

So vermengen sich die religiösen Vorstellungen der Ikonenmaler mit meinem sehr irdischen Nachsinnen, und ich ertappe mich bei der unbewussten Bitte, Gott möge mir mein sündiges Denken verzeihen. Doch dann löse ich mich wieder vom christlichen Idealbild und von der Idee, der Mensch könne je heilig sein. Zu sehr fühle ich mich dem Zweifel verhaftet, obwohl ich mir nicht verhehle, dass eine tiefe Sehnsucht nach Vollkommenheit, auch wenn ich sie nur vom Nächsten erwarte, in mir schlummert.

Katharinas Ausdruck zeigt diesen Zweifel nicht, aber auch keine Verstellung. Sie ist eine Frau, der ein Mann nie etwas zufügen dürfte, das ihr Wesen zerstört. Doch ich fürchte, ich könnte dieser Mann nicht sein, fühle ich mich doch vom Virus der Zersetzung befallen, der gefräßig an den Wurzeln alles Beständigen nagt.

»Hat es Ihnen gefallen?«, höre ich Katharina, als wir wieder draußen vor der Kirchentür stehen.

»Ja«, sage ich. Dabei frage ich mich, warum das Betreten einer Kirche für mich jedes Mal wie eine Heimkehr ist, und ich dabei gleichzeitig Beklemmung empfinde. Mag sein, es ist alter Kinderglaube, hinter allem Sakralen eine mahnende Stimme zu hören.

II.

»Auch in *Heraklion* gibt es einen alten venezianischen Hafen«, hatte mir Katharina gesagt. »Aber wir haben nur wenig Zeit.« Zuerst wollte sie mich überreden, sie zu ihrer Tante zu begleiten. »Meine Tante freut sich immer, etwas aus der Welt zu erfahren.« Doch ich dachte an das Aktenbündel unter Katharinas Arm, das sie mit ihrer Tante, der Eigentümerin des Hotels *Pharos* in Chania, durchsprechen wollte. Auch schien mir ein solcher Besuch zu familiär, und sicher würde der Fremde aus Deutschland später Gegenstand von Verwandtengetuschel.

Und so ging Katharina zuerst mit mir zum Archäologischen Museum. Ich könne mir für den Rundgang durch die Säle Zeit nehmen; denn bei der Tante bliebe sie mindestens zwei Stunden. Und dann habe sie noch in der Stadt zu tun. »Bücher fürs Studium«, erklärte sie. Nun sind zwei Stunden für ein Museum wie dieses nicht viel, aber sie reichen für einen Eindruck. Um eins wollten wir uns in einem Straßencafé treffen. Sie hatte es mir vorher gezeigt, so dass ich es leicht wieder fand.

Seit einer halben Stunde bin ich schon hier. ›Kafé ellinikó‹ habe ich bestellt, dazu ein Mineralwasser. Bis eins bleibt noch Zeit, und wer weiß, ob nicht heute die Tante mehr Fragen als sonst an ihre Nichte hat. In wenigen Schlucken habe ich den mehligen Kaffee getrunken. Auf der Zunge bleibt das leicht bittere Aroma, das in unserer Vorstellung verloren gegangene Energien zurückbringt. Das Wasser, noch kühl und perlend, gibt der trockenen Kehle Frische und dem Kopf klare Gedanken.

Ich blättere im Museumskatalog. Vieles, was in *Knossos* und anderen Orten ausgegraben wurde, hat im Archäologischen Museum seinen Platz gefunden. Zurück bis ins *Neolithikum* reichen die Funde: Hämmer, Äxte, Keulen aus Stein und aus Tierknochen gefertigte Werkzeuge. Siegel aus *Ägypten* und *Mesopothamien* beweisen, dass es auf Kreta schon lange Überseehandel gab. Segler des Altertums nutzten Winde und allmählich bekannt werdende Seewege zum Tausch von Waren und Wissen.

Dann erste Messerklingen aus Kupfer, die mit dem Beginn der Metallschmelze ein neues Zeitalter anzeigen. Schließlich die Zeugnisse der verschiedenen Palastperioden: *Pithoi*, riesige Tongefäße für Öl, Wein und Getreide, mit feiner Bemalung, die kretische Doppelaxt darunter mit stilisierten Pflanzen und Blumen, Vorboten einer viel späteren griechischen Kunst, die den

Römern als Vorbild diente, Tontäfelchen mit Inschriften, wie sie ähnlich die Sumerer kannten, sogar ein Kupferhelm aus einem Grab bei *Knossos,* der mich an einen sensationellen Fund am Niederrhein erinnert. Schmuck aus Grabstätten verschiedener Herkunft und dann die wundervollen Fresken mit Tierbildern und Sagengestalten.

Schließlich minoische Tonsarkophage, die mit detailgenauen Bildern ganze Geschichten erzählen. Und immer wieder Fresken, die farbiges Zeugnis einer lebensfrohen Epoche geben, darauf Vögel mit hochgereckten Schnäbeln, männliche und weibliche Gestalten von zierlichem Wuchs, darunter ein Fragment, das das Brustbild einer selbstbewussten Frauensperson zeigt, die alle hier ›die Pariserin‹ nennen, obwohl seit Entstehen des Bildes noch Tausende Jahre vergehen sollten, bis es den heute bekannten ›Pariser Schick‹ überhaupt gab. Tonfiguren, die den noch in unseren Tagen in Griechenland üblichen Reihentanz zeigen, von Stieren gezogene Wagen, ja, und erneut den Stier. Nacktbrüstige Schlangengöttinnen, schließlich prachtvoller Halsschmuck, eine aus purem Gold getriebene Bienendarstellung. Die Bilder und Eindrücke verwirren den Archäologen, dem bei der eigenen Grabung schon die unerwartet entdeckte Fibel oder die Münze zwischen den Knochenresten eines römischen Legionärs den Pulsschlag vor Freude hochjagt. Und voll Spannung erwarte ich unsere Fahrt nach *Knossos,* die wir gleich von hier aus unternehmen wollen, wenn ich zum ersten Mal Evans' Teil-Rekonstruktion sehen werde und mir die Fantasie den Rest der Palastanlagen dazubaut, durch die sich Menschen mit fremder Kleidung und ungewohntem Gehabe bewegen, nicht jene Touristen, die aus Blechbüchsen und Plastikflaschen trinkend durch die ehrwürdigen Altertümer hasten, mit Kopfhörern im Ohr, um die Laute der wirklichen Welt von sich fernzuhalten.

Mit diesen Vorstellungen blicke ich vom Museumskatalog auf und sehe die Betriebsamkeit auf Gehwegen und Fahrbahnen. Nicht nur weit Hergereiste aus anderen Ländern kommen und gehen, um diese kretischen Wunder zu betrachten. Auch einheimische Familien, Mütter und Väter mit ihren Kindern, ganze Schulklassen sind unterwegs, um die Kultur ihrer Vorfahren zu bestaunen.

Ein Junge weint. Der Kummer über den davonfliegenden Ballon treibt ihm die Tränen aus den Augen. Ich sehe, wie das silbrig glänzende Mausgesicht lachend und mit schlaff baumelnder Schnur weit über die Köpfe steigt und sich der kindlichen Zuneigung entzieht. Das Kind begreift die hinterlistige Flucht des gerade erst gewonnenen Freundes nicht. Ruhig auf den Jungen einredend tritt der Vater hinzu und versucht, seinen verstörten Sohn zu trösten.

Er nimmt dessen Hand und führt ihn zurück zum Ballonverkäufer, der eine riesige Traube aufgeblasener Mickymäuse und Delfine, von der man meint, sie trüge ihn fast durch die Luft davon, in der Hand hält. Bald ist ein neues Mausgesicht aus dem Ballongedränge gezerrt. Doch diesmal legt der Vater dem verwunderten Kind sein Taschentuch um dessen schmales Handgelenk und zieht das Schnurende mit einer lockeren Schleife um beides herum. Von meinem Platz aus erkenne ich das Glück des Kindes, das nur noch Augen für seinen hochfliegenden, gefesselten Freund hat.

Stumm saß der junge Prinz auf dem Mauerstumpf. Neben ihm, doch in gehörigem Abstand, eine junge Frau. »Warum hat Krataia, die große und starke Göttin Kretas, das zugelassen?« Die junge Frau wagte nicht, eine Antwort zu geben. Hatte doch der König, der Vater des Prinzen, bei Erscheinen des Frühlingsmonds seinen Verwalter zur jährlichen Hochzeit, dem Heiligen Beilager mit der Priesterin, geschickt, nachdem er ihn beim Brettspiel um diese Ehre gewinnen ließ. Versteckt hinter des Königs Stiermaske hatte die Priesterin in der Maske der Kuh den Frevel zu spät bemerkt.

Der Atem des Prinzen ging flach. Noch frisch roch der kalte Brand aus den Ruinen. Und über allem lag der aasige Dunst der Verwesung. Als die rachsüchtige Göttin am Reich des Vaters rüttelte, das der von seinem Vater geerbt hatte und das auch er, der Prinz, von seinem Vater erben sollte, und immer wieder die Erde und auf ihr die Paläste und Menschen in Erschütterung brachte, befragte der König die betrogene Priesterin, wie Krataia zu besänftigen wäre. ›Opfere ihr das Liebste‹, und die Priesterin hatte dabei an ihn, den Prinzen, gedacht. Doch der König täuschte sie ein zweites Mal und sandte ihr den Bruder, der ihm ähnlich sah. Und als die Erde erneut bebte, durchtrennte die Priesterin dem gefesselten Bruder die Schlagader am Hals. Doch als der Bruder verblutete, starb auch die Priesterin und mit ihr der Helfer, der den Zuckenden hielt, unter der Wucht der einstürzenden Bauten.

Aber davon hat der Prinz, der nicht weit davon auf der Jagd war, nie erfahren. Ihn und seine Begleiter riss das Beben zu Boden. Schwarze Aschewolken zogen vom Meer über die Insel und schoben sich als dunkles Vlies vor die Sonne. Zur Dunkelheit kam die Kälte. Lange Zeit blieben sie frierend und hungernd – und wohl auch ängstlich – in einer Höhle.

Doch irgendwann trieb sie die Sorge nach *Knossos* zurück. Auf dem Weg begegneten ihnen verstörte Menschen, die aus berstenden Wohnstätten aufs Land geflohen waren. Sie berichteten von der riesigen Flutwelle, die die Häfen zerstört und die gesamte Flotte vernichtet hatte. Und das, was ihm für alle ferneren Zeiten als sicher erschien, die Mauern und Dächer seiner Kindheit und Jugend, waren ein Trümmerfeld. Reste des riesigen Palastes erkannte er wieder, Treppenaufgänge zu den Portalen, durch die er oft achtlos gegangen war, übrig gebliebene Teile des Innenputzes mit springenden Delfinen, denen der Schutt den Weg zurück ins Wasser versperrte, Blumenranken mit weggebrochener Blütenkrone. Nichts war, wie er es kannte, auch nicht die labyrinthischen Gänge, in denen er sich versteckte, wenn er allein sein wollte.

»*Dilmun*[12]«, sagte der Prinz. »Dilmun?«, fragte die junge Frau. Und beide dachten an das ferne Land hinter dem Meer, von dem die Alten erzählten, mit immer währendem Frühling, das die Götter als ewigen Garten erkoren hatten, wohin vor langer Zeit die Männer aus dem Alten Land zwischen den Strömen aufbrachen, um von dort der Sonne entgegen in ferne Reiche zu segeln und mit Waren schwer beladen zurückzukehren.

Doch ihnen in *Knossos* hatte *Krataia* die Schiffe genommen. Und so blieb für die Flucht in die bessere Welt nur der Traum. Er würde die Toten ruhen lassen und mit der jungen Frau und dem Rest des Volkes auf dem Schutt ein neues Leben begründen. Ein bescheideneres, vielleicht …

»Was denken Sie, Herr Meng… Was denken Sie, Martin?«, fragt Katharina. »Gefällt Ihnen *Knossos* nicht?«

»Doch, sehr. Und was ich gedacht habe …« Ich erzähle ihr die Geschichte vom Prinzen auf dem Mauerstumpf. Sie lacht. Aber dieses Lachen hat nichts Belustigtes, sondern ihr Gesicht zeigt Verwunderung, mag sein auch Neugier.

»Sie sind ein wunderbarer Geschichtenerzähler«, sagt sie dann. »Ich möchte gern mehr über den Prinzen erfahren. Und über die junge Frau.« Möglich, dieser Arthur Evans … Sir Arthur Evans hat genau wie der Prinz vor diesem Trümmerhaufen gestanden und sich vorgestellt, wie alles, nach und nach, an seinen alten Platz zurückfände.

Wir stehen vor rot bemalten Säulen, die ein flaches Vordach halten, Säulen, zur Zeit ihrer Errichtung frisch geschlagene Baumstämme, die von den Baumeistern auf den Kopf gestellt wurden und sich so von oben nach unten verjüngen. »Damit der Stamm von der Wurzel her nicht wieder austreibt«, erklärt der Fremdenführer. Aus den Trümmern hatten Evans' Leute passende Quader sortiert und erneut zu Mauern aufgeschichtet. Durchgänge und Lichtöffnungen sind in glatt behauenen Stein gefasst, was allem eine rechtwinklige Strenge gibt. Rund- und Spitzbögen verstand der Mensch erst in späterer Zeit zu mauern.

Katharina und ich halten uns abseits des Menschenpulks, der den deutschsprachigen Erklärungen des älteren Mannes folgt. »Sehen Sie hier …«, preist er mit großer Verkündergeste in unsere Zeit gerettete Fragmente der ersten Hochkultur auf europäischem Boden, durch die der alte Orient auch uns Heutige noch das Staunen lehrt.

Ich warte, bis die wieder sichtbaren Teile des *Knossos*-Palastes menschenleer dastehen und fotografiere. Es fällt nicht schwer, ein Motiv auf das andere folgen zu lassen. Rampen, Stufen, Säulen, Fresken dahinter, Mauern, riesige stilisierte Stierhörner geben stets wechselnde Ansichten. Manche Bildausschnitte im Sucher lassen mich vor dem Druck auf den Auslöser kurz in der Erwartung innehalten, es träte jeden Moment ein lanzenbewehrter Palastwächter heraus, um die lästigen Störer aus der Nähe des Königs zu vertreiben. War der Palast ja nicht nur Wohnstätte der königlichen Familie, sondern auch Heiligtum der Göttin und ihrer Priesterinnen. Die Bruchstellen am Mauerwerk der Rekonstruktionen zeigen offene Wunden, die göttlicher Zorn in diese künstliche Welt gerissen hatte.

Aus den Augenwinkeln bemerke ich Katharinas Blick, mit dem sie mich anschaut. Einige Mal habe ich die Kamera zu ihr hingeschwenkt und sie vor einem besonders schönen Hintergrund oder in einer anziehenden Haltung fotografiert, bevor sie eine abwehrende Handbewegung machen konnte.

»Darf ich?«, fragt sie und nimmt mir mit freundlicher Bestimmtheit die Kamera aus der Hand. »Setzen Sie sich einmal dort hin, Martin? Bitte!« Sie zeigt auf einen großen Sitzstein. Wir sind im Herzen minoischer Hofhaltung und der Stein, auf dem ich nun nach Katharinas Aufforderung sitze, ist der Alabasterthron des Herrschers. Ich versuche, würdevoll dreinzublicken. Nach dem ›Klick‹ fordere ich Katharina auf, ebenfalls Platz zu nehmen. Sie ziert sich nicht, gibt mir die Kamera zurück und geht zu dem Stein. Ihr Gang ist selbstbewusst, doch grazil, wie sich nur Frauen bewegen können. Erst jetzt nehme ich ihre Kleidung wahr. Sie trägt eine dunkle, enge Hose, eine weiße Bluse und, lose über die Schultern gelegt, einen dunklen Pullover. Durch den Kontrast scheint ihre Haut noch heller.

Im Sucher betrachte ich länger als nötig ihr weiches Gesicht, aus dem ihre Augen offen herüberblicken, drehe am Objektiv, hole ihren Kopf damit dicht zu mir heran, drücke den Auslöser, rufe dann: »Einen Moment noch!«, und drehe das Objektiv wieder zurück, bis ihr Körper das ganze Bild füllt. Sie ändert die Pose, richtet Kopf und Augen auf einen Punkt weit hinten im Raum. Wäre sie blond und hätte langes Haar, sähe sie aus wie die Loreley. Nach dem neuerlichen ›Klick‹ sage ich »Danke«, und sie kommt auf mich zu. »Warum lächeln Sie, Martin?« Doch verrate ich ihr nicht meine Gedanken. Wer weiß, ob sie diese Geschichte vom Rhein überhaupt kennt. Und ich müsste ihr alles erklären …

Aber vielleicht könnte dies der Moment sein, wo ein Gespräch sich aus ängstlicher Distanziertheit löst und zur Nähe findet. Möglich, sie wartet auf einen ersten Schritt, doch ist es auch denkbar, dass eine plötzliche Annäherung das zerstört, was ich jetzt als einen lange vergessenen Zauber empfinde: Die wohl abgewogene Bewegung in einer gläsernen Kugel, wo die Furcht vor dem Zerbrechen des Gefäßes nur vorsichtige Annäherung erlaubt, aber auch jedem die Möglichkeit lässt, Abstand zu wahren.

»Werden Sie mir die Bilder schicken, wenn Sie wieder in Deutschland sind?«

»Sicher. Alle.«

»Jedes Mal, wenn ich hier bin, denke ich, wie wunderbar *Knossos* doch ist. So alt und so schön. Es war Kretas größte Zeit, damals. So wie die der Pharaonen für Ägypten.«

»In Ägypten war ich noch nie«, sage ich.

»Es heißt, allein für den Bau der Pyramiden mussten zigtausende Sklaven Frondienste leisten. Wer all dies gebaut haben mag?«, fragt sie.

»Sklaven. Kriegsgefangene.«

»Kriegsgefangene?« Dieses Wort ›Kriegsgefangene‹ kratzt wohl am Glanz einstiger Größe und Vollkommenheit und lange Zeit schweigt sie, während wir weitergehen.

»Sehen Sie hier die Wandmalerei mit dem Stier! Die jungen Männer und Frauen packen ihn bei den Hörnern und springen im Salto über ihn weg. Mögen Sie Stiere? Mir sind sie zu wild.« Ich frage mich, ob sie jetzt an die Geschichte vom *Kretischen Stier* denkt. Aber besser, ich erwähne sie nicht.

»Ich finde das Lamm ein schöneres Symbol. Man muss es beschützen. Und dafür schenkt es uns Wolle.«

»Und …«

»Und?«

»Sein Fleisch.« Ich hoffe, sie empfindet es nicht als bösartig, wenn ich mit meiner Bemerkung das Idyll der selbstlosen Schäferin zerstöre.

»Das Lamm ist ein Opfertier. Wir schlachten es zu Ostern. Feiern Sie Ostern?«

»Ja.«

»Es ist unser höchstes Fest. Das Lamm ist Sinnbild des Opfers und der Auferstehung.« Ich nicke.

»Hier die Werkstatt der Steinmetzen! Es macht mich jedes Mal traurig, wenn ich sehe, dass sie mitten in ihrer Arbeit vom Tod überrascht wurden. Schauen Sie! Der Stein ist nicht fertig geworden. Ich möchte darauf vorbereitet sein, wenn ich sterbe.« Und, als ich schweige: »Sie nicht?«

»Doch. Schon.«

»Der Tod ist grausam. Er reißt uns aus unserem Leben. Ich finde es schön zu leben, das hier zu sehen, die Sonne, das Meer und die Menschen. Mögen Sie Menschen?« Ich finde nicht gleich meine Antwort. »Oder haben Sie schlechte Erfahrungen mit Menschen, Martin?«

»Die meisten Menschen, mit denen sich jemand wie ich befasst, sind tot. Geschichte oder längst vergessen.«

»Vergessen zu werden, ist schlimm. Aber Geschichte, sagen Sie! Geschichte ist ein wertvolles Erbe.«

»Nicht immer.«

»Man kann aus ihr lernen. Dann wird in der Zukunft alles viel besser.« Ich lache. »Sie glauben mir nicht?«

»Doch, Katharina. Ich glaube Ihnen. Alles wird besser.«

»Und das war die Töpferwerkstatt«, sagt sie. »Die riesigen Tonkrüge in den Vorratsräumen stammen alle von hier. In einem von ihnen hat man verbrannte Bohnen gefunden. Es ist kaum vorstellbar, nach so langer Zeit! Nicht weit von hier, in Silamos, werden noch heute Tonkrüge wie die von *Knossos* hergestellt. Sogar die Töpferscheiben sind gleich.« Wir haben uns längst von der Gruppe gelöst. »Sie kennen *Knossos*, als wären Sie im Palast des *Minos* geboren.«

»Offiziell dürfen nur Leute vom Ort die Touristen führen. Aber Sie sind ja kein Tourist. Kein wirklicher, meine ich.« Aus der Nähe hören wir Erklärungen der Knossos-Geschichte in Englisch. Japaner, Amerikaner und Briten stehen dicht gedrängt und staunen über die Wunder dieser einmaligen Stätte.

Auf einer kleinen Anhöhe, von wo aus das Areal gut zu überblicken ist, machen wir Halt.

»Setzen wir uns einen Moment?«, schlage ich vor.

»Ja. Von hier aus haben wir den besten Blick.« Wir setzen uns nebeneinander auf eine Stufe. Sie achtet darauf, dass eine Handbreit Abstand zwischen uns bleibt. Überall leuchten vor verwitterten Steinen rot die Säulen des *Minos* als Zeichen einstiger Herrlichkeit und retten so einen Teil dieser alten Welt in unsere Zeit. Dieser geniale Evans hat Wissen und eigene Vorstellungskraft genutzt, mit Maß und Bescheidung einige Eckpunkte aus dem Chaos der Zerstörung wieder erstehen zu lassen. So bleibt es den Bewunderern überlassen, mit dem inneren Auge ihr eigenes *Knossos* neu zu erschaffen.

An freien Stellen zeigt das tiefgrüne Nadeldach eines Piniengehölzes die Grenze der Bebauung an. Und weiter hinten, wo das offene Land beginnt, wachsen schlank und gerade dunkle Zypressen. Es liegt Schönheit und später Frieden, aber angesichts der Vergänglichkeit aller Pracht auch Trauer über diesem Flecken.

»Wer hierher kommt, muss Kreta lieben«, sage ich in unser schweigendes Betrachten.

»Es ist ein Ort mit vielen Geheimnissen, Martin.«

Dabei schlägt sie mit der Hand einen großen Bogen. Sie hat schlanke Hände, nicht eigentlich zart, eher mit dem Anschein zupackender Kraft.

»Mit diesen Händen müssten Sie wunderbar Klavier spielen können, Katharina.«

»Ich bin nicht musikalisch. Aber ich liebe Musik. Das wird Sie wundern, nicht wahr?« Und, als ich nichts dazu sage: »Spielen Sie ein Instrument?«

»Blockflöte. Manchmal. Ich trage sie immer bei mir, wenn ich irgendwo grabe. Oft in den Pausen spiele ich. Nicht selten höre ich dann ein Echo. Und ich meine, es kommt von weit her zu mir herüber.«

»Ich würde Ihnen gern zuhören, Martin. Aber ich wüsste nicht, wie ich Ihrer Musik antworten sollte.«

Dies wäre der Moment, einfach den Arm um sie zu legen und sie zu küssen. Aber sie spricht weiter: »Hat Jannis Ihnen schon von Toni, dem Leutnant, erzählt? Er hatte sich in Julia Minervo aus der *Ebreica* verliebt.«

»Nein. Nur Steve Harrison hat von seiner Zeit bei der *Royal Navy* …«

»Julia war die Schwester von Jenny Minervo. Sie wissen, Jenny Minervo, die Braut von *Lambis*, dem Geiger? Beide Schwestern spielten sehr gut Klavier.«

»Sie scheinen diesen Jannis besonders zu mögen«, wundere ich mich.

Katharina lacht. »Er ist mein Großvater.«

12.

Heute gibt es im *Kafé Kriki* fast keinen leeren Platz. Laut werden Jannis und ich beim Eintreten begrüßt. Lachen und Schulterklopfen. Einige der Männer kenne ich vom letzten Mal.

»Was gibt es Neues?«, fragt mich ein Alter auf Deutsch.

»*Knossos*. Ich war heute in *Knossos*.«

»*Knossos*, ja …« Dann schweigt er. Jannis erklärt den anderen etwas. Ich verstehe nur ›Katharina‹.

»Katharina sehr schön«, sagt einer. »Jannis' Enkelin.« Die anderen brummen anerkennend. Einer mit schwarzem Kopftuch redet auf Jannis ein. »Er fragt, ob ihr den *Kretischen Stier* gesehen habt«, übersetzt der. Hinter den Augen und halboffenen Mündern versteckt sich ein Tier, das herausplatzen will.

»Auf einem Fresko an der Wand«, weiche ich aus.

»Auf einem Fresko«, wiederholt einer. Das *Kafé Kriki* ist voll Männerlachen. Ich lache mit als Zeichen, dass ich die schlüpfrige Geschichte aus der Zeit der Minoer längst kenne.

»*Kretischer Stier* starrk«, ruft der mit dem Kopftuch und zeigt auf seinen Bizeps.

Der Wirt bringt Raki und Brot. Die anderen rücken zusammen, und wir setzen uns zu ihnen.

»Jammas!«

»Prost!« Der Tresterschnaps brennt in der Kehle und mir ist, als sende er Flammenbündel in jede Verästelung meines Innern.

»Der da drüben mit dem Fransentuch ist Kreter bis ins Mark«, raunt mir Jannis zu. »Er war unter Kapetan Vasilis Paterakis bei den *Andarten*.« Und, als ich ihn fragend anblicke: »Partisanen. Der Kapetan hat das *Unabhängige Bataillon Chania* gegründet. Die Familie war schon im Kampf gegen die Venezianer dabei. Und später gegen die Türken. Der kann dir noch alte Vorderlader aus der Zeit seines Urgroßvaters zeigen. Und Türkensäbel.«

Jannis redet jetzt mit seinem direkten Tischnachbarn. So habe ich Zeit, ihn und den Fransenmann genauer zu betrachten. Bei beiden bewahrheitet sich, was gesagt wird, nämlich dass Köpfe im Alter ihren eigenen Charakter zeigen. Mag sein, ihr Ausdruck von Nachsicht und Milde mit den Nachgeborenen täuscht. Viel eher verraten die Münder eine Schärfe des Worts aus der Überzeugung, es besser zu wissen als die andern; vielleicht auch eine Portion Eifersucht auf deren Jugend, die ihnen in der Regel noch ausreichend Zeit lässt zu erfahren, wie Recht sie, die Alten, mit ihren unerwünschten Prophezeihungen doch hatten. Unter den weißen Vollbärten sind die Jahre beider Männer nur schwer zu schätzen. Die faltige Haut an Stirn und Schläfen, aber auch auf den Handrücken, ist wie rissige Baumrinde uralter Bäume, die sich nur widerwillig den Stürmen beugen. Beide mögen in der Mitte der Siebzig sein.

Aber noch nie war mir aufgefallen, dass weiße Bärte sich so sehr voneinander unterscheiden können. Nicht die Form ihres Schnitts ist es, wohl mehr die längst verblasste Farbe jüngerer Jahre, die noch matt durchschimmert. Beim einen steht das schwarze Kopftuch, dem die in die Stirn fallenden Fransen die abgezirkelte Strenge nehmen, im Gegensatz zu den weißen Eisfäden, durch die noch der ursprünglich dunkle Haarschatten scheint. Sie geben dem Gesicht des alten Mannes die kühle Ausstrahlung matten Edelstahls, während die krausen Spiralen in Jannis' Haupt- und Barthaar noch einen Hauch Gold und Rot zeigen.

Und dann höre ich den hell singenden Ton, eine schrill zirpende Zikade, die das lärmende Reden der Männer verstummen lässt: Ein junger Mann spielt die Lyra. Der Bogen fliegt mit flatterndem Strich über die Saiten und zieht aus ihnen die helle Klage. Den Rhythmus dazu schlägt ein Lautenspieler. Jannis ist aufgesprungen und mit ihm der andere Weißbärtige. Mit dem Gesicht zum Publikum stellen sie sich nebeneinander vor den Musikern auf, legen jeweils eine Hand auf die Schulter des andern und folgen mit ihren Schritten dem sich wiederholenden Takt der Musik, der sich beschleunigt wie auch der Puls der Tänzer. Deren Gesicht rötet sich und ihr Atem geht mit jedem Schritt kürzer. Doch das sehen die anderen nicht, nur die schneller aufeinander folgenden Fußbewegungen, bis sich beide Tänzer voneinander lösen und im Tanz in die Luft springen und beim Abheben vom Boden mit der Hand klatschend auf ihre Schuhsohle schlagen. Begeisterter Applaus der Umstehenden, für Musiker und Tänzer der Ansporn, Musik und Schrittfolgen schneller werden zu lassen, bis Lyra und Laute mitten im Takt abbrechen und sich die Tänzer keuchend in die Arme fallen. Klatschen und Johlen.

Ich fühle einen harten Schlag auf dem Rücken.

»Du musst jetzt tanzen«, ruft Jannis durch den Lärm und zieht mich am Arm nach vorn.

»Chaniótikos!«, brüllt er den Musikern zu, und die beginnen zu spielen. Jannis' Hand, die mir auf der Schulter liegt, zuckt, noch bevor wir die ersten Schritte versuchen. Mir schlägt das Herz, dass ich meine, jeder im *Kafé Krikri* müsse es hören. Fällt unrhythmisches Gestampfe im Diskothekenbetrieb nicht sonderlich auf, so blicken uns hier Schiedsrichteraugen, die jede Abweichung von Norm und Symmetrie als Mangel ansehen, auf die Füße.

Anfangs spielen Lyra und Laute mit betonter Langsamkeit. Aufmerksam folgen meine Augen Jannis' Fußspitze, wie sie zuerst links nach vorn über den Boden wischt und dann einen Kreis beschreibt, wie er gleichzeitig mit dem rechten Bein federt und dann mit dem linken Fuß hinter den rechten kreuzt ... Als mir zum ersten Mal die synchrone Bewegung zu Jannis' Schritten gelingt, wird laut geklatscht, und andere stellen sich zu uns in die Reihe. Musik und Bewegung werden schneller. Ich falle aus dem Takt, werde wieder hineingezogen, bis die Musik mit einem schrillen Bogenstrich der Lyra zerreißt.

Erst jetzt fällt mir auf, dass sich zwei Frauen unter all diesen Männern im *Kafé Krikri* aufhalten. Die eine mit braunem Kraushaar, durch das schon der schmutzige Schnee der Jahre scheint, sitzt mit starren Augen vor einer fast leeren Weinflasche, greift mechanisch zum Glas, trinkt einen Schluck, setzt es ab und starrt weiter. Ihr Kopf ist steil aufgerichtet, die Haltung der Trinkerin, die so ihre Balance bewahrt. Am selben Tisch eine Riesin mit blonder Pagenfrisur und offenem Gesicht, mit dem sie dem Tanz der Männer gefolgt war und nun zu den Musikern geht, mit ihnen redet und dann kopfnickend in meiner Nähe Aufstellung nimmt.

»Sústa!«, ruft ihr der Lyraspieler zu, und die blonde Frau steht vor mir, fasst wortlos meine Hände. Die Lyra singt, und die Frau reißt mich, ohne dass wir uns von der Stelle bewegen, nach links, nach rechts, wieder nach links. Dann federt sie mit ihrem linken Knie. Ich tue es ihr nach, mit Verzögerung, da ich ihrem Vorbild nur mühsam folge, verliere den Takt, versuche, wieder in ihn hineinzufallen. Das geht so weiter, in endlosen Tonschleifen, die wir in stets wiederkehrende Schrittfolgen verwandeln, bis wir zu einer Harmonie der Bewegungen finden und die Musik abrupt endet.

Jannis, der hinter mir steht, schlägt wieder wohlwollend zu, dass mir die Schulter schmerzt.

»Ich bin Lena«, sagt die Fremde. An ihrem Akzent höre ich, dass sie Skandinavierin ist. Sie wartet die Nennung meines Namens gar nicht erst ab, sondern geht wortlos an ihren Platz zurück.

»Ein Spiel?«, fragt Jannis.

»Ja«, sage ich, und wir gehen hinaus.

Als ich ins Pharos zurückkam, hatte ich gehofft, Katharina an der Rezeption zu sehen. Aber hinter dem Tresen saß schon der alte Mann, der für gewöhnlich den Nachtdienst versieht. Ich war müde vom Raki, Zigarettenrauch und der Musik im Kafenion. Gegen Jannis' Erzählen versagte die eigene Gegenwehr. Auch hörloses Wegdämmern war kein wirklicher Schutz gegen die vielen Figuren, die aus seinem Mund auferstanden und die mich beharrlich aus meinem Gleichmut rüttelten.

Und Jannis' Geschick im Spiel ließ mir keine Wahl. Wollte ich nicht als interesseloser oder gar unfähiger Mitspieler gelten, musste ich aufmerksam seinen Zügen folgen und mich bemühen, seine Taktik vorauszuberechnen. Hatte er seine Dame oder seinen Turm auf eine mir unklare Position gesetzt, versuchte ich, seine Fallen in der Diagonalen oder Geraden und deren Abzweigungen zu entdecken oder auch, von seinem Gesicht eine Gefahr abzulesen. Aber sein Mund war dann unbewegt, eine feine, dünne Linie, als habe er nie Wörter, Sätze und ganze Geschichten geformt, kein Spott in den Winkeln, der einen unausweichlich bevorstehenden Sieg erkennbar machte. Möglich, es gab in den Augen ein kaum merkliches Glimmen, das den arglosen Gegner zur Wachsamkeit mahnte.

Jetzt stehe ich allein auf der Dachterrasse, mit dem Rücken gegen die Wand gelehnt, hinter der die oberen Zimmer des Hotels liegen. Das Mauerwerk atmet noch schwach die Wärme des Tages. Nur hinter den Vorhängen in Steves Fenster hatte ich noch Licht gesehen. Sicher raubt die innere Unruhe ihm den Schlaf.

Die Sterne über mir sind flimmernde Lichter, die ihrer winzigen Schwester Erde den vorgezeichneten Weg weisen. Vielleicht war dieses System, das scheinbares Chaos zeigt und in dem erst bei genauer Betrachtung eine fortlaufende und immer wiederkehrende Ordnung erkennbar wird, irgendwann Anlass, an ewige Vorbestimmung zu glauben. War das die Sünde des Menschen, dass er abseits der vorgegebenen Bahnen in die dunklen Leerräume drang und dort seine eigene Wahrheit suchte? Aber wie sonst gäbe es Wissenschaft oder gar der Zeit vorauseilende Kunst, die jenseits der Nachformung des Bestehenden die Schaffung des heute noch Undenkbaren zum Ziel hat?

»Was grübelst du?«, höre ich eine Stimme neben mir.

»Hallo, Steve.«

»Kannst wohl nicht schlafen?«

»Ich denke nach.«

»Es ist schön, in den Sternenhimmel zu blicken.«

»Etwas zu sehen, was so gar nicht mehr da ist. Oder zum Teil wenigstens. Ob wir nach dem Tod sichtbar bleiben wie ein lange erloschener Stern?«

»Nur in den Träumen der andern.«

»In den Träumen, sagst du ...«

»Ich träume fast jede Nacht. Und dann sind sie wieder da, alle die erloschenen Sterne.«

»Macht dir das Angst?«

»Angst? Ja, manchmal. Vor der Leere. Wenn sich in meinem Kopf die Welt rückwärts dreht, alle die vielen Sonnenumkreisungen meines Lebens und ich an den Punkt zurückkehre, wo meine Zeit noch ein dichter Sternenhaufen war. Aber so ist es im Alter: Es blinkt nur noch etwas in dir, das es längst nicht mehr gibt.«

»Fürchtest du dich vor dem ...?«

»Tod, meinst du?« Lange sagt er nichts. Ich wollte, ich könnte die Frage zurücknehmen.

»Entschuldige, Steve.«

»Es ist eine gute Frage. Jeder denkt insgeheim, mit ihm selbst habe die Welt erst begonnen und mit ihm würde sie enden. Das eigene Ende erschreckt uns. Vielleicht glauben wir deshalb an Gott.«

Steve Harrison stand an der Reling und sah auf die Sudabucht. Wie tote Wale trieben die Schiffe an ihren Ankerketten. Andere Männer der Freiwache saßen oder lagen an Deck und rauchten. Auf der Brücke suchten Wachhabende mit Gläsern vor ihren hochgereckten Köpfen den Himmel nach winzigen Punkten ab. Bei einem Wetter wie diesem kamen sie meist direkt aus der Sonne. War erst ihr wütendes Heulen zu hören, warfen sie schon ihre ersten Bomben.

Vorbei sein Traum von der Freiheit des Fliegens, hatte der doch im Krieg längst seine Unschuld verloren. Auch die *York* wurde mehrfach aus der Luft getroffen. Es gab Tote und Verwundete. Eine Barkasse fuhr später die Toten an Land. Über den frischen Gräbern gab es eine letzte Gewehrsalve und an Bord ein kurzes Gedenken. Später brachte man ihm die Liste mit den Namen. Mechanisch funkte er sie nach Alexandria. Es waren Leute vom Vorschiff. Er kannte niemanden. Bald schon würden die Familien die immer gleiche Nachricht der Admiralität erhalten: ›Mit dem größten Bedauern ...‹ Er selbst hatte es längst aufgegeben, die eigenen Risiken abzuwägen und empfand den Zufall des Überlebens als Glück.

Nach dem grellen Sonnenlicht fühlte er sich unter Deck fast als Blinder. Er hatte von Fischarten gehört, die, eingeschlossen in Unterwasserhöhlen, in völliger Dunkelheit lebten und im lichtlosen Raum jede Sehkraft verloren. Doch hieß es, ihre räumliche Wahrnehmung sei von der Sehender nicht zu unterscheiden. Ihr Gehör schaffe ihnen ein inneres Bild.

Im Funkraum jaulte der Empfänger beim Suchlauf durch die Frequenzen. Die Luft war voller Signale. Sie ergaben beim bloßen Hinhören keinerlei Sinn. Doch konnte er aus Rhythmus und Geschwindigkeit, der Kürze oder Länge der Pausen, die Verfassung des Funkers erkennen. Er empfand die Panik, mit der ein schweißnass zuckender Finger die Funktaste drückte und der weghörenden Welt das eigene Requiem anstimmte, oder auch den Triumph, wenn der gerade errungene Sieg zu melden war. Für ihn, den horchenden Funker, lag beides eng beieinander, war doch der Untergang des einen der Jubel des andern.

Oft, wenn er nachts in der Koje lag, vergaß er, dass er auf einem Kriegsschiff war. Nur manchmal, wenn ein Niet knackte, hörte es sich an wie ein Schuss. Die Schritte auf den Gängen nahmen ihn mit ins hastende London oder in die Geschichten von Maharadschas mit ihrem Gefolge, die auf prachtvoll geschmückten Elefanten durch Bombay ritten. Atemlos hatte er Vaters Erzählungen aus Indien zugehört. Vielleicht würde er sich, wenn der Krieg vorbei wäre, zum Dienst in den Kolonien melden. Denn irgendwo im Empire schien ja immer die Sonne.

Doch irgendwann in der Nacht schrie das Schiff. Es schrie wie ein aus dem Schlaf gerissenes Tier, in das sich eine wild bellende Meute verbiss. Hammerschläge trafen den träge dahindämmernden Leib, versuchten, die Panzerung dieser riesigen Schildkröte aufzubrechen. Die Decks zitterten, und der Boden vibrierte unter seinen Füßen, als er aus der Koje sprang. Er erkannte Kanonenschüsse und Explosionen und hörte erst dann den Alarm.

Im Funkraum wartete er auf Befehle. Er legte eine Glaskugel auf den Tisch, die er stets bei sich trug. Bei Seegang verfolgte er ihren torkelnden Lauf und fing sie mit der offenen Hand, sobald sie über die Tischkante fiel. Nach jedem Auslaufen aus einem Hafen gewöhnte er sich bald an das Rollen des Schiffs, und mühelos glich er mit seinen Beinen die Schlingerbewegungen aus. Nur die Kugel ließ sich dann nicht auf den Verlust der Balance ein und irrte in bizarren Figuren über die aus der Waagerechten geratene Fläche. Jetzt wollte er nur Gewissheit, ob das Schiff Schlagseite bekäme. Doch die Kugel trieb es weder einseitig nach Steuerbord noch nach Backbord, sondern sie rollte in einem tänzelnden Schlingerkurs, der anzeigte, dass die *York* ruhig im Wasser und gerade über dem Kiel lag.

Die Tür wurde aufgerissen, und eine Hand streckte ihm eine Meldung entgegen. »Eiliger Funkspruch!« Alles war eilig in dieser Zeit. Und so überflog er hastig den Text. Nein, sinken würde die *York* nicht, wohl aber für das erwartete Seegefecht ausfallen, stand doch nach jedermanns Meinung die Invasion Kretas bevor. Und so war die Meldung nur eine Bestätigung dessen, was alle an Bord bereits wussten: ›Italienische Schnellboote‹ und ›Schraube und Ruderanlage völlig zerstört‹. Vor seinen Augen sah er den ehemals stolzen Kreuzer Seiner Majestät als nicht mehr zu steuernde Hulk zwischen all den Tankern und Kampfschiffen dümpeln, ein laut brummender Käfer, der hilflos auf seinem Rücken lag. Wenigstens blieb ihm, dem Funker, in diesem Moment erspart, mit fliegenden Fingern einen letzten Notruf zu senden.

Lange kann ich nicht einschlafen. Ich denke an das, was Steve über die vergehende Zeit gesagt hat, die mit dem Alter im eigenen Kopf immer häufiger an ihre Anfänge zurückläuft. Vielleicht spürt man, dass die Strecke, die hinter einem liegt, mittlerweile viel länger ist als die, die noch zu gehen ist. Auch ich entdecke an mir, dass ich eigenartige Rechnungen anstelle, Plus und Minus gegeneinander stelle. Aber ist einer mit vierzig schon alt? Manchmal kommt es mir vor, als sei die bisherige Zeit nur ein Leben auf Probe gewesen, als müsse das große Erkennen, das Glück, erst noch kommen.

Doch dann fällt mir Jannis ein, ein Mann so ganz anders als Steve und auch ich. Ohne zu fragen, nimmt er den Platz, auf dem er gerade steht, als den seinen. Ich gebe zu, dass ich mich anfangs an seinen Kanten stieß, aber er scheint jemand, der nicht absichtlich rempelt, sondern nur den für ihn kürzesten Weg sucht. Vielleicht ist dies ein Wesenszug von Bewohnern bergiger Landschaften, in denen Steine noch spitze und scharfe Grate haben, während die, die sich vom Strom mitreißen und in endlosen Flussläufen abschleifen lassen, glatt und schlüpfrig im Kiesbett der Ebenen landen.

Nicht, dass die Männer Furcht gezeigt hätten, als sie die Boote im Hafen zum ersten Mal sahen. Denn eigentlich ging sie die Seefahrt nichts an, waren sie doch Leute aus dem Gebirge, die es eher verstanden, an glatten Felswänden hochzusteigen und sich in Schluchten abzuseilen oder auch in Gletschern mit dem Eispickel Halt zu suchen. Nur verwunderte es sie, welch armselige Flotte vor ihnen am Pier vertäut lag. Fischkutter und Motorsegler, denen Sonne und

Seewasser die Farbe von Aufbauten und Bordwänden gebleicht hatte, sollten sie, die nur festen Boden unter den Füßen kannten, samt ihrem Kriegsgerät sicher nach Kreta bringen.

Er hatte geahnt, dass es aufs Meer ging, als ihr Marschziel Piräus hieß, waren doch alle diese griechischen Inseln da draußen nur sichtbare Gipfel eines weitläufigen Unterwassergebirges. Und dass Kreta ihre Bestimmung war, lag auf der Hand, zeigte es doch auf den Karten nach Nordafrika, wohin ihnen der Krieg längst vorausgeeilt war, eine schroff abweisende, steile Küste. Er war gespannt auf die Berge, von denen manche so hoch sein sollten, dass sie noch im Frühsommer schneebedeckt waren. Vielleicht gab es dort sogar Enzian und Almen wie daheim.

Als der Offizier ›Wiesbauer‹ rief, war er vorgetreten. Bald standen auch die, die auf Wenzel, Bachhuber, Lechner und Hölzl hörten, in der Reihe, bis sie vollzählig waren und zu einem der kleinen Schiffe marschierten, dessen Name für sie unleserlich war. Denn Griechisch konnte von ihnen niemand.

»Ich würd gern wissen, ob einer von uns je auf 'nem Schiff war«, sagte der Mann neben ihm.

»Ich schon. Auf dem Chiemsee.«

Der andere lachte. »Soll bei Sturm tückisch sein.«

»Ist gar nichts gegen das Meer.«

»Ich muss kotzen, wenn ich nur daran denk.«

»Besser, du denkst an was anderes.«

»Wie mag's jetzt zu Hause sein?«

»Weiß nicht. Ich bin übrigens der Johannes«, sagte er.

»Ich der Josef«, antwortete sein Nebenmann, der sich eben bei ›Lechner‹ gemeldet hatte. Dann hievten sie Maschinengewehre, Munitionskisten, Proviant und ein Motorrad an Deck. Für die Männer wurde es eng.

Wie ein Wachhund umkreiste die *Lupo* die weißschäumende Herde der dreißig winzigen Schiffe. »Ist ein Torpedoboot«, hatte ihnen der Offizier erklärt. »Italiener.«

»Ein lustiges Volk, die Italiener«, sagte der, der sich eben mit ›Josef‹ vorgestellt hatte, zu Johannes und summte die ersten Takte von ›O sole mio‹.

»Ich frage mich, warum sie dann Krieg führen.«

»Der Duce …«, sagte der nur und würgte.

»Du bist seekrank«, sagte Johannes Wiesbauer, und der andere übergab sich.

Die meisten saßen mit bloßem Oberkörper in der Sonne und freuten sich, wenn ihnen die Gischt auf die Haut spritzte. Worte gab es kaum, versagte ihnen doch bald die Stimme gegen den Lärm der Schiffsdiesel und des rauschenden Wassers. Auch dehnte sich endlos die Zeit und das Meer. Einmal sahen sie Land. »Milos! Die Insel Milos!«, rief der Offizier, der als Einziger von ihnen die Fahrtroute kannte. Einige sahen besorgt aufs Wasser hinaus und verbargen geschickt ihre Angst, hatte es doch immer geheißen, die Briten beherrschten mit einer riesigen Flotte das Mittelmeer. Und durch die Meerenge von Gibraltar und den Suezkanal schickten sie jeden Tag neue Schiffe. Aber vielleicht verletzte ihr nach Fisch stinkender Pulk wilder Piratenboote deren Seefahrerstolz, und sie schenkten ihm keine Beachtung.

Irgendwann scherte das Führungsboot aus und drehte auf Gegenkurs. Auch die anderen nahmen die Fahrt zurück und dümpelten abwartend in der See. Von der *Lupo* waren hektische Flaggensignale gekommen, die nur die Seeleute verstanden. Jetzt fuhr ihr ›Flaggschiff‹ langsam an ihnen vorbei, und der Wind zerriss eine dünne Megaphonstimme: »... zurück ... Hafen ... Milos ... neue Befehle ...« Milos, Land, ein sicherer Ort, für die Männer ein willkommener Aufschub.

Erst am Nachmittag erneutes Auslaufen. Auch er, Johannes Wiesbauer, begann, sich unwohl zu fühlen. Er konnte nicht unterscheiden, ob es die Bewegung der See war oder die wachsende Ungewissheit. Milos war längst wieder im Meer versunken. Er war es gewohnt, seinen Standort nach der ewig gleichen Lage der Berge und nach dem Kirchturm im Ort zu bestimmen. Aber die einzigen Erhebungen auf dem Wasser waren die anrollenden und wieder fortlaufenden Wellenkämme und die wippenden Mastspitzen der Boote. Kein fester Punkt, der sichere Orientierung bot. Alles bewegte sich, das Meer nach dem Gesetz der Natur und sie selbst nach einem Befehl, den an Bord nur die Offiziere kannten. Er selbst hieß ›Jäger‹, so jedenfalls stand es in seinem Soldbuch, doch fühlte er sich eher als Gejagter. Es war wie im Hochmoor, wenn die Nebel den sicheren Weg verdeckten und er an die Erzählungen der Alten dachte, nach denen geheime Mächte den ahnungslos Umherirrenden zu sich in die Tiefe zögen. Sich selbst erlaubt hatte er diese Ängstlichkeit nie. Auch schien sie in diesem Moment unbegründet, zeigten sich doch am Horizont keinerlei Rauchfahnen sie verfolgender Schiffe.

Jemand rief: »Seht mal da!« Eine Hand zeigte nach oben. Johannes und auch andere duckten sich. Und dann sahen sie die Flugzeuge. Es waren dunkle Schwärme, die da über den Himmel zogen, in strenger, hierarchischer Ordnung. Sie nahmen die gleiche Richtung wie sie. Ihren Zug begleitete ein drohendes Grollen, das den Lärm ihrer Schiffsmotoren noch überdröhnte. Ein kaum merkliches Zittern lag in der Luft. Sie ahnten, bald würde ihre friedliche Überfahrt enden.

Dann änderte sich das Bild am Himmel. Kleinere Flugzeuge schleppten klobige Gleiter. Er hatte von diesen Seglern gelesen, die Material und Männer in ihren dünnhäutigen Leibern trugen und am befohlenen Ziel in motorlosem Gleitflug einen Landeplatz suchten. Was drängte die Menschen, sich den unsicheren Elementen auszuliefern, zur See zu fahren oder sich bis weit über die Wolken zu erheben? War ihm doch aufgetragen, sich die Erde, nicht aber Wasser und Luft untertan zu machen. Und er dachte daran, dass er, der Mann aus den Bergen, sich bei einer Gratwanderung über den Fels sicherer fühlte als jetzt auf diesem Meer oder, säße er in einem dieser Flugzeuge da oben, in der haltlosen Luft.

Dumpf klopften die Kolben in den Zylindern. Seit Stunden dasselbe Geräusch. Am Heck quirlte die Schraube das Wasser zu Schaum, während die Wellen das Boot gleichmäßig hoben und senkten. Der Himmel blieb den Tag über eine glühende Kuppel mit dieser grausamen Helle, die in die Augen stach. Zur Mittagszeit hatte die Mastspitze genau in die Sonne gezeigt. Jetzt schrieb sie unlesbare Zeichen in den dunkler werdenden Himmel. Eben erst war die Sonne untergegangen. Noch nie hatte er dieses Wunder gesehen: Ein riesiger, brennender Stern, der ins Meer fiel, ohne dass es wild aufschäumend zu Dampf verkochte, eher ein leichtes Abtauchen hinter eine gewölbte Theaterbühne, auf der nun langsam alle Helligkeit erlosch. Keine Berge mit ihren wandernden Schatten, die die Sicht auf die Weite verstellten. Und mit einem Mal verstand er die Sehnsucht der Menschen, auf Schiffen dem fliehenden Horizont zu folgen und über den Rand der Welt zu blicken.

Zu Hause würden sie jetzt das Licht anzünden und vielleicht an ihn denken. Um diese Zeit standen die Kühe schon auf der Alm. Er hörte, wie ihre Glocken läuteten und sie mit ihren Mäulern das Gras rupften und der Milchstrahl beim Melken prall in den Eimer spritzte. Ein Bier bei der Hitze wäre nicht schlecht. Was wohl die Leni gerade machte? Ob die Dorfleute wie sonst jedes Jahr im Wald einen Maibaum geschlagen hatten, wo doch die meisten Männer längst Soldat waren? Sicher hatten sie auch den jüngeren Bruder eingezogen. Ob es überhaupt genug Männer gab, um überall dort zu sein, wo jetzt Krieg war? Wer hätte daran gedacht, dass er einmal nach Kreta müsste! Und wer mochten die Menschen dort sein? Vor dem Auslaufen aus Piräus wurde ihnen gesagt, die Kreter wären ein gastfreies Volk und würden sie als Freunde erwarten. Nur schade, dass er nicht ihre Sprache verstand. Zuerst würde er ›bitte‹ und ›danke‹ lernen. Mutter meinte, damit käme man immer am weitesten.

Das Meer wiegte das Boot, und manche der Männer fielen in leichten Dämmerschlaf. Auch Johannes Wiesbauer sah, dass es kaum einen Unterschied machte, ob er die Augen geöffnet hielt oder schloss. Von den anderen Booten war nur das aufschäumende Wasser am Bug zu sehen. So schienen sie eine von weißen Wolken getragene Geisterflotte.

So plötzlich konnte kein Mond vom Himmel fallen! Rund und kalt stand das Licht über dem Meer, das grell leuchtende Nachtauge eines Ungeheuers. Suchend glitt sein Strahl über das Wasser, bis eines der vorüberhastenden Boote in Taghelle aufschien. Das schlug einen Haken, suchte erneut die Deckung der Nacht. Und dann waren immer mehr Augen da und Lichtblitze, denen ein Getöse folgte, das die Männer aufschreien ließ: »Engländer!« Das erste Boot zerplatzte in der hoch aufschießenden See, und einstürzend begrub sie Wrackteile und Menschenleiber.

Jemand schlug riesige Trommeln, und dazu im Takt sprangen helle Fontänen auf. Das Ende! Johannes merkte, dass es seine Stimme war, die schrie, als er die Lungen fast leergebrüllt hatte. Der Mann am Ruder versuchte, im Zickzack den Einschlägen auszuweichen. Das aufgeschreckte Meer schlug wütend aufs Deck und auf die geduckten Männer. Im Auf und Ab sah er ein von bleichen Händen getragenes riesiges Schwert, das sich auf das vor ihnen fahrende Boot zubewegte und mit einem durchschlagenden Hieb das Vorschiff vom Rumpf trennte. Erst als sie selbst von der Bugwelle hochgerissen wurden, erkannte er die hohe Bordwand des vorbeifahrenden Schiffs. Ihr Boot stürzte von der Welle wie ein sich lösender Felsbrocken vom Berg. ›Mein Gott! Ich bin doch grad über zwanzig!‹ Er wusste nicht, ob er das in das Tosen hineinrief oder nur dachte.

13.

Lange habe ich mich nicht so miserabel gefühlt wie heute. Raki und Wein vom Vorabend können nicht die einzige Ursache sein. Auch wenn ich vom Frühstückstisch ins helle Sonnenlicht sehe, steigen dunkle Gedanken in meinen Kopf, und vom Magen her drückt sich mir Übelkeit bis in den Hals. Lustlos kaue ich das Brot, horche zwischen den einzelnen Bissen, ob ich nicht ein bedrohliches Rumoren am Himmel höre. Mag sein, Steve, der mir stumm gegenübersitzt und mit leidender Miene seinen Tee trinkt, geht es ebenso. Seine und Jannis' Erzählungen holen den lange vergangenen Krieg nach Chania zurück und verdrängen die ersehnte Ferienstimmung.

Ich habe noch nicht vergessen, mit welchem Beharren mich Helen immer wieder zu positivem Denken bekehren will. Stapel dickleibiger Bücher verschlingt sie darüber und abends, wenn ich müde bin, liest sie mir daraus vor. Oft genug endet es damit, dass sie mir kurz vor dem Einschlafen erklärt, die aus diesen Büchern geschöpften Lehren seien der einzige Grund, weshalb sie es bisher mit mir ausgehalten habe. Meist ziehe ich mir vorher die Bettdecke über den Kopf, und ihr Pfeil verhakt sich irgendwo zwischen den Daunen.

Am nächsten Morgen, wenn sie unausgeschlafen ihre Körner isst, vergleiche ich ihr ›positives Denken‹ mit dem künstlichen Aufpfropfen edel erscheinender Triebe. Für mich sei das dem zwangsweisen Aufsetzen von Egeln gleichzusetzen, die einem mit allem Negativen auch das eigene Blut aus den inneren Bahnen saugen, bis sie sich am menschlichen Ekel voll gefressen hätten und angewidert von einem abfielen. Nach diesem Vergleich zeigt Helen eine stets wiederkehrende Verstörung, und sie sucht dann in ihren Büchern nach passenden Stellen, um mir zu antworten.

Doch sind meine Gedanken jetzt wieder bei dieser im Krieg geschundenen Stadt. Irgendwann, nach einer angemessenen Zeit der Trauer, müssen die Orte ihren Frieden zurückgewinnen und Menschen, die in ihnen wohnen, wieder Freude oder sogar Glück erlauben. Etwas davon strahlt aus Katharinas Augen.

»Some more tea, Mr. Harrison?« Sie fragt den Älteren zuerst. Überhaupt habe ich den Eindruck gewonnen, dass hier jüngere Menschen dem Alter eine besondere Zuwendung zeigen. Dabei erkenne ich keinerlei Unterwürfigkeit, eher ein stilles Eingeständnis, dass sie den Wert des eigenen Lebens hoch genug achten, um die ältere Generation, die sie hierher geführt hat, nicht mit Geringschätzung zu strafen.

»Yes, please, Catherine«, antwortet Steve, und zum ersten Mal heute Morgen sehe ich ein Lächeln in seinem Gesicht.

»Und Sie, Martin? Noch etwas Kaffee?« Ich nicke.

»Ja. Bitte.«

Eigentlich hätten mir zwei Tassen gereicht. Aber so habe ich die Gelegenheit, diese paar Worte mit ihr zu wechseln. »Danke.«

»Was macht Ihre Hand?« Dabei spüre ich kaum ihre vorsichtige Berührung, als sie meine neulich verletzte Hand nimmt und die Stelle betrachtet, in die der Glassplitter die kleine blutende Wunde geritzt hatte.

»Es ist kaum noch zu sehen. Dank Ihrer schnellen Hilfe.«

»Wenn ich jünger wäre«, sagt Steve und blickt auffällig hinter ihr her, »würde ich mich in diese Katharina verlieben.« Ob er etwas an mir bemerkt hat? Vielleicht ist das der Beweis, dass ein Mensch im Alter ein Gespür für die geheim gehaltenen Gefühle anderer entwickelt. Oder auch nur der dreiste Versuch, für etwas, das man nur ahnt, die Bestätigung hervorzulocken.

Gern bin ich Steves Aufforderung gefolgt, ihn ins Marinemuseum von Chania zu begleiten. »Du liebst das Meer?«, fragt er unterwegs. Vom Hotel Pharos sind es nur wenige Schritte.

»Als Kind wollte ich Kapitän werden. Auf einem Ozeanriesen.«

»Die fahren doch nur wie die Straßenbahn. Immer nach Plan«, lacht er. »Für die wirkliche Seefahrt brauchst du nur Wasser, Wind und einen Kompass. Und das richtige Schiff.«

»Ein Segelschiff.«

»Ja.«

Wir gehen durch das Tor in den Innenhof der ehemaligen Festung. Hier standen vor Zeiten die schweren Kanonen, mit denen zuerst die Venezianer und später die Türken die Hafeneinfahrt vor ihren Feinden schützten. Das, was für uns jetzt nur ein kurzer Rundblick ist, dehnte sich für die früheren Bewohner der Stadt zu Jahrhunderte dauernden Besetzungen. Aber auch diese lange vergangenen Epochen reichen nach heutiger Rechnung schon in die Neuzeit, selbst, wenn für Historiker und Archäologen manche Ereignisse der unmittelbaren Vergangenheit unaufgeklärt im Dunkel liegen. Die Wissenschaft entschuldigt sich dann, nicht für jedes Ereignis sei immer der peinlich genaue Chronist zur Stelle gewesen. Und so wird aus Ahnungen vermeintliches Wissen, verschmelzen dokumentierte Tatsachen mit angreifbaren Hypothesen zu sensationellen Erkenntnissen.

Vor dem Eingang zum Museum halten wir einen Augenblick an. »Ein aalglatter Wächter«, sagt Steve und zeigt auf den Torpedo, der neben der Tür steht. »Ein Glück für jedes Schiff, das diesen Killern entgangen ist.« Aber drinnen machen wir gleich einen Zeitsprung in die Antike. Helles Licht in Glasvitrinen fällt auf Holzmodelle von Trieren[13] und Triremen[14]. Sie wirken auch in ihrer verkleinerten Form so echt, dass ich die Planken im Wellengang knarren und den Wind in den Hilfssegeln singen höre. Dabei zeigt der Rammdorn vorne knapp unter der Wasserlinie wie schon draußen der Torpedo, dass menschliche Heimtücke auch vor der Seefahrt nicht Halt machte. Trotzdem ist sie für mich auch heute noch das größte erdgebundene Abenteuer, seit ein im Wasser treibender Baum zum ersten Mal einen Menschen vor dem Ertrinken rettete, der fortan seine größer und größer werdenden schwimmenden Inseln baute, um mit ihnen jenseits seiner fest gefügten Grenzen eine neue Weltsicht zu finden. Ein wenig erfüllt mich diese vorwärts gewandte Neugier mit Neid, ist mein Beruf als Archäologe doch eher dem eines Pathologen ähnlich, der seine Einsichten aus toten Objekten gewinnt.

Beiläufig erwähnt Steve, dass er sich öfter hier im Marinemuseum aufhalte. Aber da haben wir schon das Tor zu einer ganz anderen Zeit, der Abteilung über den Zweiten Weltkrieg, durchschritten. Schaufensterpuppen, ehemals dazu bestimmt, sich mit Salonlächeln und Nadelstreifen als Snobs der Kaufwelt zu zeigen, tragen jetzt schlecht sitzende britische und deutsche Militäruniformen und blicken dumm aus unheroischen Gesichtern, als sei der Krieg nur eine harmlose Maskerade. Hinter Glas gibt es unscheinbare Objekte: Feldflaschen, Gasmasken, Stahlhelme, eine Brille mit zerbrochenen Gläsern, Zigarettenetuis, Reste eines Fallschirms. »Das ist alles, was von den Schlachten bleibt«, sinniert Steve. »Und die Brandzeichen in unseren Köpfen.« Dann steht er eine Weile vor einem eckigen Rucksack. »Genau den hatten wir in den Bergen«, sagt er. »Damit hielten wir Funkkontakt zum Hauptquartier in Ägypten.«

Allmählich begreife ich, dass es Prägungen in den Seelen der alten Männer gibt, die ein Nachgeborener kaum entziffern kann. Auch bei meinem Großvater hatte ich oft bemerkt, wie sich sein Blick nach innen kehrte, wenn die Rede auf diese Zeit kam. Er erzählte langsam und überlegt, als hätte jede Silbe eine besondere Aussagekraft. Es erschienen geheime Zeichen auf seiner Stirn, eine ungewohnte Stellung der Mundwinkel manchmal. Und dann war es der Ausdruck der Augen, den ich nicht deuten konnte. Vielleicht empfand er Trauer; ob über erlittene oder eigene Grausamkeit oder nur über den verpassten Sieg, ließ er nicht erkennen. Mag sein, in allem zeigte sich der Trotz des von vielen schuldig gesprochenen Verlierers, mit dem er Geschehenes vor sich und der Welt zu rechtfertigen suchte und nachträglich allem einen eigenen Sinn gab. »Ich möchte so etwas nie erleben«, sage ich laut, und Steve blickt mich verwundert an.

›Nirgendwo in der griechischen Sage steht, dass die Argonauten je durch die Luft segelten‹, ging es ihm durch den Kopf. Und niemals zuvor hatte ihn ein Motorflugzeug mit einem solchen Gleiter in die Höhe geschleppt. Wie leicht und schwerelos alles schien, als er zum ersten Mal alleine aufstieg und Thermik und eigenes Geschick über die Dauer des freien Flugs entschieden! Angestrengt brummten die Motoren des Schleppflugzeugs vor ihnen. An einem Seil zerrte es ihren Transportsegler hinter sich her, der unwillig unter dem Zwang der Fesselung bockte. Auf und nieder ruckten sie hintereinander her. Manchmal verschwand das Flugzeug vor ihnen ganz aus dem Rechteck der Frontscheibe. Dann glich sie einer leeren Kinoleinwand, auf der gleich wieder die verwackelten Bilder einer Filmwochenschau erschienen. Er sah, welche Mühe ihr Pilot hatte, sie auf gleicher Flughöhe zu halten.

Sie, das waren er und die acht Männer hinter ihm, mit denen er in einer Reihe rittlings auf einem Balken saß.

»Wie früher im Sandkasten auf der Wippe«, lachte es hinter ihm.

»Ist aber kein Kinderkram heute«, hielt der Pilot dagegen.

»Wie hoch sind wir?«, fragte einer.

»Zweitausend Meter«, kam es von vorn. »Gleich geht es abwärts.« Ihr Gleiter sackte in ein Luftloch und er glaubte, sein Magen schösse ihm wie ein hochschnellender Ballon in den Hals. Er hörte ein Keuchen hinter sich und einen unterdrückten Fluch.

Viel Zeit blieb nicht. Dann würde sich alles entscheiden. Vor dem Start war von einer Brücke die Rede gewesen. Und von einem wichtigen Flugfeld ganz in der Nähe. Er griff in die Innentasche des Kampfanzugs und zog sein Soldbuch heraus. Bevor er es aufschlug, blickte er sich kurz nach den andern um. Jeder war mit seinen eigenen Gedanken beschäftigt. Auf dem Bild das junge Gesicht unter der Uniformmütze war er! Bei der Rasur heute früh hatte er stattdessen einen Geisterkopf mit dunklen Augenhöhlen im Spiegel gesehen. Sicher eine Folge des trüben Lichts. ›Singer‹ stand dort als Familienname. Und ›Antonius Benjamin‹. Verwandte und Freunde nannten ihn ›Toni‹. Nur Mutter sagte manchmal, wenn sie allein waren, ›Ben‹. Doch ihm hatte der Name kein Glück gebracht.

Die ältesten Söhne bei den Singers wurden seit jeher Soldat. Vater hatte es bis zum General gebracht. Mutter war in seinem Fall strikt dagegen. Sie zeigte sich ängstlich, weil sie wusste, was in Kriegen mit Söhnen geschah. Eine Tochter oder ein zweiter Sohn ließ sich, als Ordensfrau oder Priester, in den Geistlichen Stand berufen. So opferte jede Generation der Singers freiwillig das eigene Fleisch und Blut für Staat und Kirche.

Doch dann hatte Mutter sich durchgesetzt. Von jeher war ihre Vorstellung, dass ihr Erstgeborener Arzt werden sollte. Und er, Antonius Benjamin Singer, den sie heimlich ›Ben‹ nannte, wunderte sich oft, wie sehr sein Vater, obwohl befehlsgewohnter General, den Wünschen der Mutter, wenn auch nach langen Rückzugsgefechten, folgte. Er mochte dem Vater das nicht als Schwäche auslegen, auch nicht als Hörigkeit, eher als Zeichen eines tiefen Gefühls, das zwischen den Eltern bestand, obgleich darüber nie, zumindest nicht vor den Kindern, geredet wurde. Auch er, der Sohn, hatte sich anfangs gegen den Gedanken gewehrt, anderen in ihre aufgerissenen Mäuler zu blicken oder im weißen Kittel durch Krankenhaussäle zu hasten. Oder überhaupt fremdes Blut zu sehen oder gar eine Leiche.

Aber im Stillen hatte er sich mit dem Geheimnis des Menschwerdens befasst. Der Vorgang der Zeugung, dessen Triebkraft seine Freunde plump ›Geilheit‹ nannten, ließ sich vom Kopf her kaum deuten. Aber wenn alles Leben darin seinen Ursprung hatte, musste es menschlicher Hochmut oder eine innere Gespaltenheit sein, wenn er diesen Trick der Natur, Leben durch Lust zu schaffen, gering schätzte. Noch mehr beschäftigte ihn, was danach geschah: das Wunder des Wachsens aus der Winzigkeit einer Zelle und schließlich der Geburt. Er würde dem jungen Sein auf dem dunklen Weg in die Welt und den Müttern bei ihrer schmerzvollen Trennung von ihren Kindern helfen.

»Es geht los!«, rief vorn der Pilot. »Der Ritt übers Meer ist gleich vorbei!« Und wirklich sah er da, wo das vom Wasser gebrochene Sonnenlicht endete, einen gekräuselten, weißen Saum, die Brandung. Dahinter einen breiten, erdbraunen Streifen, den Strand. Dann Hügel und weiter hinten Berge mit weißer Krone. Davor eine sich schlängelnde Linie, die Straße wahrscheinlich, die über ›ihre‹ Brücke zum Flugfeld führte. Es schien, als näherten sie sich allem mit unendlicher Langsamkeit. Wenn nur keine Jäger aufstiegen! Oder sie vom Boden aus unter Beschuss gerieten! Im Sinkflug drückte die Luft stechend ins Ohr. Eine Weile würde sie das Flugzeug da vorne noch schleppen. Danach müsste ihr Pilot im Niedergehen erst einen Landeplatz und dann den passenden Gleitwinkel finden.

Das Rütteln und Rucken hörte mit einem Mal auf, als ihre Nabelschnur, das Schleppseil, fiel und das Motorflugzeug vorn sich auf die Seite legte und zur See hin abdrehte. Mit ihm entfernte sich auch der Lärm, und der schmerzhafte Druck in seinem Kopf löste sich mit einem heftigen Schlag gegen das Trommelfell. Jetzt war da nur noch das Geräusch der Luft, die sich draußen an Rumpf und Bespannung des Seglers rieb, und des eigenen Atems.

Unter ihnen bewegte sich alles in rasender Schnelle, als böte ihnen die Erde zwischen all den Gefahren des tödlichen Aufschlags eine wirkliche Wahl: Bäume, Telegrafenmasten, Geröll, Feldbegrenzungen aus aufgeschichteten Steinen, Hütten und niedrige Häuser, in Panik vor dem niederstürzenden Geier fliehendes Vieh, Schafe, Ziegen, eine erschrocken aufblickende Gestalt im Umhang des Schäfers. Bald müssten sie Bodenkontakt haben, und eine erhobene Faust würde auf ihre dünne Schale aus Holz, Leim und Segeltuch niederfahren und die Frevler in ihrem Innern zerquetschen. Der Pilot versuchte noch einen Bogen zu fliegen und ein ebenes Stück Land zu erreichen. Es gab einen berstenden Krach, als ihnen ein Baum die rechte Tragfläche wegbrach und sie alle aus ihrer Balance riss.

14.

Schwarzer Trauerflor stieg von den brennenden Schiffen in der Sudabucht auf. Der Himmel war voller Motorenlärm und hin- und herjagender Funksprüche. ›Irgendwann, bald sogar, bleibt dir keine Luft mehr zum Atmen‹, dachte Steve Harrison. Die Funkwellen hatten auch für ihn längst ihre klare Sprache verloren. Viel eher verstand er, das Geräusch anfliegender Flugzeuge zu deuten. An der Höhe des Tons und der Dauer der Annäherung konnte er abschätzen, ob ihnen an Bord von oben unmittelbare Gefahr drohte. Was sich ihm mit behäbiger Langsamkeit ins Bewusstsein bohrte, war das Dröhnen der trägen deutschen Luft-Transporter, die irgendwo weit weg an Land ihre kriegerische Fracht absetzen würden. Aber Angst kam in ihm auf, wenn er das bösartige Jaulen ihrer Jagdflugzeuge oder, schlimmer noch, die aufheulenden Sirenen ihrer Bomber hörte, die im Sturz den Tod direkt auf sein Ziel lenkten.

Für diese Geier war die *York* das willkommene Aas, ein reglos treibender Raubfisch, dem mit scharfer Klinge die Flossen für die eigene Fortbewegung weggeschlagen waren, aber in dessen Innern noch Leben zuckte. Vielleicht reichte das, sich im Todeskampf noch einmal in die Angreifer zu verbeißen, aber dann würde die Kraft den sterbenden Riesen verlassen. Und doch taten die Männer auf der Brücke und die Admiralität in ihren Befehlen so, als wäre ihre Hulk noch ein vollwertiges Kriegsschiff.

Hier unten war er, der Funker des manövrierunfähigen Kreuzers *York*, Ohr und auch Mund. Das Schießen, das er jetzt vom Oberdeck hörte, war nicht das der schweren Geschütze, das sich gegen entfernte Land- oder Seeziele richtete. Bei Gefechtsübungen hatte er die leichtkalibrigen Schnellfeuerkanonen gesehen, wie ihre hochgereckten, langläufigen Rohre der Bahn eines imaginären Flugobjekts nachfuhren und in rasender Folge in den Himmel schossen. Doch die Zeit des Übens war lange vorbei, und sicher hielten sie ihr Feuer auf einen Verband feindlicher Flugzeuge und würden bald die Wut der Angegriffenen und damit deren Zerstörungswillen auf sich ziehen.

Wie immer gingen verschlüsselte Nachrichten und Befehle in endloser Folge aus und ein, aber gleichzeitig horchte er nach den sich rasch ändernden fremden Geräuschen. Ein helles Surren brach aus dem monotonen Brummen über ihnen. Kurz darauf folgten metallische Schläge gegen Bordwand und Decks. Manche hallten nach wie der Klang einer verstimmten Glocke. Und dann das plötzliche Kreischen eines stürzenden Flugzeugs, das sich kurz vor dem erwartenden Aufprall in jaulendem Steigflug fing, ein kurzes Pfeifen danach, das sich rasch näherte, der Hieb eines riesigen Hammers auf den schwimmenden Amboss, ein Brechen und Knirschen sich verbiegenden Stahls und als Ende von allem der Weltuntergang.

Zusammengerollt lag er unter dem Tisch, als könne der letzte Sicherheit geben, die Hände gegen die Ohren gepresst, um den Lärm, der ihm den Kopf sprengte, fern zu halten. Das Schiff zitterte unter dem gewaltigen Stoß, ein waidwundes Tier, dem nun im Augenblick des Verendens die Eingeweide aus dem aufgebrochenen Leib quellen würden. Die Eingeweide waren ja nicht nur die enge Stadt unter Deck, die Maschinen und Versorgungsleitungen, die Munitionslager und Treibstofftanks, vor allem doch wohl sie, die Männer der *York*! Vorsichtig öffnete er die Augen und schloss sie wieder. Aber es machte keinen Unterschied. Es war dunkel. »My Lord!« Wie lange hatte er nicht zu Gott gerufen. Vielleicht war dies sein eigenes Leichengebet. »Herr!« Dumpf fiel etwas aufs Oberdeck. ›Jetzt schaufeln sie dir die Erde auf deinen Sarg‹, dachte er und horchte angestrengt.

Doch war kein Wasser zu hören, das sich durch den aufgerissenen Schiffsrumpf zu ihm in den Funkraum ergoss. Nichts, auch nicht er selbst, verschob sich oder verrutschte aus der leicht schwankenden Ebene. Nur dieser Geruch, den er von Explosionen her kannte und dem meist ein Feuer folgte … Hastig kroch er über den Boden, stieß sich den Kopf, fluchte, fühlte mit den Händen die Wand, die Tür, ertastete deren Griff, zog sich daran hoch und stand draußen im Gang. Auch hier nichts zu sehen. Atmete da nicht jemand? Nach links! Er musste nach links! Dort ging es nach oben und dann ins Freie. Mitten im vorsichtigen Schritt flammte das Notlicht auf. Er erkannte bleiche Gesichter, Männer in eingefrorener Bewegung, die in der unerwarteten Helle zum gewohnt Fließenden zurückfand, als wäre sie nie im Schock erstarrt. Aus den Mienen fiel das panisch Erschreckte zurück in hastige Bordroutine. »Come on!«, rief einer, als sie durchs Luk an Deck traten.

Ihm, Johannes Wiesbauer, war, als tauchte er tief aus dem Meer wieder ans Licht. Die Starre, die ihn verließ, hatte ihn in einen Zustand staunender Lähmung, eines abwartenden Verharrens, versetzt, das keine Bewegung zuließ. Vielleicht war dies der Übergang in die andere Welt. Aber jetzt, als er nach dem barmherzigen Dunkel die Augen aufschlug, schien es ihm grell ins Gesicht, etwas Wärmendes, nicht diese kalten Lichter, die in der Nacht plötzlich über dem Wasser standen. Und vor dieser Helle ein Schatten, der sich bewegte: Ein Mann, der über ihm kniete und redete.

»Kamerad«, sagte der. »Kamerad.« Dabei schlug er ihm mit der flachen Hand auf die Wangen, mal links, mal rechts. »Wach auf, Kamerad!« Keine schwankende Mastspitze, die, von den Wellen geführt, ihre unlesbaren Schlangenlinien in den Himmel schrieb. Kein stampfender Diesel. Er lag auf hartem, festen Boden. Jetzt sah er das Gesicht. »Josef?«, fragte er mit trockendem Mund das Gesicht. Stumm schüttelte es sein ›Nein‹.

»Geben Sie dem Mann Wasser!«, hörte er eine befehlende Stimme. Zwei schwarze Stiefel standen dicht neben ihm auf dem Boden. Er versuchte, sich aufzurichten. Aber jemand hielt ihm eine offene Feldflasche an den Mund. Mit gierigen Zügen trank er, bis alles Salz aus dem Mund gespült war, und er nur noch klares, herrliches Wasser schmeckte.

»Johannes Wiesbauer, Jäger?«, fragte die Befehlsstimme von oben.

»Jawohl, Herr …«

»… Oberleutnant.«

»Jawohl, Herr Oberleutnant.« Etwas klatschte ihm nass auf die Brust. Er griff danach. Es war sein Soldbuch.

»Wie geht's?«, fragte der, der ihm Wasser gegeben hatte.

»Besser. Was ist passiert?«

»Unser ganzer Schiffsverband …«

»Schiffsverband?«, höhnte er. ›Wer hat in einem Krieg je etwas Erbärmlicheres gesehen?‹ Aber das dachte er nur.

»Also, der ganze Schiffsverband ist hin. Engländer. Die müssen alles gewusst haben.«

»Wir sind die einzigen?«

»Die einzigen. Ein Schiff und drei oder vier Schlauchboote. Und dann ein paar, die wir aufgefischt haben.«

»Wie mich … Hoffentlich haben die von der zweiten Staffel mehr Glück.«

›Glück!‹ Während sie miteinander redeten, bewegte er, eins nach dem andern, unbemerkt seine Gliedmaßen. Offenbar keinerlei Verletzung. Kein Bruch. Keine Prellung. Nur Übelkeit. Aber das war sicher der Hunger.

Er setzte sich auf. Kaum Schwindel. Wohl Kopfschmerz und wieder Salz auf der Zunge. Er roch, wie ihm Feuchtigkeit aus der Uniform dampfte. Erst jetzt bemerkte er, dass er durchnässt war.

»Abmarsch erst in zwei Stunden. Kannst die noch trocknen«, sagte der mit der Feldflasche. Dann sah er, dass auch andere ihre Uniformen auszogen und hörte sie aufschreien, als sie mit bloßen Fußsohlen auf heiße Steine traten. Ihn belustigten die weißhäutigen Leiber, die mit ihren Uniformen alle militärische Straffheit abgelegt hatten und sich mit vorsichtigen Hüpfschritten über die Felsen bewegten und froschnackt ins Meer sprangen.

Sein Zeug hatte er zum Trocknen auf einen aufsteigenden Felsen in die Sonne gelegt. Hier vom Wasser aus sah es fast aus wie ein Kreuz. Vielleicht ein Hinweis, Gott für die Rettung zu danken. ›Nicht nur beten, wennst was brauchst‹, hatte Mutter den Kindern gesagt. Aber wer wusste, was ihm noch bevorstand? Warum also heuer schon danken?

»Wie hieß dein Schiff?«, fragte der andere. Sie saßen im Schatten und rauchten.

»Konnt ich nicht lesen. War Griechisch. Kannst du Griechisch?«

»Woher? Aber der da kann es.« Mit dem Kopf zeigte er auf einen Offizier, der aufmerksam eine Karte studierte. »Ist einer von denen mit Abitur. Sagt, das Neugriechische hätte viel Ähnlichkeit mit dem Alten.«

»Kann ich nicht glauben«, sagte er. »Hatten damals noch kein Wort für ›Radio‹ oder ›Flugzeug‹.« Zum ersten Mal lachte er wieder. »Aber die alten Griechen hatten schon einen, der hat's versucht.«

»Was?«

»Das Fliegen.«

»Du erzählst Geschichten!«, rief Johannes Wiesbauer ungläubig.

»Ist nicht von mir, Kamerad. Ist von dem da.« Und dabei zeigte er mit einem Kopfnicken wieder auf den eifrigen Offizier. »Hat der zum Besten gegeben. Während der Überfahrt. Bevor das alles passierte. Als die Flugzeuge endlos über uns wegbrummten. ›Ikarus‹ hieß der. Schon mal gehört?«

»Ikarus, sagst du? Ist das nicht der, dem's da oben zu heiß wurde und der dann ins Meer fiel?«

»Ja, der. Nur den hat niemand aus dem Wasser gefischt.«

»Du meinst, der ist …«

»Ja«, sagte der andere.

»Alle mal herhören!«, kam wie ein scharfes Messer die Stimme des Offiziers von einer Anhöhe. »In fünf Minuten Befehlsempfang hier oben bei mir!« Aus Nackten und Halbbekleideten wurden hastig wieder gehorsame Soldaten. Es gab tiefe, letzte Züge aus Zigaretten, deren glühende Kippen im Bogen davonflogen. Und dann zogen sie den Hügel hinauf wie zum Orakel. Das kündete etwas vom ›Vaterland‹ und ›heldenhaften Kampf‹. Und von den vorbildhaften Griechen. Er sah nicht das Gesicht unter der Uniformmütze, sondern nur die blank geputzten Stiefel, die jetzt auf einem rund behauenen Stein standen, dieselben, die eben noch schwarz in seine Augen blitzten, als er aus dem erlittenen Halbtod wieder erwachte. ›Heldenhafter Kampf!‹ Wie leicht der das sagte, hatte doch keiner von denen, die auf See blieben, auch nur die Chance zu einem einzigen Schuss. So also sah die Wirklichkeit aus, das, was auf ihren karierten Papierbögen so harmlos ›Schiffchenversenken‹ hieß.

Schlauchboote pendelten hin und her und brachten die Soldaten an Bord. »Nur Verwundete und die Stammbesatzung der *Ariadne*!« Andere sollten auf die vorhandenen Schlauchboote verteilt und von der *Ariadne* ins Schlepp genommen werden. Aber immer noch gab es genug Männer, die keinen Platz auf der winzigen Flotte fanden. »Freiwillige für den Fußmarsch! Oberjäger Stadler übernimmt das Kommando!« Johannes Wiesbauer hatte sich sofort gemeldet.

Festes Land unter den Füßen, sogar harter Fels, das erinnerte an zu Hause. Er sah, wie das Fischerboot *Ariadne* langsam Fahrt aufnahm und sich die Taue zu den Schlauchbooten eins nach dem andern spannten. Vorn am Bug der *Ariadne* stand mit dem Feldstecher vor den Augen der Oberleutnant und zeigte den Mut des Feldherrn, der wusste, dass das Schlachtfeld noch weit war. In diesem Moment fiel ihm auf, dass er vorhin den andern, der ihm zu trinken gegeben hatte, gar nicht nach seinem Namen gefragt hatte. Er war also Oberjäger und hieß Stadler. Mag sein, das eigene Versäumnis, für das er sich schämte, lag daran, dass er insgeheim fürchtete, der Krieg würde ohnehin alles Vertraute wieder aus seinem Leben werfen.

Sie saßen auf dem Fels, der wie ein Feldherrnhügel aufragte und von dem herunter der Offizier vorhin zum Befehlsempfang rief. Weitab konnten sie dessen kleine Flottille sehen, wie sie in Kiellinie die Küste entlang davonfuhr.

Kaum einer kannte den andern. Zehn Mann waren sie noch, Schiffbrüchige einer morschen Armada, denen beim Auslaufen aufgetragen war, eine fremde Insel zu erobern. Eine klägliche Streitmacht; denn nicht einmal jeder Zweite hatte noch sein Gewehr. Als Ranghöchster unter ihnen und auch wohl, weil er vom Offizier dazu bestimmt war, führte jetzt der Oberjäger das Kommando. Er verteilte den Proviant, den die andern für sie zurückgelassen hatten.

Ein plötzlicher Wind wehte ihnen heiß um die unrasierten Gesichter.

»Ich glaube, hier spukt's!«, rief Johannes und lachte.

»Bist nicht bei dir im Wald«, antwortete ein anderer.
»Hast du überhaupt gesehen, wo wir sind?«
»Ist mächtig steinig hier. Sonst seh ich nix.«
»Und das hier?«
»Sieht aus wie 'ne Walze.«
»Ist ein Stück von 'ner Säule.«
»Vielleicht hat letzte Nacht der alte Zeus mit solchen Brocken nach uns geschmissen.«
»Über so was mach keine Witze!«
»Das, wo wir jetzt sitzen, war mal ein Tempel. Ein heiliger Ort.«
»Gibt's nicht, heilige Orte.«
»Das Heiligtum eines Gotts.«
»Glaubst du an Gott?«
»Gott? Nee.«
»An so was wie eine Vorsehung vielleicht. Daran glaubt sogar der ...«
»Vorsehen musst du dich selbst.«
»Ich hab zu Hause ein Buch. Das steht's drin.«
»Was?«
»Ja, das von den Göttern. Im Altertum bauten die Griechen ihren Göttern riesige Tempel.«
»Wie die Römer.«
»Die Römer! Kreta ist Griechenland!«
»Aber hier waren die Römer auch.«
»Römer, hier?«
»Klar. Die hatten nicht so mickrige Schiffe wie wir. Die sind bis nach Afrika.«
»Genau wie der Rommel.«
›Wo Götter waren, ist auch heiliges Wasser‹, dachte Johannes Wiesbauer und entfernte sich von den andern.

»In zehn Minuten ist Abmarsch!«, rief der Oberjäger hinter ihm her. Hier, wo der Fels kahl und rot in der Sonne stand, hatte das Wasser keinen Weg ins Freie gefunden. Da unten, dicht an der Küste, wuchsen Kiefern mit hellen, grünen Nadeln, sicher nahe Verwandte der Schwarzkiefern, die er von seinen Bergen her kannte. Aber möglich, durch die Hitze war unter den Bäumen längst alles ausgetrocknet. Nur das Meer, das sich auch weiter mit seinen Wellen an der Felsküste rieb, würde nie aufgeben.

Daheim sprudelte Gletscherwasser, das auch im Sommer nicht aufhörte, aus den Bergen zu springen. Berge sah er jetzt nur weit hinter der Bucht, sogar einige mit spitzen, weißen Schneemützen auf den Gipfeln. Berge, welch ein Leben! Vielleicht gab es Almen da oben und Sennerinnen und abends ein kühles Bier. ›Die Leute am Mittelmeer trinken nur Wein‹, hatte es zu Hause geheißen. ›Nur Wein!‹ Auch gut. Und irgendwo musste dann dieser Wein wachsen. ›Herrje, du denkst an Wein und suchst doch im Moment nur frisches Wasser!‹ Im Schatten des Kiefernhains federte der Boden weich unter den Füßen. Die langen Nadeln, die Jahr um Jahr von den Bäumen fielen, hatten ein Humuspolster über die Steine gelegt. Ranken und Kräuter schlugen ihre Wurzeln hinein und verbanden sich eng mit der jungen Erde.

Der Schatten tat wohl. Und bald schon roch er die Feuchtigkeit, bevor er die Quelle sah.

»Wasser!«, schrie er. »Hier ist Wasser!« Er kniete sich auf den Boden, sah im glasklaren Spiegel zwei müde Augen und einen dunklen Bart. ›Der Wiesbauer Johannes auf Kreta!‹, sagte er zu sich selbst. Mit beiden Händen schöpfte er die Kühle, tauchte die trockenen Lippen in den kleinen, ihm durch die Finger zerrinnenden See und trank. Mit dem Rest fuhr er durch sein schweißnasses Gesicht. Hinter sich hörte er das Fußgetrappel der andern, die, hintereinander herstolpernd und fluchend, den Hang herunterkamen.

»Kann jemand sagen, wo wir überhaupt sind?«, fragte einer, als alle getrunken und ihre Feldflaschen aufgefüllt hatten.

»*Kap Spatha*«, sagte der Oberjäger und faltete eine grobe Handskizze auseinander. »Diese Halbinsel heißt *Kap Spatha*. Wir marschieren zuerst nach *Kolimbari*.« Dabei zeigte er auf einen Punkt. »Und dann geht's weiter nach *Maleme*.« Die Namen kannte keiner von ihnen. »Bis *Kolimbari* kein Baum, kein Strauch. Nur Hitze und Steine. Ist ein harter Brocken, dieses Kreta.«

Den plötzlichen Stillstand aus dem schleudernden Sturz empfand er wie das Einfrieren jeder Bewegung. Welt und Zeit waren zum Stillstand gekommen. Alles verharrte in abwartender Reglosigkeit, als erhoffte sich jeder und jedes die Wiedererschaffung in einem neuen Schöpfungsakt. Nach der Bruchlandung des Gleiters schien jeder Laut durch die Rohheit des Aufpralls vertrieben, als hätte die Welt zu atmen aufgehört. ›Warum bloß wagt sich ein Meteorit in die Anziehungskraft eines fremden Planeten? Nur, um ihm einen Krater zu reißen und dann selbst in ihm für alle Zeit zu versinken.‹

Blökte nicht da draußen ein Schaf? Ein Schaf! Wenigstens das Ohr besaß noch seine wachsame Wahrnehmung. Aber welchen Unterschied machte dieses ›da-draußen‹ zu einem ›da-drinnen‹, lag doch die Hülle, in die sie sich eingesponnen hatten, zerrissen am Boden. Wie lange würde es dauern, bis er aus diesem Schwebezustand zurückfände? Was, wenn sich zeigte, dass seine Benommenheit schon Teil eines anderen Lebens war? Gott!

Nicht weit von hier machte es Tack-tack. Zuerst zögerlich, dann in einer nicht enden wollenden Folge: Tack-tack-tack ... Jemand klopfte im gleichen Rhythmus an die Reste des Gleiters, wie um die reglosen Männer wachzurütteln. Seine Augen wanderten über zersplittertes Holz und lose Stofffetzen der Flügelbespannung. Er sah, dass dieses Tack-tack gleichmäßige Löcher hineinstanzte. »Die bringen uns um!« Er rüttelte an den Schultern des Piloten, der mit hängendem Kopf immer noch vor seinem Steuerknüppel saß. Doch der Körper sank starr zur Seite. Er blutete aus einem Loch in der Schläfe.

Auch wenn er Soldat und im Krieg war, erschreckte ihn diese plötzliche Nähe von Tod. ›Für die andern bin ich der Feind!‹ »Hilf mir, Kamerad!«, stöhnte jemand hinter ihm. Einer der eingeklemmten Soldaten bewegte sich. Über den Balken, auf dem sie während des Flugs gesessen hatten, kroch er zu dem Verletzten. Ein Holzspant war ihm wie eine Lanze in den Bauch gedrungen. ›Da ist keine Rettung‹, dachte er. Laut sagte er: »Ich hole Verbandszeug.« Irgendwo hatten sie vor dem Start den Verbandskoffer verstaut. Er durchwühlte die Trümmer, fand unversehrte Munitions- und Waffenbehälter, aber nichts mit dem groß aufgemalten roten Kreuz.

Zuerst hörte er das Knacken von Zweigen und dann knappe Rufe. Er warf sich auf den Boden und robbte hinter einen Felsblock. Soldaten in flachen Stahlhelmen tauchten zwischen den Bäumen auf. ›Tack-tack-tack‹, machte es laut und ganz nah. ›Stop shooting!‹, wollte er schreien. Aber er wusste, Männer in Angst würden auf alles schießen, was sich bewegte. Er presste sich eng an die Erde. Was hatte sein Vater nicht alles erzählt vom Kampf Mann gegen Mann, damals! Und von der Ritterlichkeit, mit der man sich dabei begegnete. Jetzt war er schon General und trieb selbst junge Männer wie ihn in die Schlacht. General Singer! Und er, der Sohn, getauft auf die Namen Antonius Benjamin, wobei er den zweiten Vornamen seit einiger Zeit hinter einem B. versteckte, würde, sollte er diesen Krieg heil überstehen, den Eid des Hippokrates schwören!

15.

Jannis redet laut mit den andern. Ich verstehe, wie immer, kein Wort. Der Wind spielt mit den Volants der Sonnenschirme und verweht die Zigarettenreklame darauf zu einem wirren Buchstabenspiel. Darunter sitzen wir auf den üblichen Holzstühlen draußen im alten Hafen, dort, wohin nur wenige Touristen den Weg finden. Vom langen Sitzen drückt sich das Weidengeflecht, der einzige Komfort, tief ins Fleisch. Ich stehe auf und gehe ein paar Schritte zum Wasser.

»Willst du weg?«, fragt Jannis.

»Brauch nur ein bisschen Bewegung.«

Hier in Chania schreien die Möwen genau wie an unserer Küste. Mit den Augen folge ich ihrem Flug, höre ihre kreischenden Laute, mit denen sie anderen etwas sagen wollen. Mag sein, sie sind nur der Ausdruck der Freude zu fliegen, sich, wann immer sie wollen, von Erde und Wasser zu lösen. Ein Fischer schrubbt eifrig die Decksplanken seines Boots. Der Wind zerreißt seinen Gesang, der nun klingt wie der ferne Ruf des Muezzin. Aber die alte Moschee im Hafen hat ihr Minarett, wer weiß wann, verloren, und die Zeit der Osmanen ist lange vorbei.

Wassergeister schlagen glucksend gegen den Kai, und manchmal scheint es, als lache es aus der Tiefe zu mir herauf. Oft genug empfinde ich vor dem Meer eine unerklärliche Ehrfurcht, wahrscheinlich, weil es viele seiner Geheimnisse vor uns verborgen hält. Dann denke ich, Gott hat das Meer als Gegenwelt zu der unsern geschaffen und den Tod als Wächter bestellt, damit kein Mensch dauerhaft in seine Abgründe dringe.

Ich blicke zu den weißhaarigen Männern hinüber. Sie reden und gestikulieren, zeigen zum Himmel, aufs Meer und dann wieder auf die Häuser der Stadt. Mit der Leidenschaft ihrer Worte und Handbewegungen holen sie ihre alten Zeiten zurück und treten voll Staunen, und wohl auch mit Furcht, noch einmal in die eigene Vergangenheit. Der Wirt tritt heraus mit einem Tablett in der Hand. »Martin«, ruft Jannis und zeigt auf ein frisch eingeschenktes Glas Bier.

Häufig habe ich mich gewundert, wie Vergangenes nur in den Erinnerungen der Alten lebt. Denn die fortschreitende Zeit ist ein gefräßiges Reptil. In seinem unstillbaren Hunger schlägt es seinen zersetzenden Giftzahn in die mühsam errichteten Werke des Menschen, mit denen dieser den eigenen Verfall zu überdauern hoffte.

Auch in den Gesichtern der Männer an den kleinen quadratischen Tischen ist zu erkennen, wie sich Altes verzehrt. Doch haben sie vorgesorgt, und ihre Kinder und Enkel werden etwas von dem weitertragen, was ihre Mütter und Väter ihnen als Erbe vermacht haben: nämlich in tausend Jahren ihren Boden nicht den Eindringlingen zu überlassen. Und so bleibt in ihren Köpfen die Verklärung des Kampfs um die Freiheit nicht aus, und gelegentlich auch nicht die Umarmung oder sogar die stillschweigende Einvernahme des Fremden.

Die Alten werden eines Tages begraben, und dann sind hier nur noch die zu Häusern und Hafenmauern mit ihrem Leuchtturm aufgeschichteten Steine Zeugen vergangener Zeiten. Mir, dem Archäologen, erzählen sie eigene Geschichten, wobei ihre Klage über mutwillige oder fahrlässige Zerstörung die Mär vom Idyll übertönt.

Evtychios hatte beim Stadtrundgang dieser Tage berichtet, dass es weit mehr dieser alten venezianischen Arsenale im Hafen gegeben habe, als heute noch sichtbar sind. Und an vielen Häuserfronten, eher noch an den -rückseiten, ist das improvisierte Flickwerk erkennbar, mit dem Ruinen bewohnbar blieben. Aber vielleicht reicht dereinst der Atem einer neuen Gegenwart, die Krater der alten Verletzungen einzuebnen.

Ich habe ihn gleich erkannt: Es ist Steve Harrison, der da um die Ecke kommt. Von weitem schon winkt er mit der Hand zum Zeichen, dass er uns gesehen hat. Die Meeresbrise weht ihm das weiße Haar um den Kopf. Einmal bleibt er am Kai stehen, blickt einer mit Motorkraft auslaufenden Segelyacht nach, hebt den Kopf zum Himmel, scheint mit dem Wetter zufrieden und setzt seinen Weg zu uns fort.

»Hello, Martin«, begrüßt er mich und klopft mir auf die Schulter. »Wie geht's heute?«

»Besser«, antworte ich knapp. Jannis springt auf, und beide umarmen sich. Den andern schüttelt Steve kurz die Hand. Er greift einen Stuhl von einem der Nachbartische und setzt sich.

Der Wirt kommt zu uns und fragt nach Steves Wunsch. Für mich ist diesmal leicht zu verstehen, dass er, der Brite, einen Griechischen Kaffee bestellt.

Jannis ruft laut ein »Tsikoudia« hinterher, und mit der Hand beschreibt er einen Kreis über unsere Männerrunde. Auch das begreife ich sofort: Gleich gibt es Raki für alle.

Steve lächelt zu mir herüber. »Katharina hat eben nach dir gefragt.«

›Katharina‹, sage ich mir, damit niemand bemerkt, wie die Nennung ihres Namens auf mein Inneres wirkt. Helen könnte, wäre sie betroffen, jetzt den

Vorhalt nicht unterdrücken, das sei mein typisches Unvermögen zu zeigen, was ich wirklich empfinde. Ich dagegen habe gelernt, ein solches Verhalten als Vorteil zu sehen, ist doch die Entblößung einer Empfindung für andere oft genug Einladung, auf die verletzliche Stelle wild einzustechen. Ich fühle, wie sich mein Mund zu einem feinen Lächeln verzieht, das Helen immer so sehr erregt, weil sie hinter diesem stummen Signal meinen Glauben an eigene Unfehlbarkeit vermutet.

»Katharina ist ein wundervolles Mädchen«, sagt Steve an Jannis gewandt. »Ich habe schon Martin gesagt, dass ich sie, wäre ich jung, sofort heiraten würde.«

»Wunderbar!«, erregt sich Jannis. »Wunderbar, sagst du! Auf der Stelle heiraten!« Dabei ruckt er mit dem Kopf zur Seite, ruft etwas auf Griechisch, das wie eine Verwünschung klingt und spuckt dreimal auf den Boden.

›Wie kann dieser Alte so etwas tun?‹ Steve bemerkt offenbar, dass sich mein Erschrecken in Empörung wandelt. Besänftigend fasst er meinen Arm, als wolle er einer heftigen Reaktion zuvorkommen. »Ich hätte es wissen müssen! Das ist dieser verfluchte Aberglaube der Kreter«, erklärt er. »Findest du lobende Worte über jemanden, vor allem über ein Mädchen, denken sie gleich, das locke den Teufel an.«

»Ná *mín avaskathí!*«[15.] ruft Jannis. Das klingt wie eine Bestätigung. »Katharina hat gute Beschützer, wie du siehst. Niemals wird es der Teufel wagen, sie zu verhexen«, lacht Steve, und dabei sieht er mich merkwürdig an.

›Du musst raus aus der Hitze‹, dachte er. Die Erde, auf der er hinter dem Felsbrocken lag, glühte, als ob sie lichterloh brannte. Unter Helm und Kampfanzug lief ihm der Schweiß über die Haut, und in den Stiefeln pochten die geschwollenen Füße. In der Vorstellung zu trinken klebte die Zunge bei jeder seiner saugenden Mundbewegungen am Gaumen und ließ sich beim Eingeständnis der Wirklichkeit nur schwer wieder lösen, um den Weg für den keuchenden Atem freizugeben.

Wann endlich würden die Kerle da drüben verschwinden, deren Gewehrläufe noch heiß waren vom wilden Feuer in das Wrack des Gleiters und in die wehrlosen Leiber der Kameraden? Sie hatten die Toten noch einmal gerichtet. Vielleicht trieb jeden im Krieg die Angst, der getötete Feind könnte sich noch einmal erheben.

Leben! Er kannte niemanden, der das nicht wollte; auch die, deren Blut jetzt da vorn in der Erde versickerte. Ein unbarmherziges Vaterland, das von seiner Jugend verlangte, ihr gerade erst der Kindheit entwachsenes Leben zu opfern und damit den Anfang grausam zu dessen Ende erklärte. Die Vollstreckung blieb Privileg des Feindes, der hinter einer schwarzen Maske ein unerkannter Scharfrichter blieb.

Was würden die Mütter sagen, wenn sie vom Tod ihrer Söhne erführen? Zog es doch viele der Jüngsten unter ihnen zum ersten Mal von zu Hause, als sie in die Kasernen mussten. Auch er war solch ein Fall. Die paar Semester Studium in der Stadt! Es waren die Wochenenden daheim, die zählten, wenn er sich über seine Professoren und deren Vorlesungen ausließ und über den ersten Kontakt mit dem Tod in der Anatomie. Aber warum immer nur Tod? Wasser! Das Geheimnis jener silbrig glänzenden Blätter ergründen, an deren Stamm sie mit dem Gleiter zerschellt waren. Sich eingraben bis tief an die Wurzeln des Ölbaums und von der ewigen Quelle trinken, aus der er seit biblischer Zeit seine Kraft schöpfte und die Perioden der Dürre überdauerte.

Wasser! Er hatte von Verdurstenden gelesen, die die Qual wie ein Feuer von innen verzehrte. Wenn ihm dann bei der Lektüre die Kehle trocknete, hielt er den Mund weit offen unter den Wasserhahn, und die Kühle, die endlos in ihn hineinfloss, zerstörte ihm jede Vorstellung eines Mangels.

Nur ein Toter konnte lange so liegen! Ob es auf Kreta nie regnete? Oder je Nacht würde? Die Sonne stand immer noch hoch, und aus seinen Poren schien ihm das Leben davonzufließen. Er stellte sich vor, wie ihn die Hitze schrumpfen ließ. Wenn er jetzt die Beine anzöge und wieder zur Größe eines Fötus würde und ihn der eigene Schweiß wie das Wasser in einer Fruchtblase umschlösse, könnte er vielleicht in einen weiblichen Schoß zurückkehren und dort eine friedvollere Zeit abwarten, in die er dann hineingeboren würde. Mutter! ›Warum fühlen sich Söhne angesichts des Todes ihren Müttern so nah?‹, dachte er. Er, ein Soldat, der sich hinter einem Felsen verkroch! Dabei hatte er sich freiwillig gemeldet, als es jeden zu den Waffen drängte, war doch der Druck auf den, der nicht in Uniform durch die Straßen lief, groß. So kam, wer der allgemeinen Ächtung entgehen wollte, der zwangsweisen Einberufung zuvor. Auch sein Vater hatte zu dieser Entscheidung gedrängt. Dabei spielte sicher auch dessen Empfinden als Berufsmilitär eine Rolle, aber wohl auch die Befürchtung, dass seinem Sohn im Zivilleben eher etwas zustoßen könnte als in der Uniform des Soldaten.

Schon im Studentenbund, der sich wie alles der neuen Lehre unterwarf und von ihr zu den höchsten ideologischen Tönen mitreißen ließ, hatte man begonnen, Fragen zu stellen. So wurden nicht nur Gesinnungen, sondern auch

Namen durchforscht und sicher wäre bald aufgefallen, dass in der Mitgliederliste jemand geführt wurde, der mit zweitem Vornamen ›Benjamin‹ hieß. Und genauso sicher hätte man sehr bald herausgefunden, dass die Mutter des Studenten Antonius Benjamin Singer Jüdin war.

Lange, bevor sie über ihm waren, hatte er das Motorengeräusch erkannt. Das musste die nächste Welle Fallschirmjäger sein, die im Umkreis des Flugfeldes abspringen sollte. Aus der Nähe hörte er ein lautes »Come on!«, brechende Zweige und hastige Schritte, die sich entfernten.

Schon der Großvater hatte nach Kretas Befreiung die Weinstöcke neu gepflanzt, nachdem die Türken als treue Muslime die Weinfelder fast überall kahl geschlagen hatten. Dafür kannten sich die fremden Herren mit der Olivenkultur aus und spickten die Gegend mit jungen Ölbaumsetzlingen. Daneben wuchsen fruchtbare Orangenbäume, die in den Monaten der Blüte ihren süßen Duft über das Land legten. Und manchmal trugen die kretischen Mädchen und jungen Frauen Orangenblüten im Haar, wenn sie von der Feldarbeit heimkehrten.

Seit die Briten das nahe Flugfeld benutzten, war es mit der äußeren Ruhe vorbei. Warum überhaupt musste der Mensch fliegen? Gott hatte ihm Beine zur Fortbewegung gegeben und Hände für die tägliche Arbeit. Die Männer in den Flugzeugen kümmerte es nicht, wenn ihre Herden hier unten vor Angst blökend davonliefen und die Hunde wütend den lärmenden Flugzeugen am Himmel hinterherbellten. Oder schlimmer noch, wenn ihre Kinder sich schreiend an ihre Mütter klammerten, die ohnehin vor Arbeit im Haus und auf dem Feld nicht ein noch aus wussten.

Doch alles schien sich weiter zum Ärgeren zu wenden. Bei der Sonntagsmesse im Kloster hatte ihnen der Pope gesagt, dass mit einer neuen Heimsuchung ihrer Insel zu rechnen wäre, da aus dem Norden gewaltige Heere nach Süden drängten. Obwohl die Briten mit Soldaten, Schiffen und Flugzeugen ihre Erde verteidigen würden, gälte für jeden Kreter die Aufforderung, zu den Waffen zu greifen, mit denen schon die Väter und Großväter die Türken verjagt hätten. Nur so könnte es letztlich gelingen, das Land vor einer neuen Herrschaft des Teufels zu bewahren.

Vögel und Schmetterlinge flogen aufgeregter an diesem Tag. Die Luft zitterte, und sie konnten die Schatten nicht deuten, die tief und träge über den Himmel zogen und sich mit weit gereckten Flügeln zwischen sie und die Sonne schoben. Die Menschen, die das Schauspiel betrachteten, sahen, dass etwas sanft von oben herabfiel, wie ein Samen, der an einem weißen Schirm hing und seine Erde suchte.

Unter Tarnnetzen waren die Stellungen der Briten verdeckt. Aus ihnen begann jetzt ein wildes Schießen. Einige der fliegenden Schatten zerbarsten und stürzten. Schwarze Rauchsäulen zeigten an, wo sie am Boden zerschellt waren. Und aus den Samenkörnern an ihren weißen Schirmen wurden hin- und herpendelnde Männer, die so im Moment ihres Falls versuchten, ihr Leben aus den tödlichen Schussbahnen zu halten und die, wenn sie den Boden lebend berührten, sich von ihrer weißen Fessel befreiten und sofort aus ihren schnellen Gewehren schossen. Die Dämonen, die Michael mit seinen Engeln aus dem Himmel vertrieben hatte, nahmen ihr Land in Besitz! Der Teufel, der ewige Spalter, würde dem Bösen zum Sieg verhelfen, wenn sie, die Kreter, ihm nicht entgegenträten.

Nur selten hatte er die alte Flinte aus dem Öltuch gewickelt, meist wenn er mit Freunden zur Jagd in die Berge ging. Seit einigen Tagen lehnte sie schussbereit neben der Tür seiner Hütte, eine *Sisanes*, eine dieser berühmten Vorderlader mit langem, schwarzen Lauf, die aus der Zeit der Kämpfe um das *Kloster Arkadi* stammte und damals als große Neuerung galt, wurde sie doch statt mit Bleikugeln und Pulver mit Patronen und Zündhütchen geladen. Ein Erbstück, neben der Marien-Ikone fast schon ein Heiligtum, das seitdem der Vater an den ältesten Sohn weitergab. Vom Schützen verlangte sie einen kühlen Kopf und eine ruhige Hand beim Anvisieren des Ziels, vor allem, wenn das ein ebenso bewaffneter Feind war; denn sie hatte nur einen einzigen Schuss. Für den Fall, dass der nicht reichte, steckte sein Dolch im Gürtel, zuletzt bei der eigenen Hochzeit Zeichen seiner männlichen Würde.

Fast ein Jahr war das her, und jetzt lag Sofia mit schweißnassem Haar auf dem Ehebett und stöhnte vor Schmerz. Ihr Bauch war rund und prall, und bisher hatte sie klaglos die schwere Arbeit einer kretischen Bäuerin verrichtet.

»Wann gehst du?«, bettelte sie. »Wann gehst du endlich, Vangelis?« Er hörte seinen eigenen Namen fast wie einen Todesschrei.

»Ich kann nicht, Sofia. Ich kann dich nicht allein lassen. Nicht jetzt.«

Längst schon hätte er zur alten Konstantina reiten sollen, die fast alle Kinder der Gegend, zumindest diejenigen, die sich und ihren werdenden Müttern die Zeit ließen, bis sie im Haus der Gebärenden eintraf, auf die Welt holte. Auch hatte sie manche neue Ehe gestiftet, wusste sie doch durch ihre Arbeit als Hebamme immer genau, wo gerade eine Frau im Wochenbett gestorben war und der so verwitwete Bauer eine neue Bäuerin suchte. Die Frauen mochten sie deshalb nicht sonderlich, mussten sie doch befürchten, dass sie schon den Namen einer möglichen Nachfolgerin auf den Lippen hatte, während sie sich unter Qualen mühten, ihren Männern ein Kind auf die Welt zu pressen.

»Vangelis«, klang flehend Sofias Stimme, »wann kommt Konstantina?« Der klagende Ruf tat ihm weh. Warum strafte Gott nur die Frau wie für eine besonders schwere Sünde, indem er ihr diese Leiden schickte für etwas, mit dem sie doch gemeinsam seinen erklärten Willen erfüllten, dass das Menschengeschlecht wachsen und sich mehren sollte?

Was da draußen geschah, schien Vangelis wie ein böser Traum, hatte der Satan doch gerade damit begonnen, einen Teil des Menschengeschlechts wieder auszulöschen. Die blaue Unschuld des Himmels, zu dem er oft aufblickte, wenn er nach dem Wetter oder zu einem der geheimnisvollen Zeichen Gottes sah, war von dunklen Vampiren befleckt. Und was da durchsichtig weiß wie ein Hochzeitskleid niederschwebte, sollte nur die arglosen Seelen der Kreter täuschen.

Still und gemächlich senkte sich ein durchsichtiger Schatten über seinen Olivenhain, darunter eine Gestalt, ein zappelnder Käfer, der sich in einem der Bäume verfing, dann strahlend und aufgebläht eine Wolke, die Baum und Gestalt umschloss. Vangelis mochte nicht glauben, dass dies ein Bild des Krieges war, erinnerte ihn doch, was sich in einiger Entfernung vor ihm abspielte, an eine hell glänzende Blüte, die über Nacht ihre Blätter zusammenfaltete, um ganz in sich gekehrt auf den kommenden Tag zu warten.

Aber bald schon kroch aus der Blüte unsicher und wohl auch verwundert der zappelnde Käfer, riss sich von der weiß wallenden Wolke los und irrte umher. Vangelis hörte den Käfer etwas rufen. »Wer ist da?«, fragte ängstlich Sofia.

»Sei still!«, sagte Vangelis knapp, und Sofia bemerkte die Erregung in der Stimme ihres Mannes.

»Vangelis«, stöhnte sie leise. Der griff langsam nach seiner Flinte und schob den Lauf durch das offene Hüttenfenster. Hin und her hastete die Gestalt durch die Reihen der Bäume, suchte etwas hinter den Stämmen, schrie laut in einer Sprache, die das Paar in der Hütte nicht verstand, reckte den Kopf in ihre Richtung, als erwartete sie von dort eine Antwort, hatte erfasst, dass es da einen Stall oder eine menschsliche Wohnung gab. Vielleicht fand sie dort jemand, der ihr den Weg wies oder einen Schluck Wasser gab. Möglich aber auch, es war das Versteck eines Feindes.

Vangelis erkannte ein Gesicht, das rot unter einem Helm schwitzte, ein

Kindergesicht noch oder zumindest das eines Heranwachsenden. ›Hau doch ab!‹, dachte Vangelis. Er zog sich vom Fenster zurück, damit der da draußen den Lauf seiner Flinte nicht sah. ›Hau endlich ab!‹ Auf Kinder oder rotznäsige Jungen würde er niemals schießen!

Doch das Gesicht kam näher, wurde von Ölzweigen verdeckt, tauchte aus dem silbrigen Blättersee wieder auf. Vangelis sah Augen, die Furcht nicht erst verbargen, den offenen Mund und die roten Punkte im Gesicht und dann in den Händen das Gewehr, eines der modernen und schnellen, mit dem man, ohne nachzuladen, mehrere Schüsse hintereinander abgeben konnte. Die würden für jeden von ihnen reichen, für ihn, für Sofia und das Baby, das gerade auf diese Welt drängte. Im Schatten der Hütte hob Vangelis seine Flinte, kniff die Augen zusammen, wartete, bis der Lauf genau auf die Stelle zwischen den Augen zeigte. Behutsam suchte sein Zeigefinger den Druckpunkt des Abzugs.

Das Gesicht vor der Hütte verharrte verwundert. Vielleicht witterte es die Gefahr, dass da drinnen ein Mann im Schatten stand und direkt auf sein Leben zielte. Vangelis wusste, was hinter der Stirn da drüben vorging. Gleich würde der andere in Panik das Gewehr hochreißen. Vangelis schloss die Lider, als könnte er so jede weitere Wahrnehmung von sich fernhalten, diesen Knall, mit dem die Ladung die Kugel aus dem Lauf trieb und das starre Staunen in den brechenden Augen des Getroffenen.

»Vangelis!«, schrie Sofia, als sie den Schuss hörte. Der öffnete langsam die Augen und sah, wie das Kindergesicht aus seinem Blick fiel.

16.

Bevor ich das Hotel betrete, blicke ich noch einmal zum Himmel. Es ist keine Wolke zu sehen. Der Eingang liegt zu dieser Tageszeit schon im Schatten, und hier, im Innenhof auf der Rückseite des *Pharos,* ist es angenehm still. Nur gedämpft sind Autos zu hören, das ferne Rumoren ihrer Motoren und gelegentlich das ungeduldige Hupen ihrer Lenker.

»Gut, dass Sie kommen, Herr Menges«, ruft Katharina vom Empfangstresen herüber.

»Martin«, verbessere ich sie.

»Entschuldigung. Martin.« Sie lacht, aber gleichzeitig scheint sie auch verlegen; denn Steve sitzt in einem der Sessel und liest in der Zeitung. ›Marrtin!‹, klingt es in meinem Kopf. Nie hat jemand meinen Namen schöner gesprochen als sie.

»Hello«, grüßt Steve. »Ich glaube, Katharina macht Überstunden. Deinetwegen.«

»Wieso?« Vielleicht ist es Einbildung, aber ich glaube, durch ihre Marmorhaut schimmert jetzt helles Rot.

»Ich habe morgen in Kolimbari zu tun«, sagt Katharina.

»Kolimbari?«, frage ich.

»Ihr Bodenschnüffler solltet eure Nase ins wirkliche Leben stecken. Dann wüsstet ihr, wo Kolimbari liegt«, schimpft Steve.

Katharina faltet eine Landkarte auseinander. »Hier. Es liegt genau hier«, erklärt sie. Ihr Finger zeigt auf einen Punkt im Westen. Die Küstenlinie springt dort fast im rechten Winkel nach Norden.

»Du solltest das Kloster sehen. Und die Akademie«, belehrt mich Steve. »Und weiter oben, an diesem *Kap Spatha,* gibt's was Besonderes für Archäologen. Reste eines Tempels. Für *Díktynna.* Wenn dir dein Ausgräberhirn sagt, wer das ist.«

»Mister Harrison, Herr Me ... Martin ist erst seit kurzem hier«, verteidigt mich Katharina.

»Danke«, sage ich kühl.

»Ich fahre zu einer Freundin. Sie ist Ikonenmalerin. Mister Harrison hat bei ihr eine Ikone bestellt.«

»Eine sehr schöne. Für eine Freundin in England«, ergänzt Steve.

»Du brauchst keine Angst zu haben. Ich fahre nicht mit«, sagt er wei-

ter und versteckt ein Lächeln hinter dichtem Rauch aus seiner Pfeife.
»Morgen um neun?«, fragt Katharina. »Hier?«
»Ja, hier. Nach Ihrem Frühstück.« Steve räuspert sich, als ich nicht gleich antworte.
»Ja, sicher. Um neun.«

Heute hat die Sonne wieder einen ihrer schönen Tage geboren. Ich stehe vor dem weit offenen Fenster und lasse den kühlen Morgenwind, der von der See herüberweht, meine duschnasse Haut trocknen. Ich höre die Wellen gegen die Mole schlagen, als wollten sie mit sanfter Gewalt die Stadt aus dem Schlaf wecken. Fischkutter kommen in langsamer Fahrt vom nächtlichen Fang zurück. Jannis hat mir gesagt, die Ausbeute lasse zu wünschen übrig, denn das griechische Meer sei fast leer gefischt. Aber irgendwann, solange ich hier bin, möchte ich noch einmal *Barbunjas* essen, dieses Mal, falls sie nicht ablehnt, mit Katharina.

Wenn mich nachts die Albträume verschonen, treibt mich schon früh eine ungewohnte Leichtigkeit aus dem Bett. Mag sein, diese Leichtigkeit weckt die Lust, den Tag endlos zu dehnen, seinen Beginn weit vorzuverlegen, als müsse das Glück seiner Dauer für ein ganzes Leben reichen. Ich weiß, meine Peiniger drängen dann von allen Seiten, um diese Hochstimmung zu zerstören. Manchmal gelingt es, sie von mir abzulenken, sie mit Tricks und Intrigen aufeinander zu hetzen. Doch irgendwann nachts in der Wehrlosigkeit meiner Träume entdecken sie den Verrat und fallen über mich her.

Aus den Geschichten von Steve und Jannis weiß ich, dass die Dämonen auch auf Kreta zu Hause sind. Von jeher haben sie die Bewohner der Insel in ihren Hütten bedrängt. An diesem gerade beginnenden Tag werde ich sie in ihre dunklen Felshöhlen zurücktreiben. Und vielleicht lassen sie sich dauerhaft von mir fernhalten. Auch heute noch würde ich gerne auf die Schutzengel vertrauen, von denen mir meine Mutter in Kindertagen erzählte. Aber ich glaube, der beste Schutz ist eine eigene Aura, die aus einer inneren Gelassenheit wächst.

Die Außenbezirke von Chania liegen schon hinter uns. Hier von der Straße aus ist immer wieder das Meer zu sehen. Anders als auf unserer Fahrt nach *Heraklion* verläuft sie nur wenige Meter über dem Wasserspiegel. Landzungen, die sich weit ins Wasser vorwagen, wechseln mit flachen Buchten, die fast bis an die Fahrbahn reichen. Landeinwärts buckelt sich der Boden zu Hügeln und Hängen, erste Anzeichen, dass Kreta ein aus dem Meer aufragendes Gebirge ist.

Alte, verfallene Häuser zeigen etwas von armen, vergangenen Zeiten, dann wieder Neubauten wachsenden Wohlstand. Dazwischen halbfertige Betonskelette, aus denen dünnfingrig die rostenden Stahlarmierungen in die Luft ragen. Dickbäuchige Touristen mit halblangen Hosen zeigen krampfadriges Bein und nordischen Missmut. Die Jugend kommt erst in der Hauptsaison. Katharina lächelt nach vorn durch die Scheibe, sobald in den kleinen durchfahrenen Orten Unachtsame unversehens die Straße überqueren und sie zum Bremsen zwingen. Das gleiche Lächeln hat sie auch für mich, wenn sie bei diesen unerwarteten Aufenthalten ihren Kopf kurz zur Beifahrerseite wendet.

Manchmal löse ich den Blick vom Meer, das mich immer wieder beeindruckt, und richte ihn auf die Hügel landeinwärts. Aber das Betrachten der Landschaft ist nur der scheinbare Grund. Ich ertappe mich dabei, dass ich Katharinas Profil studiere, um aus dem Gesicht auf ihr Wesen zu schließen. Ich glaube, der Beifahrersitz ist der beste Ort für einen Seelenforscher, um das Innere eines Menschen und sein Verhalten zu ergründen. Anders als auf der Couch des Psychiaters, muss die beobachtete Person auf dem Fahrersitz Charakterzüge durch sichtbares Handeln offenbaren.

Ich entdecke an Katharina eine freundliche Bestimmtheit, mit der sie auf Unabänderliches eingeht und danach ihr Tun einrichtet. Doch gleichzeitig, als ich mir meiner anmaßenden Prüfung bewusst werde, leiste ich Abbitte.

»Entschuldigung«, sage ich laut.

»Wofür?«, fragt sie zurück.

»Dass ich so stumm da sitze, während Sie fahren.« Aber vielleicht hat sie mich längst durchschaut.

Die wenigen Ikonen, die ich bisher gesehen habe, wirkten so alt wie die Kirchen, in denen sie hingen. Katharina hat mir erklärt, dass die in der Orthodoxie allerorts brennenden Kerzen in Kürze Wände, Ikonen und Kultgegenstände mit einer rußigen Wachsschicht überziehen und so den Anschein erwecken, als stamme alles aus urchristlicher Zeit. Hier in der Werkstatt ist zu erkennen, dass jedes Bild einen klaren und strahlenden Anfang hat.

Die Freundinnen hatten sich herzlich begrüßt. Evangela, der Ikonenmalerin, wurde von der Orthodoxen Akademie Kreta, die hier, nicht weit vom *Kloster Gonia*, ihren Sitz hat, diese Werkstatt eingerichtet. Durch Glasdach und Fenster fällt reichlich Licht ein, das von weißen Wänden schattenlos in den Raum zurück geworfen wird.

Evangela spricht ein wunderbar klares Deutsch mit kaum hörbarem hessischen Akzent. »Ich bin in Frankfurt geboren und habe dort Abitur gemacht.«

Doch als sie und ihre Geschwister an die Berufswahl gingen, sah die Familie den Zeitpunkt gekommen, zu den eigenen Wurzeln zurückzukehren. »Auch hier ist die Suche eines Berufs für ein Mädchen nicht leicht«, sagt sie. »Ein Besuch im *Kloster Chrissopigi* hat mir Klarheit verschafft: Ich wollte Ikonenmalerin werden.«

»Die Nonnen des Klosters sind inzwischen Meisterinnen dieser alten Sakralkunst«, ergänzt Katharina. »Ich hatte Ihnen davon erzählt. Erinnern Sie sich?«

»Ja. Ich erinnere mich. Gut sogar.«

»Die Ikonenmalerei ist byzantinischen Ursprungs. Die Kretische Schule ist streng in Farbe, Haltung und Ausdruck. Die Makedonische Schule zeigt mehr Bewegung. Ich male in einer Mischform von beiden«, erklärt Evangela. Und wirklich zeigt das Mariengesicht, das von der Wand blickt, ein mildes Lächeln. »Das Einzige, was in Jahrhunderten an den Ikonen geändert wurde, ist das Holz. Statt normal geschnittener Bretter verwenden wir heute ein dickes Sperrholz. Das verhindert Risse und Verwerfungen.«

Auf der Staffelei steht gerade ein unvollendetes, kleinformatiges Triptychon. »Entschuldigen Sie bitte«, sagte Evangela, setzt sich davor und greift zu einem feinen Pinsel. Sie taucht ihn in Farbe und stützt ihre Hand, um ihr beim Malen die nötige Ruhe zu geben, gegen einen aufrecht an die Staffelei gelehnten Stab. Selbstvergessen führt sie mit vorsichtigen Pinselstrichen Korrekturen oder Ergänzungen auf dem fast fertigen Bild aus. Katharina und ich stehen bewegungslos daneben. Auch der Raum scheint in diesem Moment den Atem anzuhalten.

»Im Hotel werde ich von Gästen gefragt, wie eine Ikone entsteht. Würdest du es Herrn Menges und mir erklären?«, bittet Katharina leise, als ihre Freundin den Pinsel beiseite legt. »Es dauert ein paar Jahre, bis man es kann«, lacht Evangela. »Und so lange will ich hier niemanden fest halten.«

»Herr Menges ist Archäologe. Er interessiert sich für alles Alte«, sagt Katharina.

»Nicht nur«, lache ich und werde sofort wieder ernst.

»Ikonenmaler brauchen gute Augen und eine sichere Hand.«

»Und Talent«, bemerkt Katharina. Jetzt lächelt Evangela ein wenig wie ihre Maria drüben an der Wand. »Wer Ikonen malt, tritt ganz hinter sein Werk zurück. Die Motive bleiben über die Jahrhunderte immer gleich. Nichts darf verändert werden.«

»Gibt es solch uneitle Künstler, die nichts Eigenes einbringen?«, unterbreche ich ihren Vortrag.

»Die Ikonenmalerei ist ein Handwerk, das Können erfordert, aber keine künstlerische Freiheit zulässt. Wir sind nicht Schöpfer, sondern Kopisten des Originals. Die Ikone ist durch die Zeiten unwandelbares und genaues Abbild. Und alle begegnen ihr deshalb mit größter Verehrung.«

Jetzt schweigt Evangela, als erwarte sie eine Frage. Doch ich versuche, mir vorzustellen, wie nahe man durch das Verbot freier Veränderung einer Person auch viele Generationen nach deren Tod kommt und so der Vergänglichkeit den Glauben an weiteres Fortbestehen entgegensetzt. Vielleicht hat das alles mit der Sehnsucht nach ewigem Leben zu tun und auch mit dem Wunsch, nach der eigenen Auflösung weiterhin sichtbar zu bleiben. Ich fühle, wie mich Evangelas Vortrag auf einen schmalen, verwinkelten Pfad ins Mystische führt. So bin ich froh, dass dieser ungeliebte Exkurs endet, als sie damit beginnt, die greifbare und ganz und gar irdische Vorgehensweise beim Schaffen dieser heiligen Bildnisse zu erläutern.

»Ein Leinenstoff wird flach auf das Holz geklebt und mit einem Gips-Leim-Gemisch bestrichen.« Dabei hält sie uns eine fertige Platte entgegen.

»Aus dem hölzernen Rohling ist nun eine makellos weiße Bemalfläche geworden.« Behutsam stellt sie die Platte zurück. »Der Leinenbezug ist für eine spätere Ausbesserung der Ikone wichtig. So kann sie ein Restaurator auch nach fünfhundert Jahren vom Holz ablösen, ohne das Bild zu beschädigen.«

»Fünfhundert Jahre«, staune ich.

»Das ist eine alte Technik der Mönche vom Berg Athos«, fährt sie fort. »Ihr verdanken wir, dass die Ikone weitere fünfhundert Jahre nach dem Ausbessern, oder länger erhalten bleibt.«

›In welchen Zeiträumen diese Kirche doch rechnet‹, denke ich. Und trotzdem ist ihr da die Archäologie weit überlegen.

»Ich zeichne das Bild mit Bleistift auf einen Transparentbogen und übertrage es mit Pauspapier auf die Gipsfläche. Diese Zeichnung sichere ich mit einem Lackauftrag. Nach sechs bis zwölf Stunden kann ich das Blattgold auflegen.« Sie zeigt uns eine dieser hauchdünnen Echtgoldfolien. »Dann beginne ich mit dem Malen. Wichtig ist, dass die Pinselborsten eine spitze Mitte haben. Am besten eignet sich Marderhaar.« Evangela deutet auf Pinsel in verschiedenen Größen. »Alle Pulverfarben werden mit Essig und Eigelb angerührt. Und dann ist die Reihenfolge der Farben von Bedeutung. Ich fange mit den Gewändern an. Die hellste Farbe trage ich immer zuletzt auf. Dann folgen Gesicht, Hände, Heiligenschein und die Schriften. Und ganz zum Schluss, wenn alle Malfarben getrocknet sind, trage ich den Überzugslack auf.«

Jetzt scheint Katharinas Freundin erleichtert wie eine junge Professorin nach ihrer ersten selbst gehaltenen Vorlesung oder als habe sie in diesen wenigen Minuten eine ganze Ikone malen müssen.

»Wie lange brauchen Sie für ein Bild?«, frage ich.

»Zwei Wochen«, sagt sie. Ich stelle mir vor, wie bleichgesichtige Mönche in finsteren Zellen am Berg Athos die Jahrhunderte hindurch ihren immer wiederkehrenden gleichen Himmel malten und dabei die Erde vergaßen.

»Ein Segen, dass es bei Christen kein Bilderverbot gibt«, sage ich. Und: »Wunderbar, was Sie da machen.« Dabei klatsche ich mit den Händen laut in die Stille. Die kahlen Wände werfen hart das Echo zurück, und Evangela blickt verlegen.

Erst beim Rundgang fällt mir die Schönheit des Erweiterungsbaus auf. Eben noch hatte Evangela erklärt: »Die Akademie wurde von Bischof Irineos gegründet. Er hat viel für uns Kreter getan.«

»Und er tut es noch. Er wohnt nicht weit von hier in *Kissamos*«, ergänzt Katharina. Der Übergang in den neuen Trakt, der noch nach frischer Farbe riecht, ist der Eintritt in eine andere Welt. Futuristische Glas- und Betonkonstruktionen, ein Blick voller Staunen aus kühlen, schattigen Räumen in helles Sonnenlicht über die Bucht von *Kolimbari*, rote, bauchige Säulen, die leicht die betonschwere Deckenlast tragen und mit ihrer Form weit in die Minoische Zeit zurückführen.

Alleine schon der Kongresssaal mit seinen Kabinen fürs Simultanübersetzen und die Zimmer und Appartments mit ihrer modernen Wohnlichkeit für die Seminarteilnehmer! Dafür darf sich die Akademie eine Menge Sterne vom kretischen Himmel holen, um sie als Zeichen von Gastlichkeit und Komfort über den Eingang zu hängen.

»Sie und Katharina sind eingeladen«, hatte Evangela verkündet, als wir durch die Flure in den alten Gebäudeteil gingen. Unterwegs begegnen wir dem Direktor. »Ich habe gehört, Sie sind Archäologe«, sagt er in Eile. »Bleiben Sie bei uns auf Kreta. Hier ist die Erde noch voller unentdeckter Geheimnisse.« Ich danke und nicke mit dem Kopf. Zu erklären, warum ich nach Kreta kam, habe ich längst aufgegeben. Jetzt nehmen wir an langen Tischen im Speiseraum Platz. Als wir eintraten, saßen dort schon Seminargäste aus Deutschland, zumeist ältere Paare. »Wir alle sind Pfarrer aus Nordelbien«, stellt mein Nachbar die Gruppe vor. »Mit unseren Frauen«, ergänzt er. »Morgen fliegen wir zurück. Leider.« Kartoffeln und Fisch werden zum Essen gereicht; denn heute ist Freitag.

Bevor wir ins Auto steigen, blicke ich mich noch einmal um. Tief atme ich die Luft, die nach Salz und Blüten riecht. Gleich wird oben auf der Terrasse König *Minos* erscheinen und den Davonfahrenden nachwinken. Und zwischen Baumzweigen schimmert unten das Meer.

»Ein friedvoller Ort«, rufe ich Katharina zu, obwohl ich weiß, dass der in den Evangelien verheißene Frieden auch religiösen Stätten oft genug fern ist. Sorgsam legt sie das verschnürte Paket mit Steves Ikone auf den Rücksitz und startet den Motor.

»Schade, dass wir es um diese Zeit nicht besichtigen können«, sagt Katharina, als wir wieder am Kloster Gonia vorbeifahren. »Am schönsten ist hier die Osterliturgie. Die Osterbotschaft wird in fünf Sprachen gelesen. Bischof Irineos liest sie auf Deutsch.« Daraus klingt Stolz auf den kretischen Gottesmann. »Sie müssten ihn kennen lernen. Er war viele Jahre Metropolit in Deutschland. – Hier in der Außenmauer des Klosters steckt noch eine Kanonenkugel aus den Türkenkriegen. Eine Flotte türkischer Kriegsschiffe war in die Bucht gesegelt und hatte das Kloster angegriffen.«

»Ein Kloster, angegriffen?«

»Die Klöster standen hier immer auf Seiten des Volkes. Und das kretische Volk liebt seine Freiheit«, belehrt mich Katharina. »Und deshalb wurde Bischof Irineos als junger Mann im Krieg verhaftet. Er hatte in einer Kirche in Chania gegen die Besetzung Kretas gepredigt.«

»Und das haben die Deutschen genau verstanden?«, wundere ich mich.

»Nein«, sagt sie, »ein Spitzel hat ihn verraten. Ein Grieche. Leider.«

Ich überlege, wie ich sie trösten kann. »Das gab es doch überall …«

»Aber er wurde gerettet. Ein Wunder.«

»Wunder?«, zweifle ich.

»Ja, ein Wunder!«, kommt es bestimmt von ihr. »Er lebt. Bischof Irineos lebt!«

Die kurze Strecke vom Kloster nach Kolimbari ist schnell gefahren. Auch hier wechseln alte und neuere Häuser, oft mehrgeschossig, Geschäfte in einigen, in anderen Tavernen, in denen um diese Zeit nur wenige Gäste sitzen. Ein Ort, mehr als nur Fischerdorf.

»Hier an der Küste gibt es schöne Hotels und Ferienwohnungen«, erklärt Katharina.

»Aber kein *Pharos*«, antworte ich.

»Nein«, sagt sie und blickt unsicher zu mir herüber. »Hat es Ihnen in der Akademie gefallen?«, fragt sie. »Ja. Sehr sogar. Die Ikonenmalerei war etwas ganz Neues für mich.«

»Und sie ist schon so alt«, hält sie dagegen. Aber es klingt bei ihr nicht belehrend.

An der Hauptkreuzung fädelt sie sich geschickt in den Querverkehr ein, und ohne Halt sind wir in Richtung Chania abgebogen. Der Betrieb auf der Straße ist nicht sonderlich stark. Motorradfahrer überholen und eilige Geschäftsleute in Limousinen. Gelegentlich behindern hoch beladene Lastwagen oder Linienbusse die Fahrt, aber Katharina lenkt ihren Panda ohne Hast oder besonderen Ehrgeiz.

»Meine Freundin, Evangela meine ich, wird bald heiraten.«

»So?«, frage ich.

»Sie glauben es nicht?«

»Doch. Sicher.«

»Ihr Bräutigam ist Lehrer in Kissamos. Am Gymnasium.«

»Lehrer?«

»Ja. Physik und Mathematik. Mögen Sie Zahlen?«

»Nein, nicht sonderlich.«

»Da haben wir etwas gemeinsam.«

»Bei uns heißt es: Gegensätze ziehen sich an.«

»Nicht immer. Evangela sagt, in Deutschland heiraten die wenigsten Paare. Stimmt das?«

»Wie man es nimmt.«

Zufrieden scheint sie mit dieser Antwort nicht. »Sie müssten eine Hochzeit auf Kreta erleben! Auf dem Land feiert das ganze Dorf. Sicher auch, damit es den Eltern nicht allzu schwer wird; denn wenn die Kinder heiraten, ist das immer ein Abschied.«

»Für viele. Sicher.« Wie soll ich ihr erklären, dass ich ein Mann von vierzig bin und schon lange nicht mehr bei meinen Eltern wohne. »Evangela sagt, in Deutschland würden viele Ehen wieder geschieden.«

»Vielleicht wollen deshalb so viele nicht heiraten.«

»Ich finde das sehr traurig. Wenn ich ›Ja‹ vor dem Priester sage, bleibt das ein Leben lang.«

Ich würde gern an so etwas glauben. Und sicher ist Katharina eine Frau, die ihr Wort nur einmal und nur einem Einzigen gibt. Aber im Gleichlauf mit der Zeit, in der das Wohlleben und mit ihm die Sucht nach Selbstverwirklichung wächst, wird auch hier der Zusammenhalt nachlassen. Niemand mehr will als einzelner Baum unerkannt in einem Wald stehen. Jeder möchte sich allein und für alle Welt sichtbar auf einer Anhöhe ausbreiten und wird dabei vergessen, wie leicht ihn der nächste Sturm umwirft. Mag sein, durch diese Erkenntnis ist bei mir mit den Jahren die Bereitschaft zu einer Annäherung oder sogar zu etwas, das die Poeten ›Liebe‹ nennen, gewachsen. Ohne es zu wissen, lässt Katharina mir Raum für meine Gedanken. Sie sitzt hinter dem Lenkrad und schweigt. Einer jungen Frau wie ihr müsste ich mich, wollte ich sie gewinnen, ganz anders nähern. Ein möglicher Schritt wäre nicht so sehr die Preisgabe des eigenen Lebens, vielmehr ein Beweis, mich für das ihre zu interessieren. Aber mir liegt das peinliche Fragen nicht. Auch kein hohles Gehabe. Das Spreizen der Federn und das sinnlose Gegurre eines Täuberichs sind mir zuwider.

Und doch gehört zu allem das Spiel, dessen Regeln ich nicht beherrsche. Das Bild von den zwei Sternen kommt mir in den Sinn, die sich gegenseitig in gehörigem Abstand umkreisen. Solange sie das Magnetfeld des andern respektieren, werden sie nicht ineinander stürzen und sich gegenseitig vernichten. Denkbar ist aber auch, dass durch den Zusammenprall etwas Neues, ein größerer und leuchtenderer Stern, entsteht. Aber wer sich nicht aus der sicheren Umlaufbahn wagt, wird das nie erfahren.

Meinen Blick zu ihr hinüber deutet Katharina als Interesse für das Land, das, teilweise von ihrem Profil verdeckt, im Seitenfenster an uns vorüberzieht. »Das ist die berühmte Brücke über den *Tavronitis*«, erklärt sie mir eine rostende Stahlkonstruktion. »Sie ist schon lange außer Betrieb. Im Krieg sind hier deutsche Fallschirmspringer gelandet. Viele von ihnen sind gestorben.« Aus ihren Worten klingt ehrliche Trauer, obwohl die Toten doch unwillkommene Eindringlinge waren. Überall ist Erinnerung an den Krieg. Seine Gräuel sind den Menschen im Gedächtnis geblieben und haben die lange Dauer des Friedens seither verdrängt.

»Hat Ihre Familie unter dem Krieg gelitten?«

»Ich bin froh, dass ich viel später geboren bin«, weicht sie aus.

»Die Kreter sind heute gute Freunde der Deutschen. Und Freundschaft ist doch ein großes Geschenk, nicht wahr?«

»Ja«, sage ich. »Manchmal ist sie ein Wunder.«

Kurze Zeit später biegt Katharina plötzlich nach rechts ab. »Ich muss Ihnen etwas zeigen«, sagt Katharina, »was Sie unbedingt sehen sollten. Leider hat es auch mit dem Krieg zu tun. Aber heute ist es ein stiller und friedlicher

Ort.« Wir fahren über eine schmale Asphaltstraße in engen Kurven durch Weinfelder einen Hügel hinauf. Unten ist das Meer zu sehen und eine graue Betonpiste. »Das ist der Flughafen von *Maleme*. Militärisches Sperrgebiet. Niemand darf fotografieren.« Den Fotoapparat habe ich im Hotel gelassen. Manchmal ist auch Fotografieren ein aufdringlicher Akt. Ein Militärposten blickt aus seinem Wachtturm mit dem Fernglas genau in unsere Richtung. Sicher hat er nur Augen für Katharina.

»Wir sind da«, sagt sie und stellt den Motor ab. ›Fortbewegung wird durch Motorlärm teuer erkauft‹, denke ich und genieße die plötzliche Stille. Jetzt, wo kein Fahrtwind mehr kühlt, macht die Hitze das Atmen schwer. Nur Schwalben hetzen mit kreischenden Jagdrufen über den Himmel, und Zikaden in den Gräsern versetzen die Luft in schrilles Schwingen. Weit entfernt bellt ein Hund. Ich liebe diese ländlichen Lebensrufe, nach denen ich bei meiner Arbeit stets horche. Sie sind, während ich unter der Erdoberfläche nach Spuren suche, hörbare Wegmarken und sichere Zeichen, dass ich noch nicht Teil der versunkenen Totenreiche bin.

»Sehen Sie!« Katharinas Finger zeigt weit zurück, dorthin, woher wir über die Küstenstraße gekommen sind. »Da hinten ist das *Kloster Gonia*. Erkennen Sie es?« Jetzt wäre es leicht, mich an ihre Schulter zu lehnen und meinen Kopf auf gleiche Höhe zu bringen, um über Arm und Finger hinweg das Land mit ihren Augen zu sehen. Aber ich scheue von jeher plumpe Vertrautheit, und ich fürchte wohl auch die Zurückweisung. »Ja, ich sehe die Kuppel der Kirche.«

»Und da die Brücke über den *Tavronitis*.«

»Von hier sieht sie aus, als wäre sie aus Streichhölzern zusammengesteckt.«

»Von der Höhe ganz oben kann man die Weißen Berge sehen. Manchmal, wenn ein Sandsturm von Libyen rüberweht, sind sie rot oder rosa. Dann deckt der arabische Wüstenstaub unseren schönen Schnee zu.«

Katharinas Erklärungen und das Idyll vermögen es nicht, den Instinkt des Ausgräbers zu täuschen, sind doch oft genug Orte der Stille künstlich geschaffene Reservate oder Friedhöfe. Es scheint, als habe Katharina meine Gedanken erraten. »Dies ist der deutsche Soldatenfriedhof von Maleme«, sagt sie mit gedämpfter Stimme, so als könne lautes Reden hier jemanden vor der Zeit aufwecken.

Wir stehen unter dem Vordach eines kleinen Steinhauses vor einer farbigen Schautafel. Die zittrigen Finger des Peleponnes sind zu sehen, Flugzeuge, die sich über das Meer auf Kreta zubewegen, Segel- und Kampfschiffe, einige mit abwärts gerichtetem Bug, Fallschirme mit kleinen Punkten, die an seidenen Fäden hängen, blaue und rote Pfeile, die militärische Angriffs- und Absetzbewegungen zeigen. Das Bild einer vergangenen, blutigen Schlacht. Unsichtbar hinter simplen Symbolen der einzelne Mensch, der litt und Leiden zufügte und zwischen denen der Tod keinen Unterschied machte.

In einem aufgeschlagenen Buch lesen wir Eintragungen der letzten Friedhofsbesucher. Wie viele voll geschriebene Bücher mögen es nach all den Jahren schon sein? ›Nie wieder!‹, steht dort. Aber auch beim Zurückblättern etwas, das voll Trotz Heldentum und Krieg verherrlicht. Ein fragender Blick von Katharina. Nein, ich will nichts hineinschreiben. Es ist schon so viel gesagt über Unsägliches. Und Worte von Nachgeborenen sind folgenlos. Für sie selbst und für die Geschichte. Nur Rufe nach Freiheit in Zeiten der Unterdrückung und nach Frieden im Krieg fordern Bekennermut.

Wir steigen eine Treppe hinauf und sehen den sanft ansteigenden Hügel vor uns, als sei der Tod ein milder und behutsamer Freund. Und dann zwischen sattem, den Boden überdeckendem Grün die vielen in der Senkrechten und Waagerechten geordneten Punkte, als hielte jemand einen letzten Appell. Beim Näherkommen werden aus den Punkten sauber beschriftete Grabplatten mit genauem Eintrag von Namen, zwei jeweils auf einer Platte, mit Dienstgrad und Lebensdaten.

»Die meisten waren so jung«, sagt Katharina, und an ihrer Stimme erkenne ich Erschütterung, waren doch viele von denen, die hier liegen, als ihr Leben gewaltsam endete, so alt wie sie heute. Auch für mich ist das Zahlenspiel einfach: Rechne ich deren Lebenszeit von meinem jetzigen Alter zurück, wäre ich schon zwanzig Jahre lang tot.

»Mögen Sie einen Kaffee?«

»Hier?«

»Da vorne ist eine kleine Taverne«, sagt Katharina. »Aber ich lade Sie ein. Bitte!« Sie nickt.

»Gern. Danke.« Wir setzen uns draußen in den Schatten halbhoher Bäume. Auch hierher folgt uns die warme Sonnenluft und der Duft wilder Kräuter.

»Was trinken Sie?«

»Kafé ellinikó.« Ich bestelle zwei.

»Sie machen das schon perfekt.«

»Was?«

»Wenn Sie griechischen Kaffee bestellen.« Dazu lächelt sie.

»Parakalló«, sagt der Mann von vielleicht fünfzig, als er die winzigen Tassen und für jeden ein Glas Wasser bringt.

»Efcharistó. Danke.« Der erste Schluck Wasser kühlt den trockenen Mund, die Kehle, ehe ich an dem schwarzen Sud nippe.

»Sie mögen den Kaffee stark?«, fragt Katharina. »Zum Frühstück lieber den normalen mit Milch.«

Am Nachbartisch sitzt ein altes Paar. Sie reden Deutsch mit Akzent. Sächsisch oder Thüringisch. »Nur gut, dass wir reisen dürfen«, sagt sie. »Ja«, antwortet er, »aber glauben kann ich es immer noch nicht.« Ich hatte auf dem Friedhof beobachtet, wie sie suchend durch die Grabreihen gingen. »Hier!«, hatte er gerufen. »Hier!« Ganz in unserer Nähe waren sie stehen geblieben. Ich sah, wie sie mit kurzsichtigen Augen die Inschrift des Steins lasen und den entzifferten Namen laut wiederholten. Sie bückte sich und legte einen Strauß gelber Margeriten darauf nieder, die sie auf dem Weg hierher gepflückt hatte, nahm ein Taschentuch und wischte sich damit die Augen. Stumme Begegnung mit jemandem, der fast noch ein Kind war, als man ihn das letzte Mal lebend traf, Bruder oder Vetter vielleicht. Und seither war mehr als ein halbes Jahrhundert vergangen.

»Kommen Sie mit?« Katharinas Frage erlöst mich aus meinem Sinnieren. »Ich möchte Ihnen etwas zeigen. Es wird Sie interessieren. Bestimmt!« Diesmal fasst sie meine Hand und zieht mich mit sich fort. Eine kurze Strecke gehen wir die Straße zurück, die wir mit dem Auto hergefahren waren. An einem Zaunpfosten bleibt sie stehen. »Sehen Sie?« Sie zeigt auf ein kaum lesbares, verwittertes Schild. ›Minoian tomb‹, entziffere ich. Der Pfeil weist auf einen schmalen Pfad, der von der Straße weg über den Saum eines Weinfeldes führt.

»Sie müssten dabei sein, wenn im Herbst die Trauben geerntet werden. Dann riecht es in allen Dörfern nach Most. Abends, wenn es nicht mehr so heiß ist und keine Wespen mehr fliegen, können Sie sehen, wie die Leute mit bloßen Füßen den Saft aus den Trauben treten. Gibt es bei Ihnen auch Wein?«

»Ja, überall, wo die Römer waren.«

»Römer?«

»Ja. Sagt Steve.«

»Hier denkt jeder, Deutsche und Engländer trinken nur Bier.«

»Bier schmeckt am besten, wenn man sehr durstig ist. Im Hochsommer …«

»Wein schmeckt immer. Die Leute auf Kreta sind stolz auf ihren eigenen Hauswein.«

Alt sind die Rebstöcke und knorrig. Aber junges Weinlaub legt sich schützend über die Blütenrispen. Der Tag der Ernte ist noch weit. In frischen Furchen leuchtet rostrot der Boden. An manchen Stellen recken frisch untergepflügte Margeriten ihre Köpfe aus der gewendeten Erde. Auf die Unebenheiten des Wegs achte ich kaum. Vor mir geht Katharina, manchmal wie eine Seiltänzerin balancierend. Ich stolpere über Steine und Wurzelwerk hinter ihr her.

Doch dann endet der Weinacker und mit ihm der Weg. »Wir müssen über den Zaun«, sagt Katharina. Geschickt drückt sie mit der Hand den rostigen Draht auf eine übersteigbare Höhe und wartet in dieser Haltung auf mich. Jetzt, wo ich ihr über das Hindernis folge, sind sich unsere Gesichter sehr nah. Ihre Augen blinzeln ins Sonnenlicht, und ihr Mund lacht weich und rot zu mir hinauf. Einen Moment zuckt es in mir, meinen Kopf weiter zu ihr hinabzubeugen und sie zu küssen. Ausweichen könnte sie kaum, aber das wäre nicht fair. So nehme ich nur ihre Hand und helfe ihr, sich wieder aufzurichten.

Dann, mitten im Vorwärtsgehen, wohl um sich nach mir umzusehen, bleibt Katharina stehen, und im Weiterlaufen pralle ich gegen sie. Um nicht zu fallen, klammern wir uns aneinander. Es ist ein Moment seligen Taumels. Ich spüre ihre Wärme, ihren schnell gehenden Atem, und länger als es für die Abwendung des drohenden Sturzes vonnöten wäre, halten wir uns umfasst. Doch dann werden ihre Arme in meiner Umklammerung schlaff, und ihre Augen sehen mich flehend an. Ich will etwas sagen, stammele nur »Katharina« und lasse sie los. »Ich werde besser auf unseren Weg achten«, sagt sie und geht weiter.

Nicht lange danach erreichen wir unser Ziel. »Hier ist das minoische Grab«, erklärt sie.

»Sieht aus, als ob jemand ein Stück aus einer Torte geschnitten hätte«, versuche ich einen Scherz. Sie lächelt, während ich das sage, aber ich glaube, ihre Unbefangenheit hat sie verloren. Möglich, sie ist jetzt vor mir, aber auch vor sich selbst, auf der Hut. Tatsächlich fehlt, wie mit dem Messer herausgetrennt, ein Stück des Hangs, und diese Lücke, eine schmale, künstliche Schlucht, führt genau in sein Inneres.

Einen Augenblick zögert Katharina, dann geht sie wieder voraus, wohl wissend, dass sie dem, der ihr folgt, vertrauen muss. Mit Verwunderung nehme ich den klaren Himmel, an den Seiten die zu hohen Mauern aufgeschichteten Steine und den mit Kräutern, die sich im Halbdunkel eingerichtet haben, dicht bewachsenen Boden wahr. Vielleicht ist dies der geheime Eingang ins Labyrinth des *König Minos,* und irgendwo lauert der *Minothaurus* auf sein argloses Opfer.

Doch die Unruhe in mir ist keine Furcht vor den alten Göttern und ihren Irrungen. Nie hätte ich gedacht, dass mich der kurze Moment einer unabsichtlichen Umarmung heute noch so sehr erregt. Wohl deshalb kriecht mir auf diesem Weg, der in die dunkle und kühle Unterwelt führt, ein Frösteln über die Haut. Mag sein, es ist auch nur ein leiser Schauer der Erinnerung an eine erste zarte Berührung vor langer Zeit. Aber weder Katharina noch der Berg geben heute ihre Geheimnisse preis.

17.

›Nur ein toter Soldat oder ein Feigling liegt so lange reglos am Boden‹, dachte er. Vorsichtig hob er den Kopf und kroch langsam aus seiner Deckung. Durstig fuhr ihm die Zunge über die Lippen. Das eigene Salz schmeckte bitter. Was ihm Hitze und Angst aus den Poren presste, rann ihm kalt über Schläfen und Stirn, tropfte aus Brauen und Wimpern und nahm ihm beißend die Sicht, lief in feinen Rinnsalen über Nase und Mund. Furcht vor einem möglichen Hinterhalt hatte er nicht. War doch das ›Come on‹ der Briten, die in der Nähe des Wracks gelauert hatten, Zeichen ihres Abzugs, als erneut deutsche Flugzeuge kamen.

Geschossen wurde jetzt überall. Weiter entfernt, aus der Richtung, in der das Ziel des eigenen Angriffs, das Flugfeld von Maleme liegen musste, hörte er Maschinengewehre, auch Einzelfeuer, schwere Geschütze und den Lärm von anfliegenden und abdrehenden Flugzeugen. Und dann Rufe, nicht weit von ihm: »Herr Leutnant! Herr Leutnant!« Das französische ›Lieutenant‹ fiel ihm ein, ›jemand, der die Stellung hält.‹ Aber hier gab es keine eigene Stellung, keinen gesicherten Raum, in dem sich Feinde wie in früheren Kriegen in scharfer Trennung gegenüber lagen. »Herr Leutnant!« Die Wiederholung klang wie eine Klage, weil die Antwort ausblieb. ›Ein Verwundeter vielleicht.‹ Es wäre Wahnsinn, jetzt etwas zurückzurufen und das Feuer auf sich zu lenken wie der antike Held in der Schlacht, der mit beiden Armen die feindlichen Lanzen packte und deren Spitzen in die eigene Brust lenkte. Aber hier galt es nicht, für Mitstreiter eine Schneise im feindlichen Heer zu öffnen. Und ein wirklicher Kombattant war er erst dann, wenn er selbst eine Waffe besaß.

Hastig wischte er den Schweiß aus den Augen, reckte Arme und Beine, die von der langen Reglosigkeit steif waren. Wenn er gleich aufsprang, musste er flink sein. Im Voraus maß er die mögliche Zahl und Länge der Sprünge bis zum Wrack des Gleiters. Der Ausbruch aus dem Verharren hinter dem Fels durfte nur Sekunden dauern. Der Rücken spannte sich wie eine Feder, die im Sprung losschnellte und ihn in wenigen Sätzen über die kurze Strecke trieb. Er warf sich zwischen das zersplitterte Holz. Die Zeit reichte einem Feind höchstens, das Gewehr hochzureißen. Ein Schuss hätte erst fallen können, als er schon wieder am Boden lag.

Aber nichts bewegte sich um ihn her. Nur ein Stofffetzen winkte von der abgebrochenen Tragfläche wie eine graue, schlaffe Hand herüber. Sein Misstrauen blieb, hatte er als Soldat doch gelernt, sich in kritischer Lage nie ohne Not eine Blöße zu geben. Zuerst flüsterte er die Namen derer, die mit ihm geflogen waren. Leise zuerst, dann fordernd. Niemand gab Antwort. ›Wie allein man sich ohne die andern fühlt!‹ Dabei dachte er an den Soldaten, der immer noch seinen Leutnant rief. Und welche Qual das Atmen in dieser Hitze doch war! Er hatte Durst! Mit fahrigen Händen begann er, in den Trümmern zu wühlen. Egal, ob er zuerst Wasser oder eine Waffe fand. Und dann wollte er gerüstet aufbrechen, um den Mann zu finden, der da fortwährend rief.

Bei der ziellosen Suche packte er kleine und große Trümmerteile und warf sie beiseite. Mechanisch zerrte er einer dunklen Schale. Glanzlose Augen unter einem Helm starrten ihn an. Er sah die Verwunderung im Gesicht des Soldaten über den eigenen, plötzlichen Tod. Die Feldflasche hing unversehrt am Koppel des Daliegenden. Wasser! Er erschrak beim Gedanken, das Wasser eines toten Kameraden zu trinken. Dann roch er das trocknende Blut, das aus den toten Leibern ringsum gequollen war. Und da vorne hockte immer noch mit hängenden Armen der Pilot. Aus dem Magen schoss es ihm heiß in den Hals. Gut, dass niemand sah, wie er zusammengekrümmt auf dem Boden kniete und sich den Bauch hielt.

›An den Tod müssen Sie sich gewöhnen, Singer! Und nicht bei jedem Blutspritzer kotzen!‹ Er horchte nach der Stimme, die ihm unter dem Schädel dröhnte. Aber er konnte nicht unterscheiden, ob sie aus dem Hörsaal oder dem Kasernenhof brüllte. ›Reißen Sie sich zusammen, Singer!‹ Er wusste nicht, warum er plötzlich gehorchte. Auf allen Vieren kroch er zu einer Stelle, wo unversehrt ein länglicher Kasten lag. Mit fliegenden Fingern hantierte er an dessen Verschluss und riss den Deckel auf. Es roch nach Maschinenöl. Da lagen sie, sorgfältig verpackt: nagelneue Sturmgewehre. Eins davon griff er heraus. Leicht lag es ihm in der Hand, ein Zauberstab, der verlorene Kräfte zurückgab. Bald fand er die nötige Munition und lud das Gewehr. Schnell füllte er seine Taschen mit Patronen, blickte sich sichernd um und hastete geduckt in die Richtung davon, aus der eben noch nach dem Leutnant gerufen wurde.

Diese knorrigen Säulen, hinter denen er geduckt vorwärts springend Deckung suchte und die das silbrig-grüne Gewölbe darüber trugen, mussten die Stämme alter Ölbäume sein. Ein *Garten Gethsemane*, der Beginn aller Leiden … Er sah die kleinen vertrockneten Früchte auf dem Boden. Ein junger

Zweig streifte sein Gesicht. Schnell wendete er den Blick nach rechts, links und zurück: keine Gefahr. Er klemmte das Gewehr zwischen die Knie, brach den Zweig und steckte ihn sich an die Brust.

Etwas vor ihm bewegte sich. Spitze Ohren zuckten, und traurige Augen sahen ihn an. Bevor er erkannte, dass da ein Esel im Baumschatten stand, lag er am Boden, das Gewehr schussbereit. Im Blick des Tiers kein Erschrecken, nur ungläubiges Erstaunen über den Fremden, das dann in Gleichgültigkeit zurückfiel. Er legte den Zeigefinger an seine Lippen, um dem Tier zu bedeuten, ihn nicht durch lautes IA-Geschrei zu verraten. Und wirklich beugte sich der graue Kopf wieder gefräßig über sein Grasbüschel. Ein bunt bestickter Sattel lag festgezurrt auf dem Eselsrücken, ein sicheres Zeichen, dass sein Besitzer vor kurzem erst hergeritten war oder bald von hier aufbrechen würde.

Vorn durch die Bäume schimmerte grelles Weiß. Schlaff und mit leeren Gurten hing in den Ästen ein Fallschirm. Sicher war der Springer der Mann, der eben »Herr Leutnant« gerufen hatte. Vorsichtig sprang er von Deckung zu Deckung darauf zu. »He, Kamerad!«, rief er leise. Doch statt einer Antwort fiel ganz in der Nähe ein Schuss. »Nicht schießen, Kamerad!« Etwas schlug dumpf auf den Boden. Er warf sich auf die Erde, hielt den Gewehrlauf nach vorn, den Finger am Abzug. »He, Kamerad!«

»Bist du verwundet, Kamerad?« Er kniete sich neben die reglose Gestalt. Unter dem festgezogenen Springerhelm ein Jungengesicht, fast noch das eines Kindes, mit den rostfarbenen Hautsprenkeln der Rothaarigen. Mitten in der Stirn ein Loch, aus dem es feucht und klebrig sickerte. »Kamerad!« ›Er ist noch jünger als du‹, dachte er, als er keine Antwort bekam. »Sei seiner Seele gnädig«, betete er kurz. ›Wie eigenartig der Tod die Gesichter zeichnet, wenn er uns unerwartet trifft.‹ Vielleicht war auch er schon längst im Visier des Schützen. Dort drüben die Steinhütte. Durch das offene Fenster musste er angelegt haben. Er selbst vergaß seine Vorsicht, rannte, so schnell er konnte, zum Eingang der Hütte und stieß mit dem Stiefel die Holztüre auf.

Im rückwärtigen Halbdunkel stand ein Mann, den Oberkörper weit nach vorne gereckt, in den Händen eine langläufige Flinte. Der Lauf zeigte auf ihn, den Eindringling. Doch auch er trug sein Sturmgewehr im Anschlag, bereit, gleichzeitig mit dem andern abzudrücken. Aus welcher Zeit mochte das alte Schießeisen da drüben sein? Egal. Getroffen war getroffen, ob aus einer hochmodernen Waffe oder aus diesem alten, verrosteten Rohr. Er versuchte, im Gesicht des Mannes zu lesen.

Nur wenige Jahre älter als er mochte der sein. Die Schatten auf seiner Haut waren dunkler Stoppelwuchs. Der Adamsapfel tanzte auf und ab, wenn er vor Aufregung schluckte. Und aus den Augen blitzte im trüben Dämmerlicht nur das Weiß. Es schien, als wollte der andere etwas sagen. Dann zuckte sein Blick in eine Ecke des Raums und gleich wieder zu ihm zurück.

Aus der Ecke, in die der Mann eben geblickt hatte, kam jetzt ein Stöhnen.

»Sofia«, sagte der Mann und dann etwas, das er nicht verstand. Eine Frau lag da auf dem Bett, hatte die Füße aufgestellt, die Knie auseinander gespreizt, hielt die Hände gegen ihren gewölbten Bauch und stöhnte.

»Vangelis!«, rief sie. »Vangelis!« Hier standen zwei Männer in der Absicht, sich gegenseitig zu töten, und da zwängte sich ein Kind durch einen dunklen Weg auf die Welt! Aber was, wenn der Mann ihm gegenüber eben den Jungen da draußen mit dieser Flinte erschossen hatte? Dann bliebe für ihn keine Kugel im Lauf.

Die Frau wimmerte. Es war ihre Zeit. Jetzt begann er, auf den Mann einzureden.

»Wir können die Frau nicht ohne Hilfe lassen. Deine Frau?« Dabei zeigte er mit dem Kopf zum Bett hinüber. »Ich bin Doktor. Verstehst du? Doktor«, log er, hatte er doch erst ein paar Semester studiert. »Ich helfe. Hippokrates«, fiel ihm der Name des alten griechischen Arztes ein. Und wieder nickte er zuerst zum Bett, dann, wie um dessen Einverständnis bittend, zum Mann hinüber. Gleichzeitig ließ er langsam den Lauf des Gewehrs sinken und behielt dabei den andern im Auge. Der schien zu begreifen, nickte zurück und lehnte die Flinte mit gleicher Langsamkeit gegen die Wand.

Zuerst riss er sich den Helm vom Kopf. Fast kühl kam ihm die stickige Luft in der Hütte vor, als sie auf sein schweißnasses Haar traf.

»Wasser!«, rief er und blickte gehetzt zu dem Mann, der hinter ihm stand. »Wasser!« Dazu beschrieb er mit der Hand eine Gießbewegung.

»Neró! Neró!«, schrie die Frau.

»Neró«, sagte verstehend der Mann. Der packte fest seinen Arm und zerrte ihn zu einer Schüssel, die voll Wasser auf einer Kommode stand. ›Wasser!‹ Er schluckte, und die Trockenheit schmerzte in seinem Kehlkopf. ›Jetzt das heiße Gesicht in dem Bergsee kühlen und neues Leben in mich hineinströmen lassen!‹ Stattdessen glitten nur seine Hände ins Wasser und rieben gegeneinander. So ließ sich wenigstens sichtbarer Schmutz von der Haut lösen. Nirgendwo sah er Seife. Doch für mehr Reinlichkeit blieb keine Zeit.

Nicht auszudenken, was geschähe, wenn es bei der Geburt Komplikationen gäbe! Er spürte den heißen Atem des Mannes im Nacken. Doch schon zeigte sich der dunkel behaarte Schädel des Kindes. Die Frau presste und schrie. Bald folgte der ganze Kopf aus der engen Öffnung, und schützend wie eine Schale, die eine kostbare Frucht auffängt, hielt er die Hand unter das aus dem Mutterleib gleitende Kind. ›Wie kraftvoll Frauen doch sind‹, wunderte er sich. Jetzt gleich würde er die Nabelschnur durchtrennen und damit endgültig die so lange eng verbundenen Körper voneinander lösen.

Er sah das kleine, verkrampfte Gesicht des Kindes, das gewohnt war, in der sicheren Wärme einer lichtlosen Innenwelt zu treiben. Behutsam tauchte er das Neugeborene ins Wasser, das so kalt war wie ringsum die Welt. Und zum ersten Mal schrie es ihr seine Angst entgegen.

»Ein Junge«, sagte er und hielt dem Mann das Kind hin. Dabei zeigte er auf das kleine, gekrümmte Würmchen, das dem Kind zwischen den Schenkeln aus dem Leib wuchs. Verstehend nickte der Mann, und auf dem angespannten Gesicht erschien stolz ein Lächeln. Aber er erkannte auch Besorgnis im Blick des gerade zum Vater gewordenen Mannes, weil sich sein Sohn nicht beruhigen wollte. Er hörte die Stimme der Frau und sah, wie sich ihre Arme verlangend dem Kind entgegen streckten. Sorgsam legte er es hinein. Verstehen konnte er nichts von dem, was die Mutter zu ihrem Kind sprach. Doch aus dem Schreien wurde ein leises Wimmern, bis es ganz verstummte.

Für ihn blieb nichts mehr zu tun. Wenn er gleich die Hütte verließ, ging er zurück in den Krieg. Um die Zukunft des Kindes, dem er gerade auf die Welt verholfen hatte, sorgte er sich nicht. In Zeiten, in denen massenhaft gestorben wurde, war neues Leben besonders stark.

»Neró«, sagte die Frau zu ihrem Mann und zeigte auf ihn, den Soldaten. Der Mann lief zur Kommode in der Ecke, kam mit einer Kanne und einem Becher zurück und wollte ihm einschütten. Doch er griff die Kanne, goss sich einen Schwall Wasser über den Kopf und trank den Rest in großen, gierigen Schlucken. Dann nahm er Gewehr und Helm, rief der Familie »Viel Glück!« zu und trat zur Tür. Dort blieb er stehen, nahm den Ölzweig von seiner Brust, ging noch einmal zurück und gab ihn dem Mann.

»Wie war's in *Kolimbari*?«, fragt Steve. Seine Neugier versteckt er hinter britischer Kühle. Aber in den Augenwinkeln zuckt ahnungsvoller Spott, weil er die Antwort längst kennt.

»Seit heute weiß ich alles über griechische Ikonen-Malerei.«

»Und nichts über Catherine. Ka-tha-ri-na, meine ich«, betont er jede Silbe auf Deutsch hinterher. »Eine Kreterin ist kein Wild für Touristen.«

»Ich bin hier nicht auf der Jagd. Nach niemandem!«, empöre ich mich.
»Und übrigens hast du selbst gesagt …«
»Ich weiß«, besänftigt mich Steve. »Es tut mir Leid.«
»Lass Katharina nie so etwas hören!«
»Nein. Versprochen. Aber ich glaube, du bist wirklich verliebt.«
»Vielleicht.«
»Vielleicht! Mach keinen Fehler, Martin. Wenn eine Kreterin ›ja‹ sagt, ist es für immer.«
»Für immer! Ich kenne sie doch erst wenige Tage.«
»Darum sage ich es dir.«

Beim Essen bin ich eher schweigsam. Mir selbst fällt auf, dass ich mit meiner Gabel wie bei einer Grabung Schicht für Schicht des griechischen Salats abhebe, zuerst die Zwiebelringe, dann lustlos auf Tomaten- und Gurkenstücken kaue, schließlich ohne Bedacht in eine Olive beiße, und die Zähne knirschend den harten Kern treffen. Steve hört mein Stöhnen bei diesem plötzlichen Schmerz. Er blickt herüber, ohne eine Frage zu stellen.

Steve hat Recht. In seinem Alter, in dem man die großen Fehler des Lebens hinter sich hat, sieht man sicher in allem die Folge eigener Handlungen und Unterlassungen. Weiß Gott, auch ich will endlich meinen bleibenden Standort finden und nicht fortwährend unsicheres Terrain erforschen. Ich bin an der Grenze, hinter der Freiheit in den Abgrund der Sinnlosigkeit kippt. Das nie endende Suchen, das Ausloten von Tiefen und das Ausmessen horizontloser Weiten, hat mich zu unbekannten Ufern geführt und in der eigenen Sicht die Welt größer gemacht. Doch jedes Mal mehr wächst meine Furcht, in diesem Meer zu versinken. Zu selten und dann in unerreichbarer Ferne sind Inseln, deren abweisende Küsten den hilflos Treibenden keine Rettung erwarten lassen. Aber wer das Glück hat, eine stille Bucht zu finden oder sogar die Kraft, die Steilwände zu erklimmen, erlangt auf Dauer eine sichere Heimstatt. Katharina wäre solch ein ruhender Fels, etwas, für das in früheren Zeiten oft Männer galten. Aber ist es das, was ich will?

»Heute haben wir frische Schrimps«, hatte der Ober angeboten. Und so knicken wir jetzt mit Fühlern bewehrte Köpfe von den schlanken, gebogenen Leibern, brechen knackend die leichten Panzer auf und zerren mit unseren Zähnen an dem unwilligen, weißen Fleisch, bis es sich wie reißendes Gummi aus seiner Schale löst und in unseren Mündern verschwindet. Das schmatzende Ablecken der Fingerspitzen stört unsere Andacht nicht, auch nicht die Empfindungen der Leute vom Nachbartisch. Es ist Ritual. Der Wein dazu schmeckt heute besonders gut, und nach einer Weile sind die Felswände, die eben noch unüberwindlich schienen, gar nicht mehr hoch. Längst hat Steve seine Pfeife angezündet.

In der Nacht gingen sie alle von Bord. Sie, das waren die Überlebenden der *York*, trotz aller Angriffe von See her und aus der Luft, die meisten der ursprünglichen Besatzung. Zuerst die schwer Verwundeten, die einzeln von Bord gefiert wurden; von ihnen waren in der Dunkelheit nur die weißen Verbände zu sehen. Dann die Sanitäter und Ärzte, danach alle, die noch laufen und ohne fremde Hilfe die Fallreeps hinunter entern konnten, die Maschinisten, Köche, die Geschützbedienungen, wovon einige bis zuletzt an den Flugabwehrkanonen blieben, die Waffenmeister, die Funker, die Offiziere und zum Schluss, nachdem auch die Flugabwehrkanoniere in die Boote gegangen waren, der Kapitän.

Zuvor wurden in jeder Station die kriegswichtigen Ausrüstungen unbrauchbar gemacht, damit sie vom Feind, sollte er die verlassene Hulk jemals entern, nicht gegen die eigenen Truppen gerichtet werden konnten. Jeder erhielt ein Gewehr und reichlich Proviant, denn die Waffenkammern und Vorratsmagazine waren für eine lange Verweildauer auf See gut gefüllt.

Steve Harrison zerschoss mit seinem Gewehr die Funkanlage, nachdem er die *York* mit einem letzten Funkspruch bei der Admiralität abgemeldet hatte. Als er zur Brücke hinaufging, um Bericht zu erstatten, leuchtete schwach am Himmel erstes Tageslicht auf. Gerade wurde die Flagge mit militärischem Zeremoniell eingeholt und für bessere Zeiten sorgfältig zusammengelegt, repräsentierte sie doch die Nation, zu deren Nutzen die Besatzung dieses glücklosen Schiffs der *Royal Navy* gern weiter gestritten hätte, aber deren Schicksal es war, für den Moment den gemeinsamen Kampf aufzugeben.

Dies war nun der letzte reglementierte Akt auf dem Schiff. Mit dem Abschied von Bord löste sich die verfasste Schiffsordnung, die zwingende Balance von Befehl und Gehorsam, die Symbiose von schwimmender Welt und ihr ausgelieferter Menschen, für alle Zeit auf. Als Funker war Steve Harrison nur mittelbar Kämpfender, jemand, der fliegende Botschaften, gute und schlechte, sendete und empfing. Aber mit all diesen Männern hatte man ihn eingesperrt in den stählernen Bauch, der den meisten an Bord nur eine abgeschottete Innensicht freigab und sie im trügerischen Glauben ließ, auch von außerhalb wären sie, wie unter einer Tarnkappe, von niemandem auszumachen.

Es gab wüstes Geschrei und wütende Rufe, als sich die Männer beim Hinabentern in die Boote gegenseitig auf Hände und Köpfe traten. Auch Steves rechte Hand wurde von einem Soldatenstiefel gequetscht. Er fluchte laut und beschimpfte den Mann über sich. Unten im Boot krochen sie neben- und übereinander, bis jeder unter dem Gebrüll des Bootsführers einen Platz gefunden hatte. »Wir sind randvoll«, kam es beschwörend von vorn.

Und so fühlten sich die Männer erleichtert, als der Bootsmotor aufheulte und sie sich mit hoher Bugwelle von der *York* fortbewegten. Steve sah die kleiner werdende Silhouette des Schiffs mit Geschütztürmen, Schornstein und Funkmasten, als wäre alles noch unversehrt. Nur die zerfetzten Stahlwände des Bugs brachen mit der stolzen Kontur eines kampftüchtigen Schiffs. »Sieht schlimm aus mit seiner zerbombten Schnauze«, schrie er seinem Nachbarn ins Ohr. »Ein Hai mit aufgerissenem, zahnlosen Maul!«

»Und die Ameisen flüchten aus ihrem Bau, weil andere, fliegende Ameisen sie brutal ausräuchern«, rief der andere zurück.

Auch wenn er von Bord eines Schiffes kam, als Seemann fühlte sich Steve Harrison nicht. Als er an Land sprang, war der Unterschied gleich spürbar: Dieser Boden war harter, zerklüfteter Fels, keine ebene Stahlplanke, die unter den Sohlen vibrierte und selbst bei leichtester Dünung kaum merklich schwankte. Das Boot nahm sofort wieder Kurs auf die *York*, um den Rest der Besatzung, die Offiziere und den Kapitän, überzusetzen.

In Ufernähe kauerten viele Männer. Sie alle waren von irgendwelchen Schiffen, Tankern, Kreuzern oder Transportern nach deren Versenkung oder Aufgabe – manche schwimmend – gekommen und hatten vom erstbesten freien Stück Boden Besitz ergriffen. Einer rief, als er die Männer der *York* sah, bald hätte die *Royal Navy* kein einziges Schiff mehr und bei der Admiralität würde jetzt ernsthaft überlegt, aus den vielen gestrandeten Seeleuten eine Kavallerietruppe aufzustellen. Schließlich gäbe es genug Esel und Ziegen in Griechenland. Die Soldaten ringsum lachten. Steve verzog nur müde den Mund.

Er stieg den Hang weiter aufwärts, um einen freien Platz zu suchen. Zelte sah er und Planen, die als Wetterschutz über Bodensenken gespannt waren. Ein Lager offenbar. Einige Wachtposten mit Gewehr standen davor. Einer beobachtete den Himmel, ein anderer die vor ihnen liegende Sudabucht.

»Seid ihr schon lange hier?«, fragte Steve den Nächstbesten.

»Ein paar Wochen. Kannst du doch riechen.«

Erst jetzt bemerkte er den Latrinengeruch. »Gibt's bei euch Platz in den Zelten?«

»Nur für die eigenen Leute.«

»Pioniere?«

»Ja. Bauen aber keine Straßen und Brücken. Entladen die Schiffe. Als das mit den Bomben nicht aufhörte, waren die Griechen mit ihren Booten über Nacht weg.«

»Danke. Bis bald.«

»Kannst aber 'ne Decke haben, wenn du willst.«

Steve prüfte die Windrichtung, um sich nicht dem Gestank auszusetzen. Ganz in der Nähe fand er eine geschützte Mulde. Allzu weit wollte er sich nicht vom Lager entfernen. Vielleicht gab es dort für ihn Trinkwasser oder Proviant, wenn seine eigenen Vorräte aufgebraucht waren. Von den Bergen wehte eine frische Brise herüber. Er rollte sich in die Decke und schlief sofort ein.

Der Lärm von Flugzeugen und explodierenden Bomben weckte ihn. Aus dem grellen Sonnenlicht stürzten sich die Geier wieder auf ihr Aas in der Bucht. In der Nacht waren erneut Tanker und Frachter mit ihren Begleitschiffen eingelaufen. Die *York* blieb bei den Angriffen ausgespart. Längst hatten die da oben erkannt, dass sie kein lohnendes Ziel mehr war. Plötzlich jagten eigene Flugzeuge in den Bomberpulk, brachen die selbstsicher anfliegende Phalanx auf, und manche Bombenlast stürzte vor ihrem Abwurf mit ihrem Trägerflugzeug ins Meer. Vom Lager der Pioniere hörte er laute Aufmunterungsrufe. Er selbst ertappte sich dabei, dass er dieses Schauspiel mit der gleichen Gelassenheit wie eine zivile Flugschau betrachtete. ›Der Krieg schleift kantige Würfel rund, bis alles an ihnen abgleitet‹, dachte er.

Drüben bei den Pionieren gab es offenbar Wachwechsel. Die Männer, die in der Dunkelheit die Versorgungsschiffe entladen hatten, waren nun ausgeschlafen. Steve Harrison sah, dass sich ein kleiner Trupp aus dem Zeltlager fortbewegte und zur nahen Straße marschierte. »Kommst du mit?« Der Posten, der ihm in der Frühe die Decke gegeben hatte, stand neben ihm.

»Wohin geht ihr?«

»Wir fahren. Nach Chania.«

»Muss eine schöne Stadt sein.«

»Wenn noch was davon übrig ist.« Steve Harrison blickte sich suchend um.

»Mach dir um deine Leute keine Gedanken«, beruhigte ihn der andere. »Ohne Schiff ... und überhaupt: Hier bricht sowieso bald alles zusammen.«

Für Flugzeuge waren sie ein weit sichtbares Ziel. Ihr Lastwagen zog eine riesige Staubfahne hinter sich her. Einmal gab es Alarm. Zwei Maschinen flogen direkt über die Straße hinweg. In Panik sprangen sie von der Ladefläche und suchten im Graben Deckung. Aber das ratternde Feuer der Bordwaffen blieb aus.

»Waren unsere«, rief einer, und erleichtert kletterten sie wieder auf die Pritsche.

»Glück gehabt«, brüllte ihm sein Nachbar von vorhin gegen den leiernden Lärm des Lastwagenmotors ins Ohr. »Die hätten uns voll erwischt.«

»Woher kommt ihr?«, fragte Steve.

»Von überall. Die meisten aus Australien und Neuseeland.«

»Ist fast wie von einem anderen Stern. Und du? Wo kommst du her?«

»Hab's nicht weit. Sind nur ein paar Seemeilen: Palästina. Ich komme aus Palästina. Und du?«

»Aus Birmingham.«

»Ah, Birmingham.«

Noch nie hatte er solche Zerstörungen gesehen. Auf einem Kriegsschiff war es die Besatzung gewohnt, Ziel feindlicher Angriffe zu sein. Das Schiff wehrte sich dann mit seiner gesamten Feuerkraft: mit schweren Geschützen gegen fremde Überwasserflotten, mit Wasserbomben gegen U-Boote und mit schnell feuernden Abwehrkanonen gegen den Überfall aus der Luft. Und oft genug waren sie selbst die Angreifenden gewesen.

Aber in Wohnhäusern lauerte doch für niemanden eine Gefahr, und kein niederzukämpfender Gegner hielt sich arglistig darin versteckt! Warum dann alles ohne Ausnahme vernichten und die Bewohner in ihren eigenen vier Wänden umbringen? »Es heißt, so oder so ähnlich sieht es in manchen Vororten von London aus«, sagte Steve. »… und morgen die ganze Welt«, sang der andere zur Melodie, die sie vom Abhören deutscher Soldatensender her kannten.

Für den Lastwagen gab es in den Straßen von Chania kein Durchkommen mehr. Armeefahrzeuge stauten sich zwischen den Trümmerbergen. Männer versuchten, die Straßen freizuschaufeln, aber für die Schuttmassen gab es an den Straßenrändern kaum Platz. Anwohner protestierten, wenn ihnen die Räumkolonnen die Hauseingänge zuschütteten.

Die Männer sprangen vom Lastwagen auf die Straße und verabredeten mit dem Fahrer, sich spät nachmittags an der gleichen Stelle wieder zu treffen.

»Das klappt nie«, sagte der Mann aus Palästina. »Ich heiße Josef«, stellte er sich dem Briten vor, als sie in Richtung Stadtmitte gingen.

»Ich heiße Steve«, antwortete der. »Bin Funker ... war Funker. Auf der *York*.«

»Funker, das ist was Piekfeines«, kam es anerkennend von Josef. »Du zauberst etwas aus deinem Kasten, das dir unsichtbar bleibt. Nur ein Druck auf die Taste. Für die, die es empfangen, oft ein Menetekel.«

Von weitem schon hörten sie das Grölen betrunkener Männer und das Kreischen von Frauenstimmen. Vor einem nur wenig beschädigten Gebäude drängten sich die Soldaten. Aus einem offenen Fenster blickte kichernd eine halbnackte Frau. »Ein Bordell auf dem Friedhof«, sagte Josef verächtlich. »Weltuntergang eben«, meinte Steve. Vor dem Nachbarhaus saß ein Soldat unsicher auf einem Stuhl, und ein Mann mit Kamm und Schere in der Hand tänzelte um ihn herum, stützte den Oberkörper des Soldaten, wenn er drohte, seitlich vom Stuhl zu kippen und versuchte, die Haare auf dem hin- und herwackelnden Kopf zu schneiden. Mit einem Mal zuckte der Kopf, eine Hand griff ans Ohr, fuhr vor die Augen des Kopfes. Der schrie wütend auf, als er sein eigenes Blut sah. Wankend sprang die Gestalt auf die Füße und versuchte, den Mann mit der Schere zu packen. Der wich dem Griff aus und lief ein paar Schritte zur Seite. Der Soldat stürzte, erhob sich unsicher und torkelte fluchend davon.

Jetzt setzte sich Josef auf den freien Stuhl, zeigte auf sein volles, lockiges Haar und machte mit Mittel- und Zeigefinger die Bewegung einer schneidenden Schere. »Please«, sagte er dazu und zog aus der Uniformtasche eine Münze. Der Mann fasste Vertrauen zu seinem neuen Kunden, nicht zuletzt, weil ihm nach dem Vorzeigen der Münze die Bezahlung seines Dienstes in Aussicht stand. Zögernd näherte er sich.

»Military hair cut?«, fragte er stockend.

»Yes«, sagte Josef und lehnte sich zurück.

Steve zündete sich derweil eine Zigarette an. Er sah, wie der Mann, der jetzt Josef die Haare schnitt, schnupperte, als er den ersten Rauch ausblies. Er schnippte eine zweite Zigarette aus der Packung und hielt sie dem Mann hin. Der zog sie eilig heraus und steckte sie in seine Hemdtasche. »Efcharistó. Thank you.« Dabei deutete er eine Verbeugung an. Steve genoss den rauchschwangeren Atem, wenn er ihn einsog und damit die Lungen blähte. Er fühlte sich leicht danach. ›Wie ein Ballon, dem die Gasfüllung Auftrieb gibt‹, dachte er. Und für den Moment des Ausatmens verschwand das wahre Antlitz der Welt hinter dem weißen Nebel.

Eine Sinnestäuschung konnte es nicht sein, was da aus einer der nächsten

Türen klang: eine Geige. Sie sang leise, aber mit sicherem Ton ein Lied, in tiefen Lagen fast eine Klage, dann aufsteigend in die Höhen zum Jubelruf einer Lerche. Er wusste nicht viel über Musik, nur dass es manchen Stücken und Instrumenten gelang, auch die verschlossene Seele eines Briten zu öffnen.

Er folgte diesen geheimen Klängen und stand im Halbdunkel eine Raums. Auf Tischen brannten Kerzen, deren Flammen im Luftzug irrlichternd flackerten. Die Männer auf den Stühlen saßen schweigend. Manche blickten in halbvolle Gläser und versuchten, in weißen und roten Weinseen die eigene Zukunft zu lesen. Andere dachten an zu Hause oder überließen sich nur diesem Augenblick. Der Geiger war kaum zu erkennen. Steve sah nur das weiße Gesicht und die ebenso weiße Hand, die im Takt der Musik auf- und niederschwang.

»Wundervoll«, hörte er Josefs Stimme. »Was spielt er?«

»Weiß nicht«, flüsterte Steve zurück.

»Welcome to our *Kaíki-Bar*«, rief jemand laut neben ihnen. »You should try our wine, Gentlemen.«

18.

Im Traum hatte ich Kriegslärm und dazwischen leise Geigenmusik gehört. Beim Aufwachen bin ich erleichtert, dass durch die Vorhänge hell die Sonne scheint und nur das Grummeln einzelner Autos die Ruhe stört. Misstrauisch gehe ich zum Fenster und schaue nach, ob Straßen und Häuser noch das gewohnte friedliche Bild zeigen. Es ist mir nicht fremd, mich in vergangene Zeiten zurückzuversetzen. Diese Vorstellungskraft ist Teil meiner Gabe, kaum noch erkennbare Bilder wieder für alle Welt sichtbar zu machen. Je weiter deren Entstehung zurückliegt, desto weniger wühlt mich die Vergänglichkeit des darauf erkennbaren Lebens auf.

Die unmittelbare Nähe zur eigenen Gegenwart jedoch, die es fast wahrscheinlich macht, dass mir Zeugen aus eigener Anschauung berichten, löst bei mir immer Unruhe und Verstörung aus. Heute Morgen bin ich ganz froh, dass Steve noch nicht am Frühstückstisch sitzt. Zu leicht könnte er meine erneute Anwesenheit als Aufforderung betrachten, mir auf gar nicht gestellte Fragen eine Antwort zu geben. Seine Erzählungen sind mir bis weit in die Nacht gefolgt, und es würde mich nicht wundern, stünde er gleich in seiner alten Uniform als junger Soldat im Türrahmen.

Schade ist nur, dass nicht Katharina das Frühstück serviert. Doch auch das viel jüngere Mädchen bringt ungefragt das Richtige an meinen Platz. Sicher hat Katharina ihr die Vorlieben aller Gäste erklärt. Zu gerne wüsste ich, ob ich mich gestern ihrer Meinung nach angemessen verhalten habe. Das, was Steve mir über die Kreterinnen gesagt hat, gab mir zu denken. Vielleicht hat das lange Umwerben und Umwerbenlassen, von dem mir Mutter bisweilen vorschwärmte, seinen besonderen Reiz; vielleicht ist ungestilltes Begehren das tiefe Geheimnis des Worts, das Ältere Sehnsucht nennen.

Auf dem Weg zum Archäologischen Museum von Chania, dessen Besuch mir Evtychios schon bei der Stadtführung vor Tagen empfohlen hatte, mache ich einen Umweg an seinem Laden vorbei. Evtychios bedient gerade eine ältere Kundin.

»Einen Augenblick, bitte, ein Freund …«, sagt er und kommt mir lachend entgegen. »Herr Menges! Schön, dass Sie vorbeikommen. Haben Sie etwas Zeit? Ich habe gerade Kundschaft.«

»Ja. Sicher. Ich habe Zeit.«

»Es kann etwas dauern. Bitte, verzeihen Sie.« Auf der Glastheke liegen Mengen goldener Ketten und Armbänder.

»Legen Sie doch einmal diese Kette um. Sie steht Ihnen besonders gut.« Die Dame probiert, schaut unsicher in den Spiegel und dann fragend zu mir herüber. Ich nicke und versuche, etwas Bewunderung in meinen Blick zu legen, nicht zu viel, damit sie nicht argwöhnt, wir trieben ein perfides Verkaufsspiel mit ihr.

»Wenn Sie meinen ...«

»Ich mache Ihnen einen speziellen Preis.«

Evtychios greift nach einem Taschenrechner, tippt mit zergrübeltem Gesicht auf Zahlen- und Prozenttasten, nennt schließlich den errechneten äußersten Preis, der ihm sichtbar Schmerzen verursacht. Die Dame deutet dies als Zeichen, dass ihr in diesem Augenblick ein unwiederholbarer Vorteil winkt. Noch einmal sieht sie zweifelnd zu mir herüber und offenbar deutet sie meinen Gesichtsausdruck als Aufforderung, dieses günstige Angebot auf keinen Fall auszuschlagen.

Evtychios legt, nein bettet die Kette in ein schmales, mit Watte gepolstertes Kästchen, verschließt es mit Trauer im Blick, als gelte es, von etwas lieb Gewonnenem auf immer Abschied zu nehmen. Erst als ihm ein Geldschein über die Theke gereicht wird, hellt sich seine Miene auf.

»Vielen Dank. Sie werden viel Freude an Ihrem neuen Schmuck haben«, sagt er, als er zuerst das Kästchen und dann das Wechselgeld herüberreicht.

»Auf Wiedersehen«, verabschiedet er sich an der Tür.

»Wie geht es Ihnen, Herr Menges?«

»Danke. Gut. Ich habe schon viel gesehen und gehört.« Ich verrate ihm nicht, dass ich mich nach etwas Ruhe sehne, mich andererseits die Neugier treibt, den Menschen um mich herum zuzuhören und deren Mitteilungsfreude nicht auszuweichen.

»Sie waren mit Katharina in Kolimbari.« Also weiß er es schon.

»Ja.«

»Katharina ist meine Lieblingsschwester. Die anderen sind schon verheiratet.« Ist da beim Wort ›verheiratet‹ nicht ein Flimmern in seinen Augen?

»Mögen Sie einen Kaffee?«

»Nein, danke. Ich wollte ...«

»Aber einen Raki trinken Sie doch mit mir?« Und schon hält er mir ein kleines, randvoll gefülltes Glas entgegen. »Jammas!« Auch er trinkt das Glas in einem Schluck leer, und ich versuche, das Husten zu unterdrücken.

»Bevor ich abreise ...«
»Sie werden uns doch nicht schon wieder verlassen?«
»Nein, noch nicht, aber ich möchte ...«
»Sehen Sie sich hier ruhig um. Etwas für Sie selbst oder für eine Dame?«
»Dame ...«, sage ich zögernd, weil ich mir nicht sicher bin, ob sich Helen gern ›Dame‹ nennen ließe; denn niemals würde sie mich oder irgendeinen Mann als ›Herrn‹ bezeichnen.
»Älter oder jünger?«, fragt Evtychios weiter.
»Eher jünger.«
Er blickt mich an, prüfend zuerst und dann, als habe ich ihn mit dieser Auskunft zutiefst enttäuscht. »Soll es etwas typisch Kretisches sein?«
»Denkbar ...«
»Die Nachbildung einer Doppelaxt, zum Beispiel?« In Evtychios' Augenwinkel legen sich feine Fältchen. Mir erscheint dieses Kultwerkzeug mit der zweischneidigen Klinge zu martialisch. Ich schüttle den Kopf. »Oder hier: Der berühmte Diskus von Phästos, ganz in Gold, mit den spiralförmig verlaufenden Schriftzeichen. Deren Sinn ist noch nicht entziffert.«
»Nein, lieber nicht.« Dabei denke ich das viele Unentschlüsselte, das mir schon im Leben begegnet ist.
»Aber hier, diese Honig saugenden Bienen werden von Touristinnen gern gekauft.«
Jetzt zeigt sich in Evtychios' Augen Zweifel, ob es ihm gelingen werde, einen Unentschlossenen wie mich zu überzeugen. Aber auch die Bienen scheinen mir von der Möglichkeit einer fehlgedeuteten Symbolkraft her nicht geeignet. Helen würde darin das reaktionäre Bestreben erkennen, sie als Frau auf die Ebene einer fleißigen Honigsammlerin zurückzustufen, während die Rolle des Mannes im Dunkeln bliebe.
Doch in der Auslage fällt mir eine kleine Frauenfigur auf. Um ihr Haar trägt sie einen Blütenkranz und ganz oben auf der Frisur etwas, das ich nicht sofort erkenne, ein Tier vielleicht, das diese Frau symbolhaft krönt. Oder, mag sein, es bedeutet, dass es ihren Kopf beherrscht. Leicht angewinkelt, dabei weit vom Körper gestreckt, die halbbedeckten Arme. In den Händen winden sich Schlangen. Und offen zur Schau gestellt die prallen Brüste. Darunter eng eingeschnürt eine Wespentaille, aus der ein Schurz über den Unterleib fällt. Der wiederum ist in einen bodenlangen Zottenrock eingehüllt, wie ich ihn auf Abbildungen sumerischer Könige und Priester gesehen habe.

Evtychios steht schweigend neben mir, und beide blicken wir auf dieses merkwürdige Frauenbild. Sein Lächeln verrät mir seinen Verdacht, dass ich mich für dieses barbusige Wesen, das wie der Fetisch geheimer Wünsche aussieht, besonders interessiere. Wie um meine Gedanken an vorantike Pornografie zu vertreiben, sagt Evtychios: »Sicher haben Sie das Original im Museum von Heraklion gesehen. Der Sinn dieser hübschen Fayence ist nicht erforscht. Es heißt, bei uns auf Kreta habe es in minoischer Zeit ein Matriarchat mit einer Muttergöttin gegeben. Wir nennen die Figur daher einfach ›die Schlangengöttin‹.«

»Schlangengöttin«, wiederhole ich nur. Auch in dieser ungeklärten Deutung wird Helen wieder einen bösen Hintergedanken wittern.

»Ich glaube, die nehme ich«, sage ich kurz entschlossen.

Stünden nicht minoische Tonsarkophage und Vitrinen mit kaum zählbaren Exponaten in den ehemaligen Kirchenschiffen, könnte ich mir gut vorstellen, aus der Sakristei träten katholische Mönche und feierten ihre Messe. Doch müsste ich mir einen Altar dazudenken und ein Ewiges Licht, Kirchenbänke und vielleicht einen Chor, der die alten lateinischen Gesänge durch die Gewölbe hallen ließe.

Im Museumsprospekt lese ich, dass das Archäologische Museum von Chania zur Zeit der Venezianer eine katholische Klosterkirche war. Franziskaner hatten sie gebaut und ihrem Ordensgründer geweiht. Mit den Venezianern musste, als die Türkenherrschaft begann, auch alles Römische die Insel verlassen. Doch so ganz stimmt das nicht, weiß ich doch von Evtychios, dass es in einem Hinterhof ganz in der Nähe des Museums auch heute noch eine kleine, katholische Kirche gibt. Aber der Ostkirche, die in den Herzen der Kreter die Jahrhunderte überdauert hatte, stand noch eine lange währende Herrschaft der Hohen Pforte, und damit des Islam, bevor, ehe sie, nach der Befreiung vom osmanischen Joch, als Griechisch-Orthodoxe Kirche die religiöse Tradition des alten Byzanz fortsetzen konnte.

Nackt und schmucklos sind heute die Steingewölbe. Es ist nicht zu erkennen, ob im Lauf der Zeit der Putz und mit ihm vorhandene Fresken abbröckelten oder von Menschenhand mit dem Meißel die Zeugnisse lateinischer Religionsbetrachtung von den Steinen geschlagen wurden. So verbreitet die grobe Schmucklosigkeit etwas Frühchristliches, als habe sich die noch junge Glaubensgemeinschaft gerade erst aus geheimem Katakomben-Dasein einen weithin sichtbaren Platz auf der Erde geschaffen. Meine Plastiktüte mit dem

Aufdruck *Minos' Storehouse* gebe ich an der Garderobe ab. Die Schlangengöttin, die Evtychios so sorgfältig in eine stabile Schachtel gepackt hatte, soll nicht die Aufmerksamkeit argwöhnischer Museumswärter auf sich ziehen.

Auch als Museum hat dieser Kirchenbau etwas Weihevolles. Besucher neigen sich andächtig über Vitrinen. Auch ich bewundere ehrfürchtig Jahrtausende alte Tongefäße und Schrifttafeln, das Modell eines Fußes, für den Künstler damals mögliche Erprobung menschlicher Standfestigkeit, um danach den ganzen Menschen zu schaffen, Siegel, mit denen vor langer Zeit befüllten Krügen der Stempel der Unversehrtheit aufgedrückt wurde, schließlich Kultgefäße für die Verehrung längst vergessener Gottheiten.

Dann sehe ich ein Fabeltier aus Ton wie aus dem Spielzeugladen. Vier große Räder geben ihm die Fähigkeit, sich leicht über Unebenheiten hinweg bewegen zu lassen. Am Hals des Tiers ist ganz deutlich das Loch zu erkennen, durch das eine Kordel geführt wurde, mit dem das Kind das zerbrechliche Spielzeug hinter sich herziehen konnte. Der Geometrischen Periode wird es hier zugeordnet, die von 1000 – 700 v. Chr. dauerte. Mag sein, die Grabbeigabe für ein Kind, damit es in der Ewigkeit nicht auf sein geliebtes Spielzeug verzichten musste. Mein Holzdackel fällt mir ein, der in meiner Kindheit brav hinter mit herrollte und dazu mit dem Schwanz wedelte.

Griechische und römische Fundstücke dann, Objekte aus einer Welt, die mir in der Raffung von Zeit so fern gar nicht scheint. Vor einer Säule ein Tonsarkophag. Den Deckel, wie er auf ähnlichen Stücken zu sehen ist, hat man entfernt. Stattdessen eine glasklare Kunststoff-Abdeckung, die den Blick auf ein makabres Bild freigibt. Dicht aneinander geschmiegt hocken dort zwei Menschenskelette, als suche das eine die Wärme des andern.

Mich wundert, wie sie in der Enge über Jahrtausende ausgeharrt haben und dort noch immer auf die gemeinsame Erlösung aus ihrem Gefängnis hoffen. Wer kann heute noch sagen, wie sie zu Tode kamen und dann gleichzeitig auf diese merkwürdige Weise bestattet wurden? Vielleicht stehen sie jede Nacht, wenn sie die Neugier der Lebenden nicht stört, heimlich auf und tanzen mit rasselnden Gliedern zum Klang der *Kithara*. Aber wahrscheinlicher ist, dass es bei dieser gegenseitigen Nähe fortwährend Streit gibt. Und vor mir sehe ich, wie ein fremder Betrachter, Helens und mein Gesicht. Nicht auszudenken, wir wären für alle Zeiten in einen solchen Käfig gesperrt!

Einmal wurden Gäste und Personal der *Kaíki-Bar* aufgeschreckt. Flugzeuge rasten im Tiefflug über Hausdächer und Ruinen. Die Männer warfen sich Schutz suchend auf den Boden, aber es fielen keine Bomben. Das Tack-tack-tack in der Luft galt anderen Gejagten, die in wilden Kreisen versuchten, dem eigenen Untergang auszuweichen. Als deutlich war, dass nicht ihnen dieses Schießen galt, stürmten sie alle nach draußen. Sie konnten gerade noch sehen, wie sich ein schwarzer Streifen über den Himmel zog und der brennende Punkt an dessen Spitze in einer Feuerwolke zerbarst und aus dieser Feuerwolke alles, was noch Gewicht hatte, zerrissen ins Meer stürzte.

Die Männer wussten nicht, ob sie jubeln oder wütend aufschreien sollten, denn an diesem Absturz war für sie nicht erkennbar, ob er Freund oder Feind traf. Der Geiger, den hier alle Lambis nannten, stand draußen neben Steve Harrison, der vergeblich wartete, ob sich nicht doch da oben ein Fallschirm öffnete. Als Mitglied einer Kriegsschiffsbesatzung war Steve bekannt, dass, wenn ein Schiff sank, es nicht nur tote Materie mit sich auf den Meeresgrund riss. »No chance«, sagte er nur. Und die Ungewissheit, ob er trauern oder erfreut sein sollte, zeigte sich auf seinem Gesicht. »That's war«, sagte er.

»Ja, der Krieg«, nickte Lambis dem Briten zu.

Nun, wo alles vorbei war, gingen sie wieder an ihre Plätze in der Bar zurück. Einen Moment noch diskutierten die Soldaten über das, was sie soeben gesehen hatten. Dann fanden sie wieder zu Wein und Zigaretten zurück. »Spiel was!«, zischte Stavros, der Chef des Kaïki, dem schweigsamen Geiger ins Ohr. Seine Brüder füllten eifrig Karaffen und Gläser. Und dann wieder stand Stavros mit wachsamem Blick an der Tür und passte auf, dass niemand ohne zu zahlen ging.

Steve Harrison wunderte sich, dass Lärm und Chaos in den Straßen von Chania weiter anschwollen. Pünktlich zur vereinbarten Zeit wollte er am Treffpunkt sein, um mit Josef und den andern zur Sudabucht zurückzufahren. Aber genau von dort ergoss sich die wachsende Menschenwoge über die Stadt. Noch wartete niemand von den andern an der Stelle, an der sie alle vom Lastwagen gesprungen waren. Fände der durch die flüchtenden Soldaten überhaupt seinen Weg zurück, bis Suda käme er nie! Zu dicht war der gegenläufige Strom, und einen Fahrer, der es gewagt hätte, gegen die flutende Menge zu steuern, hätte man wütend von seinem Hochsitz gezerrt und halbtot geprügelt.

Aber so ganz mochte Steve Harrison nicht glauben, dass eine getroffene Absprache im Krieg nicht gälte, und so suchte er am Straßenrand einen ruhigen Fleck, von wo aus er die Straße in beide Richtungen überblicken konnte.

Die Zigarettenpackung war noch halbvoll. ›Gut, dass es bisher keinen Mangel daran gab‹, dachte er, als ihm der Rauch aus Lunge und Nase ins Freie fuhr.

Ein Soldat mit blutverschmierter Armschlinge trat aus der Menge der ungeordnet Vorbeimarschierenden auf ihn zu.

»Hast du Feuer?«, fragte der, und dabei tanzte die an den trockenen Lippen klebende Zigarette. Wortlos nahm Steve sein Feuerzeug. Mit dem Daumen ließ er das gezahnte Rädchen gegen den Feuerstein kreisen. Eine bläuliche Flamme schien schwach aus dem Docht. Das Benzin ging zur Neige. Der andere schützte das winzige Licht mit der freien Hand vor dem einfallenden Wind.

»Danke«, sagte er und wollte weiter.

»Was ist passiert?«, fragte Steve und zeigte mit dem Kopf nach Suda.

»Rückzug. Kompletter Rückzug«, sagte der andere. »Kreta wird aufgegeben. Geräumt.«

»Geräumt, sagst du?«

»Du hast richtig verstanden. Der britische Löwe zieht seinen Schwanz ein.«

»Und wie kommen wir von der Insel?«

»Mit Schiffen.«

»Mit Schiffen?«

Sein Schiff, die *York*, war längst eine hilflos an der Ankerkette treibende Hulk. Und vielleicht hatte man ihr längst den Fangschuss gegeben.

»Und wieso marschiert ihr jetzt weg von der Sudabucht? Ich meine, von dort müssten doch die Schiffe …«

»Da gibt's keine Schiffe mehr. Ein paar haben letzte Nacht versucht, mit einem Teil von uns abzuhauen. Sie kamen als halbe Wracks wieder zurück. Torpedoflieger.«

»Und jetzt?«

»Es heißt, die Admiralität schickt Schiffe zur Südküste. Aus Ägypten.« An den hastigen Zügen erkannte Steve die Unruhe des andern.

»Ich hab's eilig. Das Schiff! Du verstehst?« Steve nickte. Mit der Hand tippte der andere kurz an die Uniformmütze. »Mach's gut«, sagte er und reihte sich wieder in den Zug der Flüchtigen ein.

Sie gingen in loser Linie hintereinander her, vorne und am Ende die Männer mit den Gewehren. Der Oberjäger, der den kleinen Trupp führte, blieb stehen und ließ die andern an sich vorbeilaufen, bis er gleichauf mit Johannes Wiesbauer war.

»Wie geht's? Alles gut überstanden?«

»Danke, Herr ...«

»Lass das! Brauchst hier nicht offiziell zu sein.« Dann rief er laut: »Halt!«

»Da hinten das Fischerdorf ist Kolimbari. Möglich, dass dort Engländer sind.« Wie um das zu prüfen, hielt er sein Fernglas vor die Augen und suchte Haus für Haus und dazwischen die Straßen und Gassen nach Anzeichen eines Feindes ab. »Ich seh eine Kirche und eine Mauer. Wahrscheinlich ein Kloster. Dort werden wir nachschauen, ob wir Wasser und Proviant finden.« Die Stimme des Oberjägers schien nun, da sie sich wieder der hierarchisch geordneten Disziplin einer kämpfenden Einheit näherten, schärfer als soeben zu klingen. Vielleicht wuchs durch diese Nähe der Abstand des Vorgesetzten zu den Untergebenen, um damit zur Eindeutigkeit von Befehl und Gehorsam zurückzukehren.

Egal, für den Moment gab es wenigstens eine Pause. Das letzte Wasser aus den Feldflaschen wurde getrunken, ein Stück Brot gegessen, eine Zigarette angezündet. Johannes Wiesbauer versuchte, die Stiefel abzustreifen, um die schwitzenden Füße im Meer zu kühlen. Aber sie waren vom anstrengenden Marsch durch die Hitze zu geschwollen. So tauchte er nur die Hände in die sanft auflaufenden Wellen. Während das Dorf und das weit dahinter liegende Gebirge in seinen Augen bei jedem Schritt größer wurden, kam Heimweh in ihm auf. Statt der roten Kuppel der Klosterkirche sah er einen Zwiebelturm aus dem Boden wachsen, dessen Glocken ihre bronzenen Rufe ins Tal schwangen. Doch hier hörte er nur ein helles Gebimmel, das fast wie ein Warnsignal für ein unsichtbares Ohr klang.

Aus dem sorglosen Gang über die Halbinsel, die jetzt hinter ihnen lag, wurden Schritte, die federnde Anspannung verrieten. Längst hatten sie sich an den von weither dröhnenden Kampflärm gewöhnt, an das aufgeregte Hacken der Maschinengewehre und die Explosion der Granaten. Allzu bald würde das alles kein fernes akustisches Spiel mehr sein. Als sie dann vor dem Kloster standen, war das Tor verschlossen. »Aufmachen!«, schrie der Oberjäger. Dann schlug er mit den Fäusten gegen das verwitterte Holz. »Aufmachen!« Nach einiger Zeit hörten sie, dass ein Schlüssel ins Schloss gesteckt wurde und sich dann unwillig quietschend drehte. Die Männer mit den Gewehren richteten die Läufe ihrer Waffen auf einen möglichen, unsichtbar dahinter lauernden Feind. Knarzend schwang das

Tor einen Spaltbreit auf. Ein weißbärtiges Gesicht erschien, streng und würdevoll.

Keiner von ihnen verstand die Worte des weißbärtigen Mönches. Es klang wie eine Klage über die Störung des Klosterfriedens. Aber das Gewehr, das sich drohend von außen durch den schmalen Türspalt schob, war eine deutliche Antwort. Als sich den Soldaten kein Widerstand zeigte, wurde das Tor mit Macht aufgestoßen, und die Männer stürmten in den Hof.

In einer Ecke kauerten einige Briten. Zwei von ihnen hielten Gewehre auf einen deutschen Gefangenen gerichtet. Wahrscheinlich fürchteten sie eine gewaltige Überzahl, denn als sie die Eindringlinge sahen, ließen sie ihre Waffen fallen und erhoben die Hände. »Waffen einsammeln!«, befahl der Oberjäger. Sofort liefen einige Männer des Trupps zu den Briten und nahmen die Gewehre an sich.

Inzwischen hatte sich der deutsche Gefangene erhoben und ging auf seine Befreier zu. Johannes Wiesbauer staunte, dass sich der Oberjäger, dessen Namen er nicht einmal kannte, straffte und vor dem gerade Befreiten salutierte. »Oberjäger Schulze …« Das andere ging in der hastig gesprochenen Meldung unter. »Leutnant Singer«, stellte sich der andere vor. Und dann folgte etwas, das wohl mit seinem Truppenteil und dessen Auftrag zu tun hatte.

Daheim hätte er sich nie vorgestellt, welch lächerliches Verwirrspiel ein Krieg doch war: Gefangennahme, dann wieder Befreiung und die, die gerade jemand gefangen genommen hatten, jetzt selbst gefangen. Und doch war es bisher für ihn glimpflich verlaufen, hatte er doch von den Leuten, die mit ihm auf diesem morschen Boot waren, niemanden lebend wiedergesehen. Er fasste an seine Erkennungsmarke, die jeder von ihnen am Hals trug. Selbst dieses Stück Blech wäre für ewig im Meer versunken. Zwischen Leutnant und Oberjäger gab es eine Diskussion über die Führung des Trupps. »Sie sind der Ranghöchste«, hörte er den Oberjäger sagen. Doch der Leutnant winkte ab. »Sie haben Ihre Befehle. Wenn Sie gestatten, schließe ich mich Ihnen nur an.«

Heute begegnete Johannes Wiesbauer zum ersten Mal britischen Soldaten. ›Solche Nordlichter gibt's bei uns auch‹, dachte er. Nur einer von ihnen wirkte fremd. Und sicher kam der aus einer der vielen Kolonien. Er griff in seine Hosentasche, zog eine aufgeweichte Zigarettenpackung heraus und hielt sie dem nächst stehenden Briten entgegen. Doch der wagte nicht zuzugreifen. Einer der Deutschen könnte die Bewegung falsch deuten. Jetzt versuchte Johannes, eine der Zigaretten aus der Packung zu zerren, aber sie zerbröselte ihm zwischen den Fingern.

Mit der noch erhobenen Hand zeigte der Brite auf die Brusttasche seiner Uniformjacke. Eine Schachtel ragte fest und eckig heraus. ›Ihren Orienttabak müsstest du probieren. Oder haben die sogar Virginias von den Amerikanern?‹ Gerade wollte er der stummen Aufforderung des Briten folgen. Doch neben seinem Ohr schrie eine Kommandostimme: »Jede Fraternisierung mit dem Feind ist verboten!« Erschrocken zuckte er zurück. »Er meint ›Verbrüderung‹«, raunte der Leutnant neben ihm, als er Johannes Wiesbauers fragenden Blick sah.

Unter den flüchtenden Soldaten erkannte Steve Harrison niemanden von der *York*. Vielleicht hatten sie inzwischen Befehl, vom Nordufer kommend die Sudabucht zu umrunden und auf direktem Weg nach *Rethimno* zu marschieren. Denkbar, dass Schiffe der Mittelmeerflotte sie dort an Bord nehmen sollten. Wenn er weiter hier wartete, würde er das nie erfahren. Als ihm die Glut seiner Zigarette fast die Lippen verbrannte, warf er die Kippe weg und entschloss sich, gegen den Strom der Männer und Fahrzeuge allein zurückzukehren.

Er wunderte sich, dass alles in Richtung auf Chania strömte, würde die Stadt doch bald von Truppen und Material überquellen. Möglich, dass sie sich dort zur Abwehr formierten, um dann einen geordneten Rückzug zu organisieren. Er wurde angerempelt und musste zur Seite springen, wenn Armeewagen hupend und mit jaulendem Motor versuchten, sich durch die laut schimpfenden Soldaten hindurchzudrängen. Flüche kamen aus hassverzerrten Gesichtern, sobald die Männer erkannten, dass ihre Offiziere bequem in den Wagen saßen.

Doch dann stockte mit einem Mal die Bewegung. Wie ein Fluss, dessen Wasser sich vor einem gerade aufgerichteten Damm staute, quollen die Massen durch- und gegeneinander.

»Zurück!«, brüllte mit rotem Kopf ein Militärpolizist. »Chania ist bald eingeschlossen. Ihr müsst von hier in die andere Richtung nach Vrysses! Und dann quer durch die Berge nach *Hora Sfakion*!«

»Seid ihr wahnsinnig?«, schrie einer der Soltaten den Militärpolizisten an. Wütend zerrte er an dessen Uniformjacke. »Lasst uns stundenlang durch die Hitze marschieren, und jetzt heißt es: ›Zurück!‹«

Der Militärpolizist riss sich los, zog seine Pistole und richtete sie auf den Mann. »Keinen Schritt weiter! Ich schieße sofort!«

Der so Bedrohte erkannte, dass Widerstand zwecklos war. Aus dem nächststehenden Wagen sprang ein Major. »Nehmen Sie die Waffe runter! Ich rede mit den Leuten.« Dann breitete er eine Karte auf der Motorhaube des Wagens aus und begann, sie sorgfältig zu studieren. Der Militärpolizist steckte die Pistole in die umhängende Ledertasche zurück. Steve Harrison ging zum Major. »Verzeihen Sie, Sir. Ich muss zur Besatzung meines Schiffs zur Sudabucht. Darf ich einen Blick auf die Karte werfen?«

»Wie ist der Name Ihres Schiffs?«

»Kreuzer Seiner Majestät *York*, Sir.«

»*York*, sagen Sie? Ist die nicht aufgegeben?«

»Ja, Sir. Volltreffer in der Ruderanlage und den meisten Gefechtsstationen.«

»Die *Navy*«, sagte der Major nur. Auf seinem Gesicht erschien ein feines Lächeln, und für einen Moment gab er den Blick auf die Karte frei.

Akrotiri hieß also die Halbinsel, die da aus den Randbezirken von Chania wuchs, und *Korakies* und *Pitheri* waren die Dörfer, durch die seine Straße führte.

»Danke, Sir.« Ein Stück noch würde er sich weiter über diese Straße bewegen. Dann hörte er, wie der Major seinem Fahrer befahl, den Wagen querzustellen und so die Straße für die Nachdrängenden zu sperren.

»Wie heißen Sie?«

»Wiesbauer. Johannes Wiesbauer, Herr Leutnant.«

»Singer ist mein Name. Antonius Benjamin Singer.« Eine Weile schwiegen die beiden Männer. Johannes Wiesbauer, weil er in Anwesenheit eines Offiziers nur redete, wenn er gefragt war. Und Antonius Benjamin Singer, weil er sich wieder dabei ertappt hatte, dass er seinen zweiten Vornamen, mit dem ihn seine Mutter stets rief, mit dieser einfältigen Offenheit aussprach.

»Wie sind Sie hergekommen?«

»Mit dem Schiff, Herr Leutnant.«

»Mit dem Schiff ...«

»War eher ein Boot. Als wir an Bord gingen, roch's noch nach Fisch.«

»Wie war die Überfahrt?«

»Habe das Ende der Reise nicht bei Bewusstsein erlebt.«

»Ein Torpedo?«

»Nein, Schiffsgeschütze. Engländer. Und dann sind sie einfach über uns weggefahren.«

»Hm«, machte der Leutnant. Vor ihnen liefen die britischen Gefangenen mit ihren Bewachern.

»Und Sie, Herr Leutnant?«

»Durch die Luft. Ich kam durch die Luft.«

»Mit dem Fallschirm?«

»Mit dem Lastensegler. Mir ist es ähnlich wie Ihnen ergangen. Bruchlandung. Und dann Engländer. Ich bin der Einzige ...«

»Verstehe.«

Sie kamen zu einer Stahlbrücke, die über ein fast trockenes Flussbett führte.

»Hier sind schon unsere.« Sie wurden nach ihrem Woher und Wohin befragt.

»Versprengte«, sagte einer von den Brückenposten. »Wohin mit den Gefangenen?«

»Da hinten ist ein Sammelplatz.«

Unter ihren Stiefeln klang es hohl, als sie über die Brücke marschierten. »Ein Wunder, dass die noch steht.«

Bis zum Flugfeld Maleme war es nicht weit. Nur noch entfernt aus den Bergen hörten sie Schießen. Hier unten waren die Kämpfe vorbei. Die Luft roch nach Flugbenzin und nach verbranntem Gummi. Über ihnen kreiste ein kleines Flugzeug.

»Viel zu langsam für den Krieg«, meinte Johannes Wiesbauer.

»Ein ›Storch‹«, sagte der Leutnant. »Habe ich selbst geflogen. Kann fast überall starten und landen.«

Aber die Landebahn vor ihnen glich einem Flugzeug-Friedhof. Tragflächen reckten sich aus Haufen übereinander gestürzter Wracks. Flugzeugschnauzen blickten verwundert, dass die voll Stolz begonnene Meer-Überquerung so abrupt bei der versuchten Landung endete. Einen Moment blieben die Männer erschrocken stehen. So also sahen siegreich beendete Schlachten aus! Nur auf den Gesichtern der Gefangenen zeigte sich heimliches Einverständnis. Wenigstens hier hatte der britische Löwe den Krauts Klauen und Zähne gezeigt.

Am Rand des Flugfelds bemühten sich deutsche Soldaten, einen erbeuteten Panzer in Gang zu bringen. Ein Offizier lief ihnen, den Ankömmlingen, entgegen. »Wir brauchen jeden Mann!«, rief er und nahm ungeduldig die Meldung von Leutnant und Oberjäger entgegen. »Der Platz muss schnellstens von den Wracks geräumt werden!« Der bockige Panzer bewegte sich schließlich unter den Händen seiner neuen Herren, rannte wie ein Stier gegen schepperndes Flugzeugblech und schob es mit metallischem Kreischen von der Piste.

Nun, da ein Streifen des Flugfelds von Trümmern geräumt war, landete das kleine Flugzeug, das beim Aufsetzen unwillig hüpfte und dann mit einem Ruck zum Stillstand kam. Ein Soldat in Schaftstiefeln stieg aus, half dann einem Zweiten, der, als er den festen Boden unter den Sohlen fühlte, seinen fülligen Körper auf dünnen Fliegenbeinen auf eine halb zerschossene Baracke zubewegte.

Die Zelte der Pioniere standen noch da, aber kein Mann war zu sehen. Überall lagen Gewehre, Decken, prall gefüllte Seesäcke und Tropenhelme, zurückgelassen von einer sich auflösenden Streitmacht. ›Jeder von denen will mit leichtem Gepäck die eigene Haut retten‹, dachte Steve Harrison.

Er selbst hatte zu allem den Anschluss verloren. Zwecklos für heute, den flüchtenden Haufen hinterherzurennen. Finster blickten die Schiffswracks herüber, von denen noch Teile der Aufbauten aus dem Wasser ragten. Manche hatten sich auf die Seite gelegt, als schliefen sie nur. Die *York* hing wie ein angeleinter Bulle an ihrer Ankerkette, aber alle Kraft in ihr war erloschen.

Durstig öffnete er seine Feldflasche und trank in hastigen Zügen. Warm war das Wasser und schmeckte nach Öl. Jetzt ein kühles Bier! Die Wiederbelebung von innen her! Dafür schlösse er selbst mit den Deutschen einen Waffenstillstand; denn er wusste, Bier war auch ihr Lieblingsgetränk. Und vielleicht könnte Bier sogar dauerhaft Frieden stiften, wenn es ihnen mit jedem Glas mehr die Angriffslust nähme und sie, Briten und Deutsche, sich gegenseitig, betrunken und versöhnt, um den Hals fielen. Nonsense! Morgen begänne sein eigener Rückzug, und er würde sich in irgendeine der abziehenden Einheiten einreihen. Jetzt war er nur müde. Er fand seinen alten Lagerplatz, und die Decke lag sorgfältig aufgerollt da, als wäre er gerade erst aufgebrochen.

19.

Merkwürdig leicht ging ihm in Gedanken die Feder, auch wenn es ihm für gewöhnlich schwer fiel, Briefe zu schreiben. ›Dear Emily‹ hätte dort stehen sollen und ein erster Satz über die heiße, kretische Sonne, die das Land versengte und die Kehle austrocknete. Aber obwohl er die für jeden einzelnen Buchstaben vorgeschriebene Führung der Hand befolgte, blieb das Blatt leer.

Kein Datum, keine blauen Wortmäander auf dem weißen Papier, mit Kommas und Punkten dazwischen, die den Sätzen Verschnaufpausen gönnten. Kein gemächliches Wandern durch unverfängliche Einleitungen zu Eindeutigkeiten wie ›love‹ und ›kisses‹. Stattdessen strahlende Helle, die durch die geschlossenen Lider drang, und in die jetzt ein dunkler Schatten trat. Und aus diesem Schatten schrie es: »Attention!« Und dann: »Stand straight!« Mechanisch zuckte sein Körper unter der Wucht dieser Befehle, doch wollte ihm die geforderte militärische Straffheit nicht gelingen. Wie von Fesseln gehalten verharrte Steve Harrison am Boden liegend und schlug erschrocken die Augen auf.

Vor ihm im grellen Sonnenlicht stand ein Mann, auf dem Gesicht ein breites, gehässiges Lächeln. Mit dem Gewehrlauf hielt er die Zeltplane angehoben. »Aufstehen! Hände hoch!« Dieses harte ›r‹ im Wort ›straight‹ war ihm gleich aufgefallen. Jetzt hatte er die Gewissheit: Er war in der Gewalt der Deutschen.

Langsam, ohne eine Andeutung von Hast, rollte er sich aus seiner Decke. Der andere sollte nicht an plötzliche Gegenwehr glauben, wäre das doch mit Sicherheit das endgültige Aus für ihn und seinen Traum von Emily. Mit dem Gewehr im Anschlag trat ein zweiter Deutscher hinzu. Die beiden redeten miteinander. Er verstand etwas von »… zu den anderen Tommys bringen«. Es musste also nicht weit von hier weitere Kriegsgefangene geben.

Eigentlich mochte er diese Sprache, die Getragenheit ihrer Gedichte, am meisten jedoch die verborgenen Sprachschluchten bei Heine und Goethe. Nur, wenn dieses Deutsch im Stechschritt daherkam, zerriss es das Ohr wie scharfzackiger Stacheldraht.

Versprengte Soldaten, oft einzige Überlebende, hatte man kurzerhand bestehenden Einheiten zugeteilt. Leutnant Singer und Jäger Wiesbauer, das waren ihre Namen und Dienstgrade, waren jetzt mit anderen auf dem Weg, die Hauptstadt der Insel einzunehmen. Oben von den Höhen hatten sie der Zerstörung aus der Luft zugesehen. Beide waren sie selbst Ziel einer versuchten Vernichtung gewesen, der Leutnant nach der Bruchlandung mit dem Gleiter und der Jäger bei der Überfahrt mit dem Fischkutter. ›Ob auch Häuser einen Todesschrei ausstoßen, wenn sie getroffen sind?‹, fragte sich Johannes Wiesbauer, als unten in der Stadt am Meer die Bomben fielen. Seine Gedanken dem Leutnant zu verraten, wagte er nicht.

Aus einem brennenden Öllager wuchs eine schwarze Rauchsäule in den Himmel, ein finsterer Geist, der aus dem Feuer aufquoll, das ihm, gemeinsam mit dem Wind, die sich stets wandelnde Gestalt gab. Unregelmäßig wiederkehrende Explosionen, denen kein Abschusslärm aus Kanonen vorausging, ließen erkennen, dass ein Munitionslager der Briten getroffen war und sich dort der ihren Gegnern bestimmte Tod selbst auslöschte.

Nun, wo sie die Straßen nach zurückgebliebenen Briten und Partisanen durchkämmten, war unter den festgezurrten Helmen bei Leutnant Singer und Jäger Wiesbauer Anspannung und Misstrauen erkennbar, wenn auch bei anderen angesichts des bevorstehenden Endes der Kämpfe Siegesstimmung aufkam. Vor Beginn der Kreta-Operation, die sich ›Merkur‹ nannte, hatte man den Soldaten versichert, sie würden von den Bewohnern Kretas freundlich und als Befreier empfangen. Daher hatte niemand von ihnen erwartet, dass die Gegenwehr, nicht nur der Briten, bei den vorangehenden Kämpfen so heftig und für sie so voller Verluste sein würde.

Scharf beobachteten sie jeden Hauseingang und jede Fassade, stiegen auf Schuttberge, um einen möglichen Hinterhalt zu entdecken. Mit den Stiefeln stießen sie verschlossene Türen auf, schoben drohend den Gewehrlauf vor sich ins Haus, vergaßen die eigene Angst, wenn sie die bleichen und zitternden Menschen – Alte, Frauen und Kinder – sahen, die vor ihnen die Hände erhoben. In den Augen stand Furcht, aber auch oft genug Hass, und hinter mancher Stirn kreisten wirr die Gedanken an eine mögliche Zukunft, an Widerstand sogar oder bei anderen an das heimliche oder offene Arrangement mit der neuen Macht, aus Eigennutz oder einfachem Überlebenswillen oder auch, um hinter dem vorgehaltenen Ölzweig den zukünftigen Aufstand zu formieren.

›Wie schön muss die Stadt bis vor Tagen gewesen sein‹, dachte Antonius B. Singer, der Leutnant, als er die Mole mit dem Leuchtturm direkt an der engen Hafeneinfahrt sah. Und dann die seitlich ins Wasser vorgeschobene

Festung, in diesem Krieg kein wirksames Bollwerk mehr. Sicher war erst vor Stunden an den Flaggenstöcken der *Union Jack* eingeholt worden. Da vorne der kleine orientalische Kuppelbau, vielleicht eine ehemalige Moschee. In der Straße, die am Kai entlang führte, überall Krater. Im Hafenbecken das Gewirr kreuz- und querstehender Bootsmasten, die sich anklagend zum Himmel reckten, aus dem die mutwillige Zerstörung kam. Sie hatte die Masten aus der Balance geworfen, mit der sie im Takt der Wellen über das Wasser getanzt waren. Und nur das Meer und der Wind hatten das Recht, an ihrer aufrechten Haltung zu rütteln.

»Wir müssen da rüber«, unterbrach Antonius B. Singer die eigenen Gedanken und wies mit dem Gewehrlauf auf einige Gebäude, die kaum beschädigt waren. »Ein Wunder, dass hier noch was steht«, sagte Johannes Wiesbauer leise, damit nur der Leutnant es hören konnte. Er, der Mann aus den Bergen, hatte Vertrauen zu diesem Stadtmenschen, auch wenn er Offizier war. Arzt wollte er werden, sobald dies alles vorbei wäre, hatte er ihm anvertraut. ›In einer Welt, die halb voller Krüppel sein wird, kann die andere Hälfte nur Arzt sein‹, dachte Johannes Wiesbauer.

Sie kamen zu einer schweren Tür, Eiche vermutlich, die nach außen zu öffnen war. Der Leutnant stellte sich auf die Zehenspitzen, um neben der Tür durch ein in Augenhöhe eingesetztes Fenster ins Innere zu blicken. Ein unbestimmbarer Lichtschein schimmerte durch das Glas, aber zu erkennen war nichts. Er gab den anderen ein Zeichen, die Tür aufzureißen, und mit dem Gewehr im Anschlag sprang er hinein. Johannes Wiesbauer folgte als Nächster. »Willkommen in der *Kaíki-Bar,* dem gastfreundlichsten Etablissement von Chania!« Auf sauber gewischten Holztischen standen brennende Kerzen, Gläser und Weinflaschen daneben, in denen sich das unruhige Licht gelb und rot spiegelte. Und auf einem Podium, beleuchtet von einer Bootslampe, ein Geiger, der versunken mit dem Bogen über die Saiten strich. Ein langer, schmachtender Ton wehte zu den Männern herüber, der sie, einer unsichtbaren Fessel gleich, weiter in dieses merkwürdige Gewölbe hineinzog. Sie guckten erstaunt, wohl auch mit Argwohn, denn nirgendwo waren sie bisher so empfangen worden.

Der Mann, der das Willkommen gesprochen hatte, trat aus dem Halbdunkel auf die Soldaten zu. In der Hand trug er ein Tablett und darauf kleine Gläser. Die Männer starrten auf den kristallklaren Inhalt. Doch erst, als der Leutnant zugriff, nahmen auch die andern ein Glas. Der Mann mit dem Tablett rief laut: »Jammas!« und kippte, das Glas vor den Lippen, den Kopf nach hinten. Langsam beugte er sich wieder vor. »Damit Sie sehen, dass man das trinken kann.«

Das Erstaunen wich aus den Soldatengesichtern. Hier in der Stadt hatten sie eher Gewehrfeuer als scharfen Schnaps erwartet. Doch dann tranken sie schnell, wieder zuerst der Leutnant, dann die Übrigen. Jetzt traten andere Männer aus dem Hintergrund hinzu. »Keine Angst, meine Herren«, sagte der Mann, der ihnen den Schnaps gegeben hatte. »Das sind meine Brüder. Sie bringen das Brot. Das ist Sitte auf Kreta. Der Gast erhält Raki und Brot als Willkommen.«

Die Männer griffen zu. Genussvoll kauten sie das Brot. »Mein Name ist Stavros«, stellte sich der Mann mit dem Schnapstablett vor. »Uns gehört die *Kaíki-Bar*.« Beim Wort ›uns‹ zeigte er auf sich und die Brüder. »*Kaíkis* sind unsere griechischen Fischerboote. Hier an der Küste sind sie unser Leben.« Dann goss er die Gläser noch einmal voll. »Unsere *Kaíkis* draußen im Hafen sind leider zerstört. Aber hier das neue *Kaíki*, in dem Sie zu empfangen wir heute die Ehre haben, ist unsinkbar. Jammas!« Darauf trank er das zweite Glas, und die Soldaten folgten dem Beispiel.

»Männer, wir müssen weiter!«, rief der Leutnant.

»Aber bitte, meine Herren, beehren Sie uns bald wieder. Sie sollten dann von unserem wunderbaren Wein aus Maleme probieren.« Und dabei hielt er eine Flasche gegen das Kerzenlicht. »Dieser Wein von Maleme ist blutrot. Sie kennen doch Maleme?« Die Soldaten blickten verlegen.

»Danke«, sagte der Leutnant für alle. Die nickten wortlos. Im Hinausgehen wischten sich einige mit dem Handrücken den Mund.

»Eigenartig dieser Stavros«, sagte Johannes Wiesbauer vor der Tür. »Woher der so gut Deutsch kann …«

»Weiß auch nicht, was ich davon halten soll.«

»Ob der uns vergiften wollte?«

»Nein«, lachte der Leutnant. »Und wenn, dann nur mit den Augen.« Und er winkte den Männern, ihm zu folgen.

Derweil kamen sie ein Stück weiter zu einer abweisenden Hausfassade. Dunkel wirkte sie und verschlossen. »Da drin ist jemand!«, rief einer. Und wirklich gab es hinter einem der Vorhänge Bewegung. Mit dem Gewehrkolben schlugen sie an die Tür. »Aufmachen!« Ein Schlüssel drehte sich. Die Klinke wurde gedrückt, und langsam schwang die Tür auf.

Eine Frau mit dicker Schminke auf der faltigen Haut stand im Türrahmen, das Haar tiefschwarz gefärbt. »Today closed«, sagte sie holpernd. »Heute geschlossen«, verbesserte sie sich. »Morgen!« Dann schlug sie die Tür wieder zu. Zurück blieb der Duft eines schweren Parfüms. »Lange nicht mehr gerochen«, sagte einer und lachte. Sie würden dieses Haus wieder finden. Bestimmt. Denn für die Ruchlosigkeit hat der Mann in aller Welt eine Nase.

»Zigarette?«, fragte einer der Deutschen und hielt ihm eine offene Packung hin. »Tabak aus Ägypten«, warb er weiter. Sollte doch dieser Brite erfahren, dass sie nicht nur das zurückgelassene Kriegsmaterial des Königreichs, sondern auch seine Vorräte erbeutet hatten. Sie hielten kurz an. Der Soldat gab ihm Feuer. ›Dunhill‹, las Steve Harrison auf dem Feuerzeug. »Danke«, sagte er, und sie marschierten weiter über die staubige Straße.

»Woher kommst du?«, fragte der Soldat, der ihm die Zigarette gegeben hatte. Steve zeigte wortlos mit dem Daumen zum Meer.

»Ah, Navy. Verstehe.«

Der Zweite sagte nichts. Doch erkannte Steve Anspannung und Ablehnung in dessen Haltung. Er begriff: Auch ein gefangener Feind blieb ein Feind. Sie kamen zu einer Stelle, an der einige hohe Bäume wuchsen. In deren Schatten stand ein britisches Armeezelt. Die Deutschen hatten hier einen Kontrollposten eingerichtet. Nicht weit davon in der prallen Sonne saßen Gefangene im Gelände. Einige Deutsche mit Gewehren bewachten sie. Einer, der vor dem Zelt Wache hielt, zeigte auf die anderen Gefangenen. Seine Begleiter eskortierten Steve Harrison dorthin. »Für euch ist der Krieg aus«, sagte der, der eben mit ihm geredet hatte. Und seine Worte klangen ein bisschen wie Neid.

An den Mienen erkannte Steve, dass die Gefangenen schon lange in der Hitze ausharren mussten. Fremdartige Gesichter sah er darunter. ›Maori‹, dachte er. Neuseeländer also. Schweigend setzte er sich auf den Boden. Dabei nickte er grüßend seinem neuen Nachbarn zu. Auch hier war Rauchen der einzige Zeitvertreib.

»Hast du noch Zigaretten?«, fragte der Nachbar. Aus der Brusttasche holte er seine angebrochene Packung und reichte sie ihm.

»Die Letzten«, sagte er nur.

Der andere steckte eine der Zigaretten in den Mund, eine Zweite hinters Ohr. Den Rest gab er Steve zurück. »Feuer!«, forderte der andere. Steve warf ihm sein Feuerzeug zu.

»Wasser!«, rief einer der Gefangenen. »Wasser!« Möglich, es war das einzige Wort Deutsch, das er sprach. Lange schon hatten die Männer nichts mehr getrunken. Ein Wachtposten, der das gehört hatte, nahm seine Feldflasche, trank daraus, dass jeder es sehen konnte, und verschloss sie.

Steve Harrison hörte ein bekanntes Geräusch. Ein Lastwagen näherte sich jaulend. Als der in einer Staubwolke hielt, erschrak er. Ihm war, als müssten in diesem Moment Männer mit flachen, britischen Stahlhelmen von der Ladefläche springen, um sie zu befreien. Der Kühlergrill der eines britischen Armeewagens, die Tarnfarbe unverändert, nur die Zeichen des Truppenteils übermalt und neben dem Fahrer oben im offenen Dachluk des Führerhauses ein Mann mit deutschem Helm und deutschem Gewehr! ›Räuberbande!‹, dachte Steve und schluckte. »Los, aufstehen!«, brüllte eine Stimme. Steve blickte sich um. Zu fliehen war aussichtslos.

Dicht gedrängt standen sie auf der Pritsche. ›Wie sich doch alles gleicht‹, ging es Steve durch den Kopf. Längst hatte sich der deutsche Fahrer an das Rechtssteuer gewöhnt. Auch die Gänge kamen exakt. ›Wir Menschen sind alle Chamäleons‹, sinnierte er. Sie kamen genau an der Stelle vorbei, an der er mit diesem Josef und den andern vom Wagen gesprungen war, als sich in Chania nichts mehr vorwärtsbewegte.

Sie schaukelten durch Schlaglöcher und fuhren in Schlangenlinien durch Trümmerwüsten. Gefangene waren dabei, mühsam einen Fahrweg durch das Chaos zu schaufeln. Müde und erstaunt blickten sie auf, als ein britischer Armeewagen mit gefangenen Landsleuten an ihnen vorbeiruckelte. Manche winkten kurz zu ihnen herüber. Doch die Aufseher schrien: »Weitermachen!« Durch den Staub konnte Steve die schwitzenden Rücken sehen.

Am Alten Hafen hielten sie an. »Aussteigen!«, befahl ein Deutscher. Mit federnden Beinen sprangen sie vom Wagen. In manchen Augen zeigte sich Furcht. Wer wusste schon, was die vorhatten? Doch auch hier blieb alles ungewiss. Aber er erkannte diesen Ort sofort wieder. Ihm war, als säße da drüben noch immer Josef aus Palästina auf seinem Stuhl und ließe sich von dem Griechen die Haare schneiden. Oder daneben das Gebäude mit der verschlossenen Tür! Ihm klang noch das »Welcome« dieses Mannes im Ohr, der sich Stavros nannte. Er schmeckte den herben kretischen Wein auf den Lippen und hörte dem Geiger zu, der so wunderbar spielte. *Kaíki!* Hieß diese Bar nicht *Kaíki?* War das alles erst gestern gewesen, oder lag das schon eine Ewigkeit zurück? Er würde sich diese geraubte Ewigkeit zurückholen. Gleich ...

Barsch wurden sie aufgefordert, hier zu lagern. Einige der Mitgefangenen gingen eilig zum nahen Hafenbecken, und ihr Urinstrahl schoss in hohem

Bogen ins Wasser. Manche legten sich auf das holprige Pflaster, suchten eine bequeme Stellung, soweit das auf dem nackten Stein möglich war und schliefen sofort. Andere sahen zum Leuchtturm hinüber. Wie gerne stünden sie jetzt da oben und hielten nach britischen Schiffen Ausschau, die sie aufnähmen und nach Hause brächten oder doch wenigstens nach Ägypten.

Stavros und seine Brüder hasteten aufgeregt durch die Räume, hantierten mit Flaschen und Gläsern, im Hintergrund wohl auch mit anderen Dingen, die verborgen blieben, schoben Tische und Stühle scharrend über den Boden. Das Kerzenlicht hob Inventar und Bewegung nur matt aus dem Dunkel, und der Luftzug, den die geschäftigen Männer aufwirbelten, schreckte die winzigen Flammen. Aufgeregt hüpften sie um ihre Dochte und drohten, in den heftigen Luftkreiseln zu ersticken. Blakend kämpften sie ums eigene Überleben und zeichneten einen wilden Lichtertanz auf die Wand.

Das Spiel des Geigers wurde mit einem Mal schneller und schrill. Und dann stockte im *Kaíki* alle Hast und alles Gepolter. Auch der Geigenton wurde dünner, ein Faden, der riss, bevor er sich zu einem Klanggewebe vollenden konnte. Stavros und seine Brüder standen im Durchgang zu den hinteren Lagergewölben und starrten ins Dunkel. Auch die Kerzen flammen verloren ihr irrlichterndes Zucken. Eine schmale Gasse tat sich zwischen den Männern auf, und ein Soldat in britischer Marineuniform trat ein, blickte sich um, als hätte er jeden Winkel und Gegenstand schon einmal gesehen, lächelte zuerst zu Stavros, dann zu Lambis, dem Geiger, hinüber. »Ich hoffe, Sie erinnern sich. Mein Name ist Steve Harrison, *Royal Navy*«, stellte der Fremde sich vor. »Ich bin gekommen, um meinen Wein zu Ende zu trinken.«

20.

Zugegeben, ein guter Schachspieler war ich noch nie. Selbst für Helen ist es nicht schwer, mich zu schlagen. ›Dir fehlt das strategische Denken‹, behauptet sie, wenn mich ihr trockenes ›Matt!‹ aus den Träumen reißt. Dabei weiß Helen längst, dass ich es zutiefst verabscheue, mich blind fremden Spielregeln zu unterwerfen und damit die Einengung eigener Freiheit hinzunehmen.

Aus dem gleichen Grund habe ich vor Jahren den Militärdienst verweigert. Die Alten in der Familie, Mutter ausgenommen, haben das nie verstanden. Jeder Mann müsse doch einmal im Leben wie Eisen durchs Feuer, um dadurch zu Stahl zu werden. › ... oder zur Leiche‹, war darauf meine Antwort. Danach guckten alle beleidigt, hatten das doch manche als Vorwurf verstanden, dass sie noch lebten. ›Und vergesst nicht die Zerstörung im eigenen Land, die die Überschätzung der eigenen Kraft und der daraus erwachsene Größenwahn bewirkt haben‹, brachte ich sie dann vollends zum Schweigen.

Selbst bei meinen Grabungen erschüttert mich immer wieder, wenn ich auf Spuren vergangener Kämpfe stoße. Oft sind es die Reste von Schadensfeuern oder durch Schwert- oder Axthiebe gespaltene Schädel, die längst vergangene Tragödien wieder sichtbar machen. Mehr als einmal konnte ich es dann stöhnen hören. Erschrocken habe ich mich jedes Mal umgeblickt, wobei ich mir heute sicher bin, dass der Schmerzenslaut aus der eigenen Brust kam. Vergeblich versuchte ich dann zu ergründen, ob die tödlichen Kopfwunden Folge einer persönlichen Fehde oder einer übergeordneten Feindschaft zwischen Stämmen und ihren Heerführern waren, denen sich die gefallenen Krieger freiwillig oder unter Zwang opferten.

Genauso traten die Erzählungen von Steve und Jannis zuerst auf mein Unverständnis. Doch jetzt muss ich zugeben, dass mich ihr Zeugnis als Überlebende vergangener Katastrophen trotz anfänglicher Gegenwehr tief in ihr Schicksal hineinzieht. Und so frage ich mich, warum das nicht auch bei den Geschichten der eigenen Alten geschah, mag sein, weil ich mich insgeheim vor einer Komplizenschaft fürchtete.

Doch dann wieder versuche ich manches gleich wieder zu verdrängen, bin ich doch aus ganz eigennützigen Motiven her gereist. Niemand sollte mir daher mein inneres Sträuben gegen Steves und Jannis' Erwartung verargen, mir mit dem wachsamen Auge des Archäologen ihr Bestreben zu Eigen zu machen, den Spaten wieder und immer wieder in die gerade vernarbende Erde zu stoßen, um ihre darunter verborgenen Geheimnisse aller Welt offen zu legen. Möglich sogar, sie erwarten von mir, dass ich anschließend ihre aufgewühlten Seelen auf der Couch therapiere.

Viel mehr sollte mich jetzt die Frage beschäftigen, wie ich meinen fortwährenden Gedanken an Katharina Taten folgen lasse. Die Vorstellung, dass sich mit ihr alles in einer ungewissen Schwebe befindet und die Erfolge meiner Annäherung mit der Geschwindigkeit einer Schnecke fortschreiten, macht mir deutlich, dass ich mich aus eigener Schwerfälligkeit lösen muss, bevor mir die Vergangenheit anderer die restlichen Tage auf Kreta stiehlt.

Der Platz an der Hotel-Rezeption ist leer. ›Wo nur Katharina ist?‹, denke ich und fasse nach der Glocke, die auf dem Tresen steht. Doch unterdrücke ich meine Ungeduld und die Anmaßung des eilig Reisenden, der immer sogleich meint, ein dienstbarer Geist müsse verfügbar sein, wann immer ihm danach ist, und ich läute nicht.

Welche Frage auch hätte ich Katharina jetzt stellen sollen? Die nach dem Wetter beantwortet sich selbst, wenn ich durchs Fenster blicke. Und, ob sie demnächst einmal Zeit für mich habe, erscheint mir zu plump. Da ist wieder die Abwehr zu großer Nähe, die ich von meiner Jugend her kenne. Schon damals habe ich mich oft gefragt, woher diese Scheu bei mir herrührt. Mag sein, es ist die verborgene Furcht vor Zurückweisung.

»Hello, Martin!« Steve sitzt dort unbemerkt in einem der Klubsessel und beobachtet mich. »Catherine ist nicht da«, bestätigt er, was ich längst weiß. »Sie hat Besuch ... from Europe ... äh ... vom Kontinent, glaube ich.«

»So«, sage ich nur, als interessiere mich das nicht.

»Laufen wir ein paar Schritte?«, fragt Steve. »Jetzt täte ein Tee gut, draußen im Hafen.«

Wir sitzen unter einem Sonnendach und genießen den Schatten. »A nice place«, sagt Steve und nippt an seinem Tee. Er zündet die Pfeife an. Ich habe ein Eis bestellt. Mit dem Löffel schabe ich an den bunten Kugeln entlang, bis sich rote, braune oder vanillefarbene Eisschnecken zusammenrollen und kalt ihr Aroma in der Mundhöhle verbreiten.

»You like it?«, fragt Steve und sieht lächelnd zu, wie ich den Eisberg vor mir Schicht um Schicht abtrage.

»Wenn ich nicht sofort zum Eisblock würde, könnte ich in solch einem See baden«, erwidere ich. Steve blickt ungläubig herüber. Wahrscheinlich habe ich in seinen Augen den Mund etwas voll genommen, oder mein Scherz kommt auf den britischen Inseln nicht an.

Zwischen kleinen Schlucken Tee und hastigen Zügen aus der Pfeife ist Steves Mund in gewohnter Bewegung: Er erzählt. Ich bemerke, wie oft er heute vom Deutschen ins Englische zurückfällt, was dem Gang seiner Geschichte eine eigene Färbung und Unmittelbarkeit gibt. »Well«, sagt er, und ich höre von seiner Verwandlung in den Griechen Nikos, seinem Dienst als heimlicher Kellermeister des *Kaíki,* während vorn in der Bar Kreter, Italiener und Deutsche saßen und ihren Raki und Wein tranken. Von Toni, dem deutschen Leutnant war die Rede und von Hans, dessen Fahrer, wie sie im dichten Zigarettenqualm schwer atmend und wehmütig der Musik von Lambis, dem Geiger, und Jenny, der Pianistin, lauschten, und wie die beiden Pläne für die Zeit nach dem Krieg schmiedeten.

Ja, und nicht zu vergessen sei das von Stavros inszenierte Einweihungsfest des *Kaíki,* bei dem es darum ging, Jennys Familie, die Minervos, zu überzeugen, dass ihre Tochter in Zukunft, gegen Entlohnung in Brot und andere Naturalien, in dieser verräucherten Spelunke als Lambis' Begleitung Klavier spielen sollte. Und wie dann der deutsche Leutnant Julia, Jennys jüngere Schwester, zum Tanz aufforderte und beide in einem endlosen *English Waltz* über den Steinboden schwebten und dann, uneingeladen, Helena, die Chefin des Hurenhauses nebenan, eintrat und den Leutnant dreist zum Tanz nötigte. Er, Steve, sehe noch wie heute aus dem Hintergrund Julias entsetztes Gesicht.

Steve hat längst erkannt, dass ich mit wachsender Neugier seiner Erzählung folge. »Wenn du, Martin, darüber mehr wissen willst, musst du Jannis fragen. Der hat die beiden Deutschen besser gekannt.« Im Übrigen habe er unmittelbar nach einer Razzia der deutschen Feldgendarmerie Chania und das *Kaíki* verlassen. »Ja, diesem Stavros habe ich viel zu verdanken. Überhaupt den Kretern! Die haben mich heimlich nach *Neoklesia,* einem Dorf in den Bergen, gebracht. Mit einer Gruppe *Andarten* habe ich da oben lange in einer Berghöhle gelebt und mit einem tragbaren Funkgerät, solch einem, wie wir es im Marine-Museum gesehen haben, geheime Nachrichten nach Kairo gefunkt.«

Steve ist gegangen. Er sei müde und wolle sich im Hotel etwas ausruhen. Ich kann ihn verstehen. In seinem Alter … Möglich auch, ihn hat das stetige Rückerinnern an längst vergangene Zeiten erschöpft und auch die Erkenntnis, dass die Erfahrung der Alten sich nicht auf Jüngere überträgt. Denn gerade erst wurde ein neuer Balkankrieg gewaltsam, nicht durch Einsicht, beendet. Und niemand kann voraussagen, wann der mühsam gelöschte Brand erneut ausbricht.

Es tut gut, für eine Weile allein zu sein. Auch wenn mich von Hausfassaden, Kirchen und Minaretten die Geschichte anstarrt, freue ich mich über das Leben ringsum. Leute in Ferienkluft stehen Eis leckend vor den Auslagen der Juweliergeschäfte und bestaunen glänzenden Goldschmuck. Andere befühlen derbe Lederwaren, die noch streng nach Stall und Gerbsäure riechen. Wenn ich die Augen schließe, bedrängen mich keine Armeewagen und Uniformen. Und das Flugzeug am Himmel nähert sich nicht in feindlicher Absicht. Vielleicht kommt gleich Lambis mit seinem Geigenkasten eilig aus einer der Gassen und klopft vergeblich an die verschlossene Tür des *Kaíki*. »Ihr Kaffee, bitte«, sagt der Ober. »Danke.« Über die Tasse hinweg beobachte ich das bunte Touristengewoge mit seiner zur Schau gestellten Lässigkeit. Nur ein Pope hastet mit wallendem Gewand durch dieses Bild.

Mir fällt ein, dass ich noch die kleine katholische Kirche besuchen wollte, deren Eingang, wie mir Katharina beschrieben hatte, in einem Innenhof nah beim Archäologischen Museum liegt. Aber jetzt lasse ich mir nach dem Eis den heißen Kaffee schmecken und bin erstaunt, dass nicht, wie damals in Steves und Jannis' Erzählung, Kriegsmangel herrscht. Außer mir waren hier viele um mich her damals noch gar nicht geboren, als die Geschichten, von der mir die beiden fast jeden Tag neu berichten, grausame Wirklichkeit waren. ›Die Zeit heilt Wunden‹, heißt es bei uns. Aber manche verdeckt sie nur. Hier lassen die vielen Narben an alten Fassaden vermuten, dass sie noch nie die heilende Hand des Restaurators gesehen haben.

Vielleicht sollte ich aus lauter Neugier das alte Zollhaus von Chania suchen, in dessen Mauern staatliche Gottlosigkeit vor Zeiten Steinquader des *Díktynna-Heiligtums* von der Halbinsel *Kap Spatha* verbauen ließ. Denkbar, dass sich die Göttin irgendwann für den Frevel rächt, der ihrem Tempel angetan wurde, indem sie den Glockenturm des Klosters *Gonia*, der ebenfalls auf entwendeten Steinen aus ihrer Weihestätte ruht, zu Fall bringt. Oder Ausgräber wie ich, späte Jünger der *Díktynna* darunter, schlügen all diese Steine, die den alten Göttern bestimmt waren, aus dem Gemäuer der Stadt.

Aber dann, seiner antiken Grundmauern beraubt, fiele das ganze venezianische Chania, mit ihm die Minarette und das türkische Bad und, mag sein, auch das schöne Hotel *Pharos* und würde Katharina und mich unter seinen Trümmern begraben. Ja, ohne die alten Fundamente bräche der Stolz der heutigen Zeit in sich zusammen.

Im Museum schlendere ich durch die Gänge, vorbei an den Vitrinen und dem minoischen Tonsarkophag, in dem auch heute die beiden Skelette in unverrückter Haltung hocken.

Um vom lebenden Original ein immer währendes Abbild zu schaffen, hat der Mensch die Kunst der Nachbildung begründet und seine Sicht auf Götter und Idole in Stein gehauen. Und jetzt stehe ich vor der armlosen Statue der *Díktynna,* die erst 1913 in den Trümmern des nach ihr benannten Heiligtums wieder gefunden wurde.

Hell, wie gerade erst aus dem Block gemeißelt, leuchtet der Marmor. Ein junges Gesicht mit halboffenem Mund blickt verwundert. Seit der Zeit, als ihr der Künstler die Gesichtszüge und den lockeren Faltenwurf ihres Gewands aus dem formlosen Stein schlug, hat sich an Ausdruck und Haltung nichts verändert. Nur dass ihr beim Sturz vom Sockel, als hier die Erde bebte, die Nase brach und ihr gleichzeitig die Arme abhanden kamen. Aber auch nach diesem Fall hat sie nichts von ihrem göttlichen Selbstverständnis und ihrer Jugendlichkeit eingebüßt.

Schließlich der Kopf des Kaisers Hadrian, der an gleicher Stelle entdeckt wurde! Lockiges Römerhaar auf Schädel und Kinn, ein entschlossener Mund, der kein Lächeln, nur kaum merklichen Spott für die späten Betrachter zeigt, und das ohne weitere Regung seit der Zeit des Entstehens.

An dieser Stelle wird mir erneut deutlich, mit welcher Unbeschwertheit sich die römischen Kolonisten unter den griechischen Götterhimmel stellten und die hellenischen Schöpfer dieser abgehobenen Welt aus ihren eigenen Tempeln verdrängten, bis später das Christentum allem ein Ende setzte und das, was ihm als heidnisch galt, mit seinen mächtigen Kathedralen überbaute.

Doch manchmal kommen auch christliche Kirchen bescheiden daher. So wie hier das kleine katholische Gotteshaus, eher eine Kapelle, die sich als römische Enklave inmitten einer allgegenwärtigen Orthodoxie behauptet. Verborgen vor den Augen der Passanten, ist sie, Schulter an Schulter mit den Wohnhäusern der Chanioten, Teil eines alten venezianischen Innenhofs.

Die Wände in Pink, die Säulen und Bögen in Marmorweiß frisch gestrichen, strahlt die kleine Kirche Helligkeit aus, nimmt willig das Licht auf, das durch die klaren Glasfenster einfällt. Das Ewige Licht links und rechts des Altars führt jüdisch-christliche Tradition fort.

Hier in der Diaspora spricht der katholische Priester den einzigen Kirchenbesucher freundlich an. Aus Südtirol stammt er, spricht Deutsch wie ich und lädt mich zur Messe am Sonntag ein. »In der Woche bin ich hier tagsüber Maurer, Maler und Tischler«, sagt er und zeigt auf Decke und Wände der Kirche. »Sie würden mich nicht wieder erkennen. Unsere Gemeinde in Chania ist sehr arm.« Nein, am Niederrhein sei er noch nie gewesen. »Der Kölner Dom ist ja sehr berühmt«, weiß er und fragt, ob am Niederrhein noch alle

Welt fromm katholisch sei. »Nein«, antworte ich, »aber es gibt enge ökumenische Verbindungen zwischen den Kirchen.«

»Ökumene, ja«, sagt er, aber aus seinem Mund klingt das sehr fremd.

In der Markthalle treffe ich Jannis. Er scheint nicht überrascht. Am Ärmel zieht er mich zu einem Obststand. »Du musst unsere kretischen Orangen probieren!« Mit dem Mann hinter den Obstkisten beginnt er ein langes Hin und Her. Als der Obsthändler mit dem Kopf nickt und sich dann abwendet, hat Jannis ihm die größte Orange abgeschwatzt. Später, als wir draußen auf einer Bank sitzen, sagt er mit ernster Miene, dass er dem Mann versprochen habe, ihn nächstes Mal beim Tavli gewinnen zu lassen. »Aber dafür muss er den Raki bezahlen«, lacht Jannis.

»Nimm dich vor uns Kretern in Acht«, warnt er. »So verschlossen wie diese Orange sind die Menschen hier. Aber jeder will wissen, was beim andern unter der Schale steckt.« Mit dem Taschenmesser ritzt er die narbige Hülle und löst sie geschickt von der Frucht. Dann trennt er die einzelnen Stücke voneinander, ohne die feine Haut zu verletzen. Wie kleine Schiffe liegen sie danach auf den Schalen. Mit einer Handbewegung fordert er mich auf zuzugreifen.

»Die kretischen sind die besten«, behauptet Jannis im Weitergehen und wirft die Schalen in einen Abfalleimer. Vor einem Schaukasten unter dem immergrünen Dach eines Baums bleibe ich stehen. Totenbriefe, deren Text Jannis mir übersetzt, sind dort mit Heftzwecken befestigt und teilen den vorüber Gehenden mit, dass der Mensch, der dort noch freundlich von seinem Foto herablächelt, verstorben sei. Unter den neuesten Totenbriefen Fetzen von alten, herabgerissenen. ›Wie die sich übereinandertürmenden Schichten vergangener Zeitepochen‹, denkt der Archäologe in mir.

»Gibt es bei euch noch Orangen?«, fragt Jannis.

»Ja. Mengen. In jedem Laden.«

»Ich meine, ob sie wie früher dort wachsen.«

»Ja …«, zögere ich.

»Die Leute fuhren zum Bodensee, um die Orangenblüte zu sehen.«

»Auf Mainau, ja.«

»Die Insel gehörte einem schwedischen Grafen.«

»Bernadotte! Woher kennst du das alles?«, wundere ich mich. Aber jetzt schweigt Jannis. Das Orangenstück, in dem sein Geheimnis um sein Wissen von der süddeutschen Insel verschlossen war, hat er wohl gerade verschluckt.

Jannis will ins Kafenion. »Tavli üben«, scherzt er und lächelt. »Hat Katharina schon mit dir geredet?«, fragt er.

»Nein. Worüber?« Auch darauf antwortet Jannis nicht.
»Kommst du mit?«, fragt er.
›Ich brauche jetzt eine Pause‹, liegt gallig auf meiner Zunge. Doch ich sage: »Ja.«

Wie so oft war das *Kaíki* bis auf den letzten Platz voll. Auf den Tischen der Kreter hüpften die Würfel, und die Steine in den Händen der Spieler jagten über die Bretter.
»Wäre auch was für uns«, meinte Toni, der Leutnant.
»Meinst du?« Hans blickte zweifelnd. »Du hörst doch lieber auf die Musik als auf Würfelgeklapper.«
»Tanzen würde ich mal wieder gern wie vor Wochen …«
»… als diese Helena dir um den Hals fiel.«
Der Leutnant lachte. »Nicht diese Helena.«
»Du meinst Jennys Schwester?«
»Ja. Aber für die sind wir doch Feinde.«
»Wenn sich alle in ihre Feinde verliebten, wär der Krieg aus.«
Eine Weile saßen sie wortlos. »Du solltest ihr einmal schreiben.«
»Wem?«
»Dieser Julia, Jennys Schwester.«
»Und was? Dass es mir Leid tut?«
»Was?«
»Dass wir überhaupt hier sind. Ich meine, in Uniform und Waffen.«
»Kannst du es ändern?« Darauf schwieg Toni.
»Ich glaube, du hast Recht. Wir sollten doch dieses Tavli lernen.«
»Das können die besser.« Dabei zeigte Hans auf die Kreter.
»Eben drum.«
»Und woher kriegen wir ein Spiel?«
»Frag Lambis.«
»Der kann hier nicht weg.«
»Frag ihn!«
»Wär auch was für uns«, meinte Hans, als Lambis, der Geiger zu ihnen an den Tisch trat.
»Zeit haben wir genug«, stimmte Toni zu. »Fragt sich, wie lange noch.«
»Ich weiß, wo es Spiele zu kaufen gibt«, sagte Lambis. »Nicht weit von hier.«
»Du führst uns?«
»Klar.«

»Und Stavros?«

»Der hält sein Maul, sobald er euch sieht.«

Lambis hockte hoch oben auf dem Soziussitz des Motorrads und zeigte Hans, der fuhr, mit lauten Rufen und Handzeichen den Weg durch die Gassen. Toni saß im Beiwagen. Laut hallte der Motorlärm von den Hauswänden wider. Fenster öffneten sich dort, wo noch Menschen wohnten, und vorsichtig beugten sich Köpfe heraus. »Halt! Hier ist es!«, rief Lambis. Noch einmal knallte eine Nachzündung des Motors. Es klang wie ein Schuss. Dann war es still in der Gasse.

Mühsam entzifferte Toni das Schild über der Ladentür: *Panhellenischer Markt*. Immerhin lagen Jahrtausende zwischen dieser Schrift und der, die er auf dem Gymnasium gelernt hatte.

»Sieh mal, was da steht!« Sein Blick folgte Hans' ausgestrecktem Zeigefinger. Wirklich, da klebte ein gelbes Plakat im Schaufenster: *Jüdisches Geschäft – Für Deutsche verboten!* »Für Deutsche verboten!«, las jetzt auch Hans laut, und seine Stimme klang warnend.

»Es ist doch ein Spiel. Wir wollen doch nur …«

»Du gehst wirklich da rein?«

»Du kannst draußen warten und aufpassen.«

»Hier steht hinter jedem Fenster einer und guckt zu, wie ein Deutscher in Uniform, dazu noch ein Offizier …«

»Hast du Angst? Komm, Lambis, ich brauch dich als Dolmetscher«, forderte Toni den stumm Dastehenden auf mitzukommen.

»Ist hier jemand?«, rief Toni und erschrak, wie laut die eigene Stimme klang. Hinter einer verglasten Tür bewegte sich etwas, und in dem sich langsam öffnenden Spalt erschien der dunkle Kopf einer jungen Frau. »Kaliméra«, sagte eine ängstliche Stimme. Und, als die junge Frau zuerst Lambis und dann hinter ihm die deutsche Uniform erkannte:

»Herr Kanteris, da draußen steht es groß angeschlagen. Deutsche dürfen hier nicht …«

»Kaliméra, Dhespinís Minervo«, versuchte Toni eine Begrüßung auf Griechisch. Das war doch dieses Fräulein Minervo, Julia, die Schwester der Barpianistin, mit der er Walzer getanzt hatte! Jetzt zeigte ihr Gesicht ein zaghaftes Lächeln. Wirklich, dieser Leutnant aus dem *Kaíki*! Hieß er nicht Singer oder so ähnlich? Noch nie war für sie ein Walzer so schwerelos gewesen. Seitdem hatte sie manchmal an diesen Tanz gedacht und versucht, sich das Gesicht ihres Tänzers vorzustellen. Doch in ihren Uniformen sahen sie alle gleich aus.

Jetzt wusste er also, dass sie, die Minervos, Juden waren. Sie sagte etwas auf Griechisch, sehr erregt, fast beschwörend. »Sie möchte, dass wir gehen«, übersetzte Lambis. »Sie hätten sowieso nichts mehr in den Regalen.«

»Bitte, sag ihr, dass sie wundervoll tanzt«, überging Toni die Aufforderung.

»Germans are not allowed to buy in Jewish shops«, wandte sie sich jetzt direkt an den Leutnant, und ihre Stimme klang schrill.

In seinem Schulenglisch mochte Toni nicht mit ihr reden. »Meine erste Mundharmonika stammte aus einem jüdischen Geschäft. Es gehört ... gehörte meinem Onkel.« Lambis dolmetschte.

»Ihrem Onkel?«, fragte sie ungläubig.

»Ja, und jetzt wollen wir in einem jüdischen Geschäft ein Tavlispiel kaufen. Lambis sagte, hier gäbe es die besten.«

»Aber, Sie ...«

»Das ganze Jahr hindurch gab es in unserer Familie Feste. Die katholischen bei uns und die jüdischen beim Onkel. Verstehen Sie? Die schönsten waren für mich Weihnachten und Purim.«

»Purim?«

»Ja, die Verkleidungen. Wie im Fasching. Wie im Karneval«, verbesserte er, als Lambis beim Wort ›Fasching‹ fragend herüber sah.

»Purim«, sagte Julia, »Sie müssten einmal Purim mit uns in Chania feiern.«

›Wie ernst er jetzt blickt‹, dachte Julia.

»Ich komme bestimmt«, sagte er.

»Haben Sie noch Ihre Mundharmonika?«, fragte sie.

»Ja. Manchmal spiele ich noch auf ihr.«

»Sie müssen sie unbedingt mitbringen.«

Abends auf meinem Zimmer denke ich über das nach, was ich den Tag über gehört und gesehen habe. Auch wenn sich Männer wie Steve und Jannis immer wieder neu an der Gegenwart reiben, leben sie mit dem Herzen tief in ihrer Vergangenheit. So wie ein Schwimmer, dessen Kopf angestrengt aus dem Wasser ragt, während der übrige Körper unsichtbar unter der Oberfläche treibt.

Durch ihr Erzählen versuchen sie, jemanden wie mich, der ohnehin Mühe hat, sich im Heute zu orientieren, der jetzigen Zeit zu entfremden und auf einen Platz direkt vor ihre Bühne zu zerren. Es ist der zwanghafte Streben des Alters, das eigene Drama für ein unwissend nachgewachsenes Publikum erneut in Szene zu setzen in der Hoffnung, dass es in den Kanon des ewig fortlaufenden Welttheaters Eingang findet, aus dem dann jede kommende Zeit ihre Einsichten zieht.

21.

Herr Samuel Minervo, Jennys und Julias Vater, hatte nachmittags, manchmal bis zur Sperrstunde, oft im *Kaíki* gesessen, um dem Klavierspiel der Tochter zuzuhören. Der Geige konnte er nicht allzu viel abgewinnen. Sie klang ihm zu weinerlich. Aber das seiner Tochter und dem Herrn Kanteris einzugestehen, brachte er nicht übers Herz. Herr Minervo war ein höflicher Mann.

Seit der deutsche Leutnant und sein Freund Johannes, den alle Hans nannten, seinen *Panhellenischen Markt* betreten hatten, war Herr Minervo nicht mehr im *Kaíki* erschienen. Zu Hause gab es heftige Diskussionen, ob Jenny dort auch in Zukunft Klavier spielen sollte, waren sie, die Minervos, doch jetzt von den Deutschen als Juden erkannt. Frau Minervo hielt es demnach für zu gefährlich, dass Jenny sich weiter so offen, dazu noch in diesem Milieu, bewegte.

Doch schon einmal hatte Jenny sich gegen den Willen der Eltern durchgesetzt, als es darum ging, dass sie, eine Jüdin, sich auch am Sabbat im *Kaíki* ans Klavier setzte. Gerade am Tag der drangvollsten Enge in der Bar dürfe sie sich nicht durch regelmäßige Abwesenheit verdächtig machen, hatte sie ihr Beharren begründet. Und der Leutnant, den sie genau wie Lambis ›Toni‹ nannte, wie auch Hans, ihrer aller Freund, hätten sich nach dem Kauf des Tavlispiels im Laden des Vaters nichts anmerken lassen. »Die reden darüber nicht«, bekräftigte Jenny. »Die kommen wegen unserer Musik. Und übrigens, Julia hat erzählt, Tonis Mutter sei ebenfalls Jüdin.«

So recht hatten die Eltern diese Geschichte nicht glauben wollen, wohl eher, dass die beiden Fremden Jennys und Lambis' Musik mochten. Und wirklich, nur ein einziges Mal hatte Hans vorgeschlagen, sie sollten für die Soldaten auch deutsche Schlager spielen, *Vor der Kaserne, vor dem großen Tor ...* zum Beispiel. Und danach nahm das Klatschen und Johlen kein Ende.

Vieles hatte sich seit dem Beginn der Besetzung geändert. Es waren nicht nur sich mehrende Detonationen, in deren Kratern eilig Betonbunker gebaut wurden, die Zeiträume, länger als bisher die venezianischen Festungen, überdauern sollten, sondern auch die sich häufenden Salven aus Gewehren und Maschinenpistolen, die der Aufrechterhaltung einer sich auflösenden, feindlichen Ordnung dienten. Und manch empfindsames Gemüt fühlte, dass ihm sogar die Luft beim Atmen vibrierte.

So wie im Winter der Schnee auf den Bergen und in Talmulden lagert, um sich bei der Schmelze im Frühjahr in die Tiefe zu stürzen, hatten sich die *Andarten,* unter ihnen Kapetan Bandouvas[16] mit seinen Männern, in großer Zahl in den hoch gelegenen Berghöhlen niedergelassen und warteten auf das Zeichen des Britischen Löwen aus Kairo.

Nikos, wie Steve Harrison seit seiner Zeit im *Kaíki* von den Kretern genannt wurde, hatte auf Drängen der ungeduldigen Männer immer wieder vergeblich seine Funksprüche ins Hauptquartier abgesetzt, wann endlich die angekündigte Invasion Kretas begänne. Immerhin stünden einige Tausend kampfbereiter Kreter mit Waffen und genauer Kenntnis der Insel und nicht zuletzt mit dem Willen zur Befreiung bereit, sich den erwarteten Invasionstruppen anzuschließen. Die Antwort war, es fehlten Befehle aus London, und es folgten Vertröstungen auf baldige Kommando-Unternehmungen. »Nichts Konkretes. Wir sollen abwarten«, musste Nikos den drängend Nachfragenden antworten.

Als dann im Sommer bekannt wurde, die Invasion britisch-amerikanischer Luft- und Seeverbände habe an der Küste Siziliens stattgefunden, schlug bei vielen Kretern die Sympathie für die Briten in Wut und Hass um. Sie fühlten sich hintergangen, hatte man doch von britischer Seite, vielleicht um den Gegner irrezuführen, immer wieder die Hoffnung der Kreter genährt, dass dort mit Hilfe der tapferen *Andarten* die Rückeroberung Europas ihren Anfang nähme.

Ohnehin ging ein Riss durch das gemeinsame Streben nach Freiheit. Schon vor langem hatte Nikos herausgefunden, dass die Gruppe, bei der er sich befand, die alte Ordnung, das Königreich Griechenland, wieder herstellen wollte. Andere Kräfte aber schielten nach der wachsenden Überlegenheit der Sowjets im Osten und strebten danach, ihr Land nicht nur von den fremden Okkupanten, sondern auch vom ›inneren Feind‹, den alten Strukturen, zu befreien, die letztlich vor Kriegsbeginn zu einer faschistischen Diktatur geführt hatten.

Nikos funkte nach Kairo, dass die Gefahr eines Zweifrontenkrieges, ja sogar eines Bürgerkrieges bestünde. Die zurückgefunkte Anweisung lautete, auf jeden Fall die königstreuen *Andarten* zu unterstützen. Denn unbedingt sollte verhindert werden, dem Bolschewismus in Griechenland die Wege zu ebnen.

Jetzt saß Nikos, in eine Decke gehüllt, vor seiner Höhle und blickte durch die Rauchwolken, die ihm aus Mund und Pfeife quollen, auf das Dorf *Neoklesia* hinab. Von dort wurden sie, das heißt fünfzehn Kreter und er, über einen schmalen Pfad mit Lebensmitteln versorgt.

Erst kürzlich hatten sie sich in dieser Berghöhle eingerichtet. Von Zeit zu Zeit wechselten sie, um den Deutschen das Anpeilen seines Senders zu erschweren, den Standort. Dann hieß es, mit Funkgerät und Generator, den sie zum Aufladen der Batterien benötigten, sowie der gesamten Ausrüstung, tagelang durch die wilde Bergwelt zu klettern, im Winter durch Schneefelder zu stapfen und sich, immer zur gleichen Zeit, mit einem kurzen Funkspruch bei der Zentrale zu melden.

Als die Invasion Siziliens den andern bekannt wurde, hatte sich der Groll der Kreter anfangs über ihn, den einzigen Briten im Lager, entladen. Erst als er drohte, das Funkgerät in die nächste Schlucht zu werfen und sie zu verlassen, hatten sie sich beruhigt. »Nein, Nikos, du bist ein anständiger Kerl«, hatten sie ihm versichert. Und für die Idioten in London und Kairo konnte er wirklich nichts.

Der Krieg teilte die Welt nicht nur in feindliche Lager, sondern er trennte auch Freunde. So wurde Toni als Luftaufklärer abkommandiert. Da ahnte auch Hans, dass sie der aus dem Bewusstsein verdrängte Krieg längst wieder eingeholt hatte. Gegen Mitternacht war er mit einem Mal hellwach. Von See her näherte sich das auf- und abschwellende Brummen von Flugzeugmotoren. Sein Gehör sagte ihm gleich, dass es eine einzelne, langsam fliegende Maschine war, die sich der Küste näherte. Kein Nachtangriff also, sondern wahrscheinlich wieder einer dieser Transporter, der militärische Ausrüstung für die Partisanen und Funkgeräte für die im Bergland versteckten Briten abwarf. Vielleicht sprangen auch ausgebildete Sabotagetrupps ganz in der Nähe ab, um ihre Unterkunft, das Flugfeld oder auch entfernte Vorposten anzugreifen.

Jetzt würden da oben in den Bergen wieder die Signalfeuer brennen, um die Stelle für Abwurf oder Absprung zu markieren. Die eigene Luftabwehr blieb ruhig. Zu ungenau und entfernt hätte das Feuer gelegen und zudem die eigenen Stellungen verraten. Hans bemerkte, dass auch die anderen unruhig schliefen. Es war wohl die Ungewissheit, das Gefühl, aus dem Dunkel heraus belauert zu werden, ohne dass sie selbst jemanden zu Gesicht bekamen.

Zu viele waren gleich zu Anfang oder später durch Partisanen gefallen und faulten in ihren Gräbern. Er dachte an die Männer, die, jung wie er selbst, mit dem winzigen, tranigen Schiff, mit dem sie diese riesige Insel einnehmen sollten, in See stachen und von denen, weiß der Himmel wie, nur er, halb ertrunken, das Land erreichte. Etwas war anders an diesem Tag. Armeelastwagen, beladen mit Waffen und Proviant, andere mit kühl dreinblickenden Soldaten, rollten in schneller Fahrt aus der Stadt.

Seit langem saß Toni zum ersten Mal wieder in einem Flugzeug. Vor ihm der Pilot prüfte bei laufendem Motor die Lenkfunktionen: Mit dem Steuerknüppel das Höhenruder, mit den Pedalen die Seitensteuerung. Die Landeklappen waren schon für den Start angewinkelt. Auf 15°, stellte Toni fest. Denn die Platzverhältnisse auf dem Flugfeld waren normal. Die Füllstandsanzeige unter den Tragflächen signalisierte: Beide Treibstofftanks waren randvoll.
Auch wenn die Maschine gleich nicht von ihm, sondern vom Piloten vor ihm gesteuert würde, kannte er jeden Handgriff. In der Flugschule hatte er alles immer wieder geübt und den ›Storch‹ oft genug selbst geflogen. Er kannte das wunderbare Gefühl, weit über allem zu schweben. »Wir sind startklar, Herr Leutnant!«, schrie der Pilot gegen den Motorlärm an. »Dann kann es losgehen!«, rief Toni nach vorn.
Ungefährlich war dieser Flugauftrag nicht. In niedriger Höhe sollten sie aus ihrer langsam dahinziehenden Maschine Dörfer und Höhenzüge beobachten, durch Taleinschnitte möglichst unterhalb der Gipfelhöhe der angrenzenden Berge fliegen, um die Widerstandsnester der Partisanen auszumachen. An deren Vorhandensein gab es keinerlei Zweifel. Denn ganz in der Nähe war ein deutscher Vorposten überfallen worden. Auf beiden Seiten hatte es Tote und Verwundete gegeben. Doch die meisten Angreifer konnten in die Berge entkommen.
Toni klappte den Kartentisch aus der Rückenlehne des Pilotensitzes. Unter ihnen lag jetzt das Meer. Der Pilot zog eine Schleife, und Toni sah aus der Seitenlage das Wasser als graue, abweisende Fläche. Die Maschine kippte in die Waagerechte zurück, und sie flogen direkt auf die Berge zu.
Bei diesem Wetter würde die Geländebeobachtung aus der Luft schwierig. Keine Sonne, die jede Bewegung am Boden mit einem dunklen Schatten doppelt sichtbar machte. Er schob die Seitenfenster auf und verglich Karte und Landschaft. Mit dem Fernglas suchte er den schmalen Weg, über den die Soldaten marschieren sollten. Wie ein dünner Fadenwurm ringelte er sich an den Schultern von Bergen und Hügeln entlang, durchschnitt dann ein Dorf. Toni gab dem Piloten ein Zeichen, tiefer zu gehen. Er hielt die *Leica* zum Fotografieren griffbereit. Kleine Punkte liefen hastig auseinander und verschwan-

den unter Bäumen und Hausdächern. Sicher waren das nur Frauen und Kinder, die vor ihrem heranziehenden Flugzeug Schutz suchten. Auf seinen Fotos würde später jeder erkennen können, dass von ihnen keine Gefahr ausging.

Die lauerte weit oberhalb in den Bergen. Höhlen gab es dort, deren Eingänge sich hinter dichtem Buschwerk verbargen. Toni fiel die Sage vom Kinder fressenden *Kronos*[17] ein, der jeden seiner neu geborenen Söhne verschlang, um nicht dereinst von ihm entmachtet zu werden, wie er es mit seinem Vater getan hatte. Deshalb brachte *Rheia*, seine Frau, auf Anraten ihrer Getreuen, *Zeus*, ihren Jüngsten, in einer solchen geheimen kretischen Höhle zur Welt. Und *Rheias* Diener, die *Kureten*, schlugen, sobald das Kind schrie, mit ihren Schwertern laut gegen die Schilde, um so den grausamen Vater zu täuschen.

›Dem grausamen Vater sind in neuer Zeit viele Köpfe gewachsen‹, dachte Toni. Und er war der Späher, der nach Kretas schreienden Kindern Ausschau hielt. Doch blieben dieses Mal die Waffen der *Kureten* stumm. Aber gewiss folgten viele Augenpaare von den Berghängen ihrem behäbigen Flug durch das Tal und wohl auch mancher Gewehrlauf, um im günstigen Augenblick dem neugierig kreisenden Vogel den Fangschuss zu geben.

Der Wind wehte von den Schneefeldern der *Weißen Berge* herüber. Die Luft war kalt. Hans gehörte zum ersten Trupp, der mit schussbereiten Gewehren den Weg bergan stieg. Sichernd blickten sie seitlich die Hügel hinauf, suchten hinter Felsen und in verlassenen Schäferhütten nach versteckten Partisanen. Aber niemand ließ sich sehen.

Sie kamen durch ein zerstörtes Dorf. Auf viele Türen waren große, schwarze Kreuze, einzelne, manchmal auch mehrere, mit grobem Pinsel, gemalt. »Banditen«, sagte der Mann neben ihm. »Jedes Kreuz steht für einen erledigten Banditen.« Danach spuckte er auf den Boden. »Wer macht so was?«

»Was?«, fragte der andere zurück.

»Die Kreuze.«

»Das machen die Weiber. Später, wenn sie die Kerle unter der Erde haben.«

»Bist wohl zum ersten Mal dabei, was?«, fragte der andere.

»Ja«, sagte Hans.

»Wie heißt du?«

»Wiesbauer, Johannes.«

»Jäger. Zu einer ordnungsgemäßen Meldung gehört der Dienstgrad, Junge.«

»Ist der jetzt wichtig?«

»Wirst schon sehen. Gleich kannst du zeigen, was du gelernt hast, Jäger Wiesbauer.« Hans schwieg.
»Wird keine Kaninchenjagd heute«, lachte der andere.
»Hast du auch einen Namen?«, fragte Hans, und seine Stimme klang ärgerlich.
»Hat doch jeder, oder?«
»Und welchen?«
»Hobler, Josef. Wo gehobelt wird, da fallen Späne. Du weißt schon. Hah, hah!«
»Dein Dienstgrad?«
»Siehst du doch.« Er zeigte auf sein Rangabzeichen. »Ein Treppchen höher als du. Oberjäger.«
Eine Weile marschierten die Männer schweigend. Nur ihre Stiefelschritte knirschten, und ihr Atem ging keuchend. Weit hinter ihnen, hoch in der Luft, näherte sich wütendes Summen.
»Flugzeuge!«, rief Hobler. Sie warfen sich seitwärts in die Büsche. Jetzt war das Dröhnen direkt über ihnen.
»Unsere!«, rief Hobler. »Jabos[18]. Die werden's denen geben!«
Sie kamen aus ihrer Deckung und horchten nach dem Pfeifen der fallenden Bomben. Erde und Luft vibrierten unter den Detonationen. Wie Heuschrecken sprangen die Flugzeuge über die Berge davon. Ihr fernes Rumoren hallte noch einmal herüber. Dann war Stille.

Die ganze Nacht hatten sie draußen im Freien ausgeharrt. Weit vor dem Ortseingang, von wo aus sie bei Tag leicht den bergwärts führenden Weg beobachten konnten, hockten die drei Jungen hinter mannshohen Felsen und horchten in die Dunkelheit. Um wach zu bleiben und auch zu verhindern, dass die andern das Klappern ihrer Zähne hörten, kauten sie Nüsse, die sie in ihren Hosentaschen bei sich trugen. Ihre Wolldecken schützten kaum vor der Kälte.
Der Pope hatte versichert, Kindern täten sie nichts. Und die alten Männer müssten zum Schutz bei den Frauen und Kleinkindern in den Häusern bleiben. Sobald sie Marschschritte den Weg hinaufkommen hörten, sollten sie ins Dorf rennen und alle Bewohner warnen. Gut, dass in der Dunkelheit niemand sah, wie sie zitterten, wenn die Nachtvögel über ihnen auf ihrem unsichtbaren Flug krächzten oder ein geschlagenes Beutetier schrie. Nicht weit von ihnen floss gurgelnd ein Bach. Manchmal klang es in ihren Ohren wie

höhnisches Geisterlachen. »Nachts sind alle Geräusche viel lauter«, flüsterte der Älteste, um sich und seine Freunde zu beruhigen.

Aber auch er zuckte zusammen, als ein Stein den Berghang hinabpolterte. Atemlos warteten sie, ob nicht dem Steinschlag das ›Hui‹ aufgescheuchter Gespenster oder der Schritt von Soldatenstiefeln folgte. Doch als es danach ruhig blieb, wuchs auch ihr Mut zur vorherigen Größe, wollte doch jeder von ihnen werden wie ihre Väter.

Das erste Morgenlicht dämmerte in ihre Schläfrigkeit. Der Älteste sprang auf. Bald würde es Tag. Er lief zum Bach und trank. Mit beiden Händen schöpfte er Wasser, und mit einiger Überwindung wischte er sich den Rest durchs Gesicht. »Steht auf!«, rief er den andern zu. Aus einem Lederetui zog er ein deutsches Fernglas. »Hier musst du drehen. Dann siehst du alles in gewaltiger Größe vor dir«, hatte ihm der Pope erklärt. »Wenn du es richtig machst, wird aus einem kaum sichtbaren Winzling ein Riese.«

Verstanden hatte er das anfangs nicht, und eigentlich fürchtete er Zauberei. Jetzt rannte er zu einem Baum. Geschickt kletterte er hinauf, achtete darauf, dass sich der Halteriemen des Fernglases nicht in den Ästen verfing. Er fand eine Stelle, wo er, ungestört durch Zweige, ins Tal blicken konnte. Wenn doch die Sonne herauskäme! Dann könnte er alles viel deutlicher unterscheiden.

Da unten bewegte sich etwas, vielgliedrig wie eine Raupe, zu ihnen den Berg herauf. Er erkannte einzelne Köpfe, dann Arme und Leiber. Sie trugen Tornister auf ihren Rücken, dazu hatte sie halblange Stäbe über ihre Schultern gelegt: Gewehre! Er sprang vom Baum. »Los, sie kommen!«, rief er den beiden andern zu, und sie rannten zurück in ihr Dorf. »Die Böcke sind im Garten!«, schrien sie, schon bevor sie die ersten Häuser erreichten. Die Dorfbewohner schreckten aus ihrem Schlaf. »Die Böcke sind im Garten!« Jetzt hatten sie es deutlich gehört, das vereinbarte Zeichen, dass deutsche Soldaten ganz in der Nähe waren.

Wild riss der Pope am Glockenseil, um mit dem schrill bimmelnden Signal die wenigen jungen Familienväter, die trotz des gestrigen Bombardements, das einen sicheren Angriff auf ihr Dorf ankündigte, letzte Nacht bei ihren Frauen geschlafen hatten. Halb angezogen stürzten die meisten, mit den alten Flinten ihrer Großväter bewaffnet, aus ihren Häusern und hasteten schlaftrunken auf kaum sichtbaren Pfaden in die Berge. Zwei Männer hatten die Warnung verschlafen und kamen zu spät aus ihren Betten. Als sie ins Freie traten, waren die ersten Deutschen im Dorf und schossen sofort. Beide Männer fielen im Lauf. Ihre Frauen stürzten sich schreiend über die Sterbenden.

»Du wirst sehen, wir kriegen sie alle«, zischte Hobler und senkte seinen Gewehrlauf. Dann gingen sie zur ersten verschlossenen Haustür.

»Rauskommen! Sofort rauskommen!«, rief Hobler.

»Das versteht doch keiner von denen«, wandte Hans ein.

»Jeder versteht das. Überall auf der Welt.« Sein heftiger Stiefeltritt sprengte das rostige Schloss. Mit dem Gewehr im Anschlag sprang er in den Flur. Hans folgte ihm.

In einer Zimmerecke kauerte verängstigt eine alte Frau, daneben Tochter und Enkel.

»Nehmt die Hände hoch!« Hobler machte mit dem Gewehrlauf eine Aufwärtsbewegung. »Siehst du, wie die das kapieren?«, triumphierte er, als die Hände, auch die der Kinder, nach oben fuhren. »Raus jetzt! Dalli-dalli!« In Todesangst hetzten die Frauen und Kinder nach draußen. »Pass auf sie auf!«, befahl Hobler und winkte andere Männer herbei, ihm in die nächsten Häuser zu folgen. Mit schussbereitem Gewehr stand Hans nun bei der gerade gefangen genommenen Familie.

›Seit wann führst du Krieg gegen Frauen und Kinder?‹, dachte er. »Euch passiert nichts«, versuchte er die Verängstigten zu beruhigen. »Wir suchen nur die Männer. Partisanen. Versteht ihr?«

Mag sein, er hatte diese Frage zu scharf gestellt, oder sie verstanden, dass mit ›Partisanen‹ ihre Männer gemeint waren. Denn sofort begannen die Frauen zu jammern.

»Ich sag doch: Euch passiert nichts!«

Vorn riss Hobler die kreischenden Frauen von den Leichen ihrer gefallenen Männer. »Maul halten!«, brüllte er. »Sie waren hinterhältige Hunde! Los«, schrie er den anderen Soldaten zu, »mit den Weibern und Kindern ab in die Kirche!« Hans sah, wie einer den Popen aus seinem Haus zerrte und ihm bedeutete, das Kirchenportal aufzuschließen. Er griff in die Tasche seines Talars und zog den Kirchenschlüssel heraus.

»Kirche ... immer offen«, stammelte er. »Für Gott immer offen ...«

Hobler griff nach dem Schlüssel. »Los, rein da! Alle!«

Wer sich sträubte oder nicht schnell genug war, spürte bald den Schlag des Gewehrkolbens. »Los, vorwärts!« Die kleine Restgemeinde war bald zwangsweise in der Kirche versammelt, und Hobler drehte den Schlüssel. Der Dorfweg war jetzt menschenleer. Nur ein Ziegenbock lief arglos und meckernd auf die Soldaten zu. Hobler hob sein Gewehr und drückte ab. Hans und auch die andern Soldaten blickten erschrocken, bis einige lachten. »Josef, warum das?«

187

»Du hast doch gesehen: Wer meckert, kriegt es mit mir zu tun!«, kam es drohend von Hobler. ›Jetzt sind auch harmlose Tiere unsere Feinde‹, dachte Hans, aber er schwieg.

Durch die Fenster der Kirche flackerte Kerzenlicht, und die Soldaten hörten die Stimme des Popen. »Kyrie eleison«, verstand Hans. Das ›Kyrie‹ kannte er aus der Kirche zu Hause, und er summte den Anfang von ›Großer Gott, wir loben Dich …‹ Aber hier gab es nichts zu loben, nicht einmal Gott, der dies alles zuließ. Vielleicht half ja Beten, für die Menschen da drinnen, aber auch für sich selbst und dass dieser Krieg bald zu Ende ginge.

»Das war's für heute«, sagte Hobler zufrieden. »Wie die Hasen haben sich die Kerle vor uns aus dem Staub gemacht. Ihre Frauen und Kinder sind denen völlig egal.«

»Und was passiert jetzt mit denen da drin?«, fragte einer.

»Vorläufig nichts. Für heute ziehen wir ab. Aber wir kommen wieder. Für die Banditen da oben brauchen wir noch mehr Leute. Morgen. Jetzt habt ihr euch eine Rast verdient«, sagte er gönnerhaft.

Die Männer setzten sich auf die Treppenstufen der Kirche, kauten Brot und tranken Wasser aus ihren Feldflaschen. Andere rauchten. Hans lief ein Stück weit zu einer angeleint weidenden Ziege, stellte das sich sträubende Tier mit dem Euter über sein offenes Kochgeschirr und begann, es mit geschickten Fingern zu melken.

Er sah, wie der weiße Strahl abwechselnd aus den Zitzen schoss. Wie lange hatte er das nicht gemacht! Die andern standen jetzt staunend und lachend um ihn herum.

»Stripp, strapp, strull, ist der Emmer noch nit vull?«, zitierte von weitem Hobler und lachte.

»Wollt ihr mal probieren?«, fragte Hans, als er fertig war und die Ziege davonsprang. Doch die andern wehrten ab.

»Iiih, Ziegenmilch! Seit ich Säugling war, hab ich keine Milch mehr getrunken«, ekelte sich einer. Hans nahm das Kochgeschirr und trank die warme Milch in langen, genussvollen Zügen.

22.

In der Nacht war der Wind umgesprungen. Er fiel jetzt über die Berghänge zu Tal und hatte die Wolken aufs Meer gefegt. Er schüttelte das kleine Flugzeug, das sich langsam dem Gebirge näherte und drückte es metertief in plötzlich sich auftuende Luftlöcher, aus denen es sich in hektischen Steigbewegungen wieder aufschwang.

Trotz des hellen Sonnenlichts hatte der Leutnant Mühe, am Boden etwas klar zu erkennen. Sie sollten erkunden, welche Treffer das gestrige Bombardement erzielt hatte. Er selbst mochte nicht einsehen, welchen militärischen Sinn es machte, zivile Häuser zu bombardieren, wenn man den eigentlichen Feind, die Partisanen, nicht treffen konnte. Auch zu Hause steigerte sich, wie es hieß, die gezielte Zerstörung der Städte. Krieg war schon lange nicht mehr der alleinige Kampf zwischen Armeen.

Vorne der weiße Punkt musste die frisch getünchte Dorfkirche sein. Die aus grauen Felssteinen aufgeschichteten Mauern der Wohnhäuser und Hütten waren weit schwerer aus dieser Flughöhe auszumachen. Der Pilot flog eine gewagte Schleife, dass sie mit dem Fahrwerk in der Schräglage fast die Felswände berührten. Genau hier vermutete der Leutnant die Partisanenverstecke. Im Vorbeiflug ließen sich nur Schatten erkennen, die aber ebenso gut die gesuchten Höhleneingänge sein konnten.

Jetzt sah er die scharfkantigen Ränder der Bombenkrater im Gelände, und auch einige Häuser waren getroffen. Die Detonationen hatten die Dächer und Teile der Mauern weggesprengt. ›Trostlos von hier oben der Anblick der Ruinenstümpfe, in denen bis gestern noch ahnungslos Menschen lebten‹, dachte der Leutnant.

Vor der Kirche fand er einige Menschen versammelt. Ungewohnt war für ihn, dass sie beim Anblick des Flugzeugs nicht flohen. »Noch einmal im Tiefflug!«, befahl er dem Piloten gegen den Motorlärm. Nach der Kehre stachen sie steil nach unten. Knapp über den Baumwipfeln fing der Pilot den ›Storch‹ ab, und sie erkannten mit bloßem Auge winkende Männer in deutschen Uniformen auf den Stufen des Kirchenportals.

Die Menschen im Innern der Kirche horchten auf. So sehr konnte sich die Stimme des Popen bei seinem Gesang nicht verändern. Da lag ein anderes Brummen in der Luft. Eine Frau schrie: »Flugzeuge!« Und jeder fürchtete den erneuten Abwurf von Bomben. Jetzt war es genau über ihnen.

In Panik schreiend liefen die Menschen zum Ausgang und rüttelten an der Klinke. Gerade noch hatte Hans dem sie überfliegenden Flugzeug zugewunken. Er wusste, dass Toni an Bord war. Dann hörte er die entsetzten Rufe aus dem Innern der Kirche und sah die sich wild bewegende Türklinke.

Deutlich erkannte er den noch im Schloss steckenden Schlüssel. Ohne lange zu überlegen, sprang er die letzten Stufen hinauf, fühlte den grob geschmiedeten Schlüsselkopf zwischen Daumen und Zeigefinger und gab mit einer schnellen Drehung den Riegel frei. Das Portal schwang auf, schlug ihm vor die Stirn, dass er taumelnd stürzte.

Im Fallen vernahm er Schüsse und fast gleichzeitig Schreie. Die Menschen drängten ins Freie, trampelten über ihn hinweg. Benommen befühlte er seinen Kopf und die von den Füßen getroffenen Stellen.

Erst jetzt sah er zwei Körper ganz in der Nähe am Boden liegen. Augen aus einem Kindergesicht starrten verwundert zum Himmel. Die Kugel hatte das Mädchen im Lauf getroffen. Hans erkannte sofort: Das Kind war tot. Doch die Gestalt daneben regte sich. Sie presste die Hände gegen die Brust. Eine Frau kniete vor ihr und schrie. Im Hintergrund hörte er Hoblers Gebrüll. Mit den andern versuchte der, die Menschen in die Kirche zurückzutreiben. Aber geschossen wurde nicht mehr.

Hans überwand seine Benommenheit und hastete zu der hilflos daliegenden Person. Ein Mädchengesicht, fast das einer Frau, wandte sich ihm voller Fassungslosigkeit zu. Aus dem Mund schrie es ihm angstvoll und schrill entgegen. Vielleicht war es auch Zorn. Er schob die tatenlos weinende Frau neben ihr, wohl die Mutter, beiseite und redete beruhigend auf das Mädchen ein. Es schien an der Brust schwer verletzt, denn zwischen den dagegen gepressten Händen quoll ihr das Blut.

Behutsam nahm er dem Mädchen die schützenden Arme von ihrer Wunde und riss ihr die blutige Bluse auf. ›Die Knospe abgeknickt vom jugendlich treibenden Zweig‹, erinnerte er sich an den Vers eines Gedichts. Die Frau daneben stürzte sich auf ihn. Die Tugend ihrer Tochter würde sie mit dem eigenen Leben verteidigen!

»Sei still!«, schrie jetzt Hans und drängte die Frau zurück. Mit schnellem Griff packte er deren Kopftuch und drückte es dem Mädchen auf die Wunde. »Los, halt das fest!«, rief er der Mutter des Mädchens zu. »Halt fest!« Dabei machte er mit der Hand Zeichen, bis die Frau seine Aufforderung begriff.

Aus der Nähe hörte Hans das Kommando: »Abmarsch!« Doch statt nach seinem Gewehr zu greifen und anzutreten, lief er zum Bach hinunter. Ein Esel trank dort, unbeirrt von dem, was die Menschen hinter ihm anrichteten oder erlitten. Um den grauen Hals hing lose ein Strick. »Komm!«, lockte Hans, watete ein Stück weit durch das Wasser zu dem durstigen Tier, das müde den Kopf hob und ihn ansah. Furcht zeigte es nicht, eher Trauer über das Eselsleben, das es im Dienst stets fordernder Menschen führte.

Hans griff nach dem Strickende, ohne daran zu zerren. »Komm, Alter!«, forderte er den Esel auf. »Nun komm schon!« Aufmunternd klopfte er ihm den Hals. »Bist ein braves Tier. Komm!« Der Esel schüttelte seinen Kopf, was in seinem Verständnis offenbar ›ja‹ bedeutete; denn er folgte ihm willig.

Beide, Hans und der Esel, machten neben dem verwundet daliegenden Mädchen Halt. Die Mutter jammerte über das viele Blut, das ihm mit dem jungen Leben zwischen den Händen davon rann. Hans schob die Arme unter den Körper des Mädchens und hob ihn behutsam vom Boden. Es stöhnte vor Schmerz, und danach schien ihm das Bewusstsein zu schwinden. Hans setzte es auf das geduldig wartende Tier.

»Was machst du da?« Breitbeinig stand Hobler neben ihnen. »Ich habe gesagt: Abmarsch!«

»Wir nehmen sie mit.«

»Bist du wahnsinnig? Sie bleibt hier.«

»Sie verblutet. Und wir haben Ärzte und Sanitäter.«

»Sie bleibt, habe ich gesagt!« Mit diesen Worten gab er dem Mädchen einen heftigen Stoß. Hans versuchte, den haltlosen Körper aufzufangen. Aber er rutschte ihm durch die ausgebreiteten Arme.

»Sie kommt mit!«, schrie jetzt Hans. »Sie ist schwer verwundet. Einer von uns hat auf sie geschossen. Wir müssen ihr helfen!« Wieder versuchte er, das Mädchen hochzuheben. Doch jetzt erhielt er von Hobler einen Tritt, dass er stürzte. Am Boden liegend griff er nach seiner Pistole. Ehe er sie ziehen konnte, fiel neben seinem Ohr ein Schuss.

Hans fühlte, wie es ihm warm ins Gesicht spritzte. Er sah Hoblers Hand, die mit dessen Pistole noch auf das Mädchen zeigte, dann herüber schwenkte und auf seinen Kopf zielte. Mit kleinen, zusammengekniffenen Augen, um die Mundwinkel ein kaum versteckter Triumph, fixierte er Hans.

In Hoblers Miene lag die unverhohlene Aufforderung, ihn anzugreifen. Hans' Blick fiel auf das am Boden liegende Mädchen. Aus dem durchschossenen Hals pulste mit letzten Herzschlägen rot das erlöschende Leben. »Du Schwein! Du hast sie umgebracht!« Er sprang auf, hantierte umständlich an seiner Pistolentasche. Doch da packten ihn und auch Hobler kräftige Männerarme. »Schluss jetzt! Ganz Kreta lacht sich halbtot, wenn wir uns hier gegenseitig massakrieren!«

Hans wusste nicht zu unterscheiden, ob es Tränen der Trauer oder des Zorns waren, die ihm kamen. »Mörder! Wir sind eine verdammte Mörderbande!« Jemand schlug ihm die Faust in die Zähne. »Halt's Maul! Du musst dich entscheiden, auf welcher Seite du stehst!«

Als Hans und Hobler schwiegen und auch die Wut verraucht schien, ließen die Männer sie los. »Abmarsch!«, wiederholte Hobler seinen Befehl und straffte die Uniform. Für einen Moment hatten die andern ihm Grenzen gesetzt. Aber er würde es ihnen noch zeigen!

Hans betastete die anschwellenden Lippen. »Wisch dir das Blut ab«, sagte einer, der neben ihm stand und gab ihm ein sorgsam zusammengelegtes Taschentuch. »Danke.« Als er sich betupfte, klebte der Stoff an manchen Stellen auf seiner Haut. An anderen war das Blut längst getrocknet. ›Wie schnell doch jeder Lebenssaft seine Kraft verliert‹, dachte er, als er die Flecken betrachtete. ›Dabei weißt du nicht einmal, was von dir oder dem Mädchen ist.‹

Der Esel war zu einem frischen Grasbüschel getrabt und fraß. Die Mutter lag weinend über der verbluteten Tochter. ›Möglich‹, vermutete Hans, ›die Frau hatte soeben zwei ihrer Kinder verloren.‹ Denn ein Stück weiter lag noch das kleine Mädchen, über dessen starr blickende Augen schwarze Fliegen krochen.

›Wir sind die schwarzen Fliegen, die über Kretas Leichnam kriechen‹, dachte Hans. »Na, wird's bald?«, rief Hobler in seine Richtung. Die andern warteten schon abmarschbereit. Morgen würden sie mit Verstärkung wiederkehren und das begonnene Zerstörungswerk vollenden. Hans bückte sich nach seinem Gewehr. Vor den toten Mädchen verharrte er kurz. Mit der Rechten schlug er ein Kreuz, groß und ausladend, wie er es von den Kretern kannte. »Herr, wenigstens sie haben jetzt Deinen Frieden.«

Er fiel in einen mechanischen Trab. Als Hohler sah, dass er kam, setzte sich nach seinem Befehl: »Abmarsch!« der Trupp in Bewegung. Am Dorfende, dort wo das letzte Haus stand, verlangsamte Hans seinen Schritt. Die andern vor ihm schienen es eilig zu haben, war es doch denkbar, dass die Männer, die aus ihren Bergverstecken den Mord an den Dorfbewohnern beobachtet hatten, sie aus dem Hinterhalt angriffen.

Lange Zeit zu überlegen, nahm sich Hans nicht. Seine Welt waren die Berge, weidende Schafe und Ziegen und knorrige Bauern, die mit ihren Frauen der dünnen Erdschicht über dem Urgestein das Notwendige zum Überleben abtrotzten, nicht die Menschenjagd. Statt den andern weiter zu folgen, schlug er vor dem Haus einen Haken, sprang über einen Gartenzaun, spürte die Rutenschläge des sich teilenden Gebüschs, das sich sofort wie ein grüner Vorhang hinter ihm schloss. Eine Weile fand er im Weiterhasten Deckung hinter Sträuchern und Felsen. Lange konnte es nicht dauern, bis Hobler sein Verschwinden bemerkte. Und er meinte, dass nicht weit hinter ihm schon Nägel von Soldatenstiefeln metallisch auf Steine schlügen. Er hetzte weiter bergan, ohne auf Deckung zu achten; denn er wusste, die andern waren geübte Bergsteiger wie er.

Doch irgendwann schien seine Verfolger der Mut zu verlassen. Überall konnten in sicheren Verstecken die Partisanen lauern.

Hobler brüllte: »Wir werden dich fangen, Wiesbauer! Und dann bringe ich dich vors Kriegsgericht! Wegen Gefangenenbefreiung und Fahnenflucht!«

Hans packte einen losen Felsbrocken und schleuderte ihn in Hoblers Richtung. Er hörte, wie der Stein den Hang hinabpolterte. »Ich bin kein Mörder!«, schrie Hans hinter ihm her.

»Wir kriegen dich! Verlass dich drauf!«, kam es von Hobler zurück.

Kaum merklich wie am Abend die Kälte kroch morgens das erste Taglicht in die Höhle. Das war die Zeit, in der sie meist angriffen: Den Gegner in der Morgenträgheit überraschen, ihn in den Dämmermomenten des Aufwachens vernichten! Oberhalb im Berg kollerten Steine. Möglich, dass die Partisanen dort gerade ihre Posten bezogen, um die Angreifer mit gut gezieltem Einzelfeuer abzuwehren.

Hans lag in seinem Versteck zwischen den Fronten der sich Belauernden, und sicher würde Hobler die Gelegenheit nutzen, ihn aufzuspüren. Wenn er davonliefe oder sich wehrte, hätte der ausreichend Grund, ihn zu erschießen. Aber gewiss würde er sich den Triumph nicht entgehen lassen, ihn als Verräter zu fangen und vor dem Kriegsgericht gegen ihn auszusagen. Er würde dann vor die Gewehrläufe der ehemaligen Kameraden gestellt, um von ihnen exekutiert zu werden.

Aber welche Wahl blieb ihm in seiner Höhle? Bald würden ihn entweder die Partisanen oder die eigenen Leute entdecken. Oft genug warfen sie Handgranaten, bevor sie vermutete Stellungen stürmten. In seinem Versteck saß er unweigerlich in der Falle.

Hans nahm sein Gewehr und horchte nach draußen, als er erstes Feuer hörte. Seinen Helm hatte er abends zur Seite gelegt. Versehentlich stieß er beim

Hinaustreten mit dem Stiefel dagegen. Blechern polterte es den steilen Hang hinunter. Er fluchte. Sie wüssten sofort, wenn ihnen der Helm vor die Füße fiele, wo er, der fahnenflüchtige Jäger Johannes Wiesbauer, zu suchen wäre.

»Komm runter! Komm mit erhobenen Händen runter!«, rief da schon Hoblers Befehlsstimme von unten. »Wir kriegen dich! Ich hab's dir und den andern versprochen!« Wie um die Ausweglosigkeit seiner Lage zu unterstreichen, feuerte er eine Salve aus seinem Sturmgewehr in seine Richtung. Die Einschläge lagen ganz in der Nähe.

Einen Augenblick würde Hobler da unten Ruhe geben, um abzuwarten, ob er der Aufforderung folgte. Hans nutzte diesen Moment, um, hinter Gebüsch und Felsen Deckung suchend, weiter bergauf zu hasten. Jetzt sah er im Tal Bewegung.

»Komm raus!«, rief es wieder. Unter einem der Helme erkannte Hans Hoblers in die Höhe gerecktes Gesicht. »Zum letzten Mal! Komm endlich raus!«

Jetzt schoss es wieder bergauf in seine Richtung. Jemand musste ihn entdeckt haben.

»Ich will ihn lebend!«, brüllte Hobler den Schützen an. ›Der meint es ernst‹, dachte Hans. ›Du musst dich schneller bewegen als sie.‹ Er versuchte, aus der Schussbahn über den Bergrücken auf die andere Seite zu gelangen, wo ihn weder Blicke noch Gewehre der eigenen Leute erreichen konnten.

Doch jetzt fielen von weiter oben einzelne Schüsse. Er sah, wie dicht neben ihm unter den Einschlägen das Gestein splitterte und Querschläger um seinen Kopf jaulten. ›Die Partisanen haben dich im Visier. Du hast keine Chance‹, erkannte er. ›Egal, wessen Kugel dich trifft.‹

Er fühlte einen heftigen Schlag, der ihm für einen Moment die Luft und die Sinne nahm. Vielleicht war dies der Tod, der ihn für alle Zeit aus dem Stand warf? Die Knie knickten ihm ein, und mit dem Oberkörper rutschte er an der Felswand entlang, die wie mit scharfen Krallen an seiner Uniformjacke riss.

Warm rann es ihm über die Haut. Merkwürdig, wie wenig ihn das eigene Sterbenmüssen berührte: Er fasste zur Stelle, wo ihn der Schlag getroffen hatte und betrachtete seine Hand. Sie war rot und klebrig. Kein Schmerz, nur ein leichtes Ziehen. Auch über den Rücken lief wohlig die Wärme. ›Ein glatter Durchschuss‹, schloss er kühl. ›Kein Grund, sich aufzugeben!‹ Das klang ihm im Innern wie ein Befehl. ›Nicht aufgeben! Dich nicht wehrlos den Hoblers und auch nicht den Partisanen ausliefern oder wie ein angeschossenes Wild elend verrecken!‹

Mit der Linken nahm er sein Gewehr, kroch über den steinigen Boden, um dem Kreuzfeuer zu entgehen. In der Luft hörte er ein stärker werdendes Brummen, das sich rasch näherte. Unter der Plexiglaskanzel konnte er deutlich die beiden Köpfe sehen. Der Zweite, mit dem Glas vor den Augen, das musste Toni sein. Hans hob den Arm, um zu winken und schrie auf. Der reißende Schmerz verhinderte, dass er in hilflose Betäubung fiel.

Das Flugzeug war längst aus seinem Blickfeld verschwunden. »Toni, adé«, murmelte er. Gut, dass der ihn im Vorbeifliegen nicht ausgemacht hatte. Denn Freund konnte er jetzt nicht mehr sein. Oder hätte er, Hans, erwarten dürfen, dass er sein Davonlaufen verstünde?

Jetzt zogen seine ehemaligen Kameraden das heftiger werdende Feuer der Partisanen auf sich. Im Schutz des zerklüfteten Geländes hatten die Angreifer Raum gewonnen und würden bald die Stelle, an der er lag, überrennen. Nur weg von hier! Doch weit kam er nicht. Für die Kreter war er noch immer Teil der feindlichen Streitmacht, die sie bekämpfte. Und so belegten sie ihn mit ihren sirrenden Kugeln. Dann gab es nicht weit von ihm einige Explosionen und Schreie. Auch der Ruf: »Zurück!« war zu hören. Die Verteidiger aus den Bergen schienen die Oberhand zu gewinnen.

Deutlich unterschied Hans jetzt griechische Laute und siegesgewisses Männerlachen ganz in der Nähe. Über den Boden kriechend schob er sich vorwärts und blickte vorsichtig über den Felsrand. Da unten standen die Kreter mit langläufigen Flinten und erbeuteten Karabinern und sahen auf einige tote Uniformierte herab.

Einer lag mit aufgerissenem Mund auf dem Rücken. Männer traten ihn mit ihren Stiefeln in die Seite. Und jedes Mal schien der Körper zu zucken. Der größte der Partisanen, der Anführer offenbar, öffnete seine Hose, und ein kräftiger Urinstrahl traf den am Boden Liegenden in den offenen Mund. In dem Toten erkannte er Hobler. ›Ekelhaft‹, dachte Hans im ersten Erschrecken. Doch dann gestand er sich ein, dass er bei diesem Anblick eine große Genugtuung empfand.

23.

»Warum nur so plötzlich diese Heimlichtuerei?«, fragte Julia Minervo. »Bis jetzt haben wir noch jedes Jahr mit den Nachbarn *Purim* gefeiert.«

»Manchmal ist es besser, nicht laut die Posaune zu blasen. Denke an Jericho, Schwester.« Jenny verließ kurz den Raum und kam mit einem staubigen Buch zurück.

»Das soll ich lesen?«

Jenny schlug eine Stelle auf, in der ein vergilbtes Foto mit verkleideten Menschen steckte.

»Siehst du, so ist es bei uns Tradition«, beharrte Julia. »Sogar der Leutnant – und der ist ein Deutscher – feiert zu Hause *Purim*.«

»Niemand feiert jetzt in Deutschland«, sagte Jenny.

Und Julia las: *Die Türken nagten an den venezianischen Küstenstützpunkten auf dem Peloponnes. Methoni, Koroni, Manemvasia und Nauplia waren schon gefallen. Und der Veroneser Baumeister Michaele Sanmichele hatte noch nicht den Schlussstein in die Festungsanlage der Stadt Candia gesetzt, die er in Form eines vielfach gezackten Sterns hochzog, als zwischen Türken und Venezianern ein offener Krieg ausbrach. Venezianer und Griechen, Eroberer und Eroberte, Christen beide, wenn auch unterschiedlicher Konfession, schrieben das Jahr 1538. Für die Juden hatte die Zeitrechnung schon Jahrtausende vorher begonnen. Aber die zählte im Abendland nicht.*

Seit langem empfanden die Griechen von Candia Abscheu vor ihren jüdischen Nachbarn, obwohl sich diese, genau wie sie selbst, von der venezianischen Herrschaft ausgepresst fühlten. Vielleicht lag seit jeher ein geheimes Gesetz in dem Umstand verborgen, dass die Mehrheit von Unterdrückten die erlittene Demütigung an eine ebenfalls unterdrückte Minderheit weitergab, um sich so ein Gefühl eigener Überlegenheit zu bewahren.

David Salfatis ging zu dieser Zeit über den Markt von Candia. Gern hätte er mit den eigenen Händen die Waren betastet, um ihre Festigkeit und damit ihren Wert zu prüfen. Mochte sich sein Blick manchmal täuschen, sein Tastsinn trog nie.

Nicht nur, dass er vor Jahren bei der ersten Berührung von Rebeccas glatter und zarter Haut wusste, sie würde die Frau fürs Leben, genauso unterschied er zwischen guter und minderwertiger Ware. Er lächelte. Niemals würde Rebecca diesen Vergleich gutheißen. Aber sein Gefühl damals hatte sich durch die Jahre bewahrheitet, war sie doch immer noch von der gleichen weiblichen Frische.

Er hielt die Hände auf dem Rücken verschränkt, um nicht unbedacht nach den ausliegenden Stoffen und Früchten zu greifen, hätte doch ein kurzer Druck der Fingerkuppen genügt, ihre Brauchbarkeit abzuschätzen. Noch mit dem Lächeln von vorhin auf den Lippen bat er eine Frau, die mit einem halbvollen Korb neben ihm stand, für ihn eine Orange in die Hand zu nehmen und ihm kurz ihren Eindruck zu schildern. »Unverschämt!«, rief sie schnippisch und ging hastig weiter.

Vorsichtig schielte David Salfatis zum Inhaber des Marktstandes, ob er gerade herübersah. Der schien mit einer Kundin beschäftigt. So schnellte Davids Rechte nach vorn und packte die schönste Orange. Sie war rund und fest. »Dieb!« schrie der Markthändler. »Ich wollte nur …«, versuchte der Ertappte, den Schreier zu besänftigen.

»Verdammter Jud! Mit euern Händen bringt ihr die Pest über uns! Der ganze Korb voll Orangen ist jetzt verdorben. Ich rufe die Marktwache, wenn du ihn mir nicht sofort bezahlst und damit verschwindest!«

»Wie viel?« Der Händler nannte den Preis. »Gestern kosteten sie noch weniger als die Hälfte«, beklagte sich David Salfatis. Doch da pfiff der andere schon auf seinen Fingern nach der Wache. Der Jude David beugte sich dem wütenden Goliath, zog seine Börse und zahlte den geforderten Preis.

Durch den Krieg mit den Türken fürchteten alle in Candia, dass bald eine Hungersnot ausbräche. Noch größer war die Angst vor dem Sturm des Islam, der unter dem Banner des Sultans über ihre Insel hinwegfegen könnte.

Michaele Sanmichele forderte mehr Arbeiter für den Bau der Festungsanlage, und Giovanni Moro, der Stadtkommandant, unterschrieb den Befehl, dass alle jüdischen Männer sich am Sonntag vor den Toren der Stadt einzufinden hätten, um Gräben als Schutz vor einer türkischen Invasion auszuheben.

Durch die Gassen der christlichen Viertel flüsterte es derweil von Verrat: Die Juden, so hieß es, versteckten Türken in ihrem Viertel. Der Verdacht nährte sich aus der Tatsache, dass Niederlassungen jüdischer Kaufleute rund ums Mittelmeer auch mit der Türkei Handel trieben.

An besagtem Sonntag, an dem die jüdischen Männer zu Schanzarbeiten abkommandiert waren, versammelte sich vor dem Judenviertel von Candia eine Menge wütender Griechen, drang in die schutzlosen Häuser ein und suchte nach den Spionen. Dabei verschwand auch manch blitzendes Silber, aber da die Angreifer, abgesehen vom angstvollen Kreischen der Frauen und Kinder, auf keinen Widerstand stießen, floss kein Blut. Giovanni Moro, *der diese Gesetzlosigkeit des christlichen Pöbels nicht dulden mochte, schickte einen Trupp schwer bewaffneter Soldaten ins Judenviertel und ließ die Eindringlinge mit gezogenem Schwert aus den jüdischen Wohnquartieren treiben. Die venezianischen Soldaten konnten allerdings nicht verhindern, dass einige Frauen und alte Männer sowie mancher Fremde, den die Griechen für einen türkischen Spion hielten, als Geiseln verschleppt wurden.*

Die heimkehrenden jüdischen Männer, unter ihnen auch David Salfatis*, konnten die Verwüstung in ihren Häusern kaum fassen, noch weniger aber, dass ihre Familien, dank der Hilfe des Allmächtigen, nur knapp einem Massaker entgangen waren.*

Als dann im Sommer 1540 die Feindseligkeiten zwischen Venezianern und Türken eingestellt wurden, fand ab dem folgenden Frühjahr an dem Tag, an dem die Judenheit in der ganzen Welt der Rettungstat Esthers *gedachte, zur Erinnerung an die eigene Rettung in neuer Zeit ein örtliches* Purimfest *statt.*

Julia legte das Buch mit der Erzählung beiseite. Jetzt begriff sie, warum bei den Minervos die Vorhänge dicht geschlossen waren. Nichts sollte eine Bewegung hinter den Fenstern verraten, so als läge die *Ebreica* menschenleer da. Vielleicht lag darin die stille Hoffnung verborgen, auch der jetzige Kommandant der Insel ließe sich, wie damals der Venezianer *Giovanni Moro*, vom Willen des Allerhöchsten leiten, die Juden von Kreta vor dem Schlimmsten zu bewahren.

»Ob sich ein Deutscher beschneiden ließe, Jenny?«, fragte Julia.

»Du denkst an den Leutnant? Nie!«

»Ich möchte wissen, ob Männer unter einer Uniform alle gleich sind.« Jenny kicherte.

»Im Gleichschritt kannst du sie sicher nicht unterscheiden.«

»Aber unter jeder Uniform schlägt doch ein Herz.«

»Du bist romantisch, Schwester.«

»Eigentlich müsste ich auf dich eifersüchtig sein. Du siehst ihn viel öfter als ich.«

Nie hätte er gedacht, dass die eigene Schwere ihn so leicht zu Boden zog. Sein Kopf sagte: ›Aufstehen! Sonst liegst du … und liegst … in alle Ewigkeit. Gib dir einen Ruck, Wiesbauer Johannes!‹ Doch seine Glieder antworteten: ›Wir sind müde, sehr müde. Warum begreifst du das nicht?‹

Und im Traumdämmer sah er erschrocken, wie die eigene Seele leise davonflog und ihn, den schlafschweren Leib, reglos zurückließ. ›Ich will frei sein‹, sagte die Seele, als sie den Vorwurf in seinem Gesicht sah, ›frei und für alle Zeit unverwundbar.‹ Doch der Leib rief verzweifelt: ›Wir gehören doch zusammen, liebe Seele, eine Weile noch …‹

»Nein!« Er erwachte aus seinem Fiebertraum. »Nein!« Aufrecht saß er im Dunkel. Jemand, vielleicht er selbst, hatte ein »Nein!« geschrien. Johannes versuchte, sich zu erinnern. Dumpf schwelte ein Feuer in seiner Brust. »Wasser!«, stöhnte er.

Er horchte nach einem Echo. »Wasser«, murmelte er noch einmal. Doch wer sollte ihn finden, und was geschähe dann mit ihm, dem Deserteur für die einen und dem Feind für die andern? ›Du bist verloren, Johannes!‹ Langsam sank er auf das Lager zurück. ›Was sie im Dorf wohl jetzt machen, die Eltern, all die Nachbarn, während du auf den Tod daliegst?‹ Es wurde ihm feucht in den Augen.

Standen sie schon mit Fackeln an seinem finsteren Grab oder begann für ihn, den fast Toten, doch noch ein neuer Tag? Er sah ein graues, unscharfes Rechteck, durch das schwaches Licht in die Dunkelheit fiel. ›Ein junger Morgen!‹

Jetzt dämmerte ihm, was gestern geschehen war, nachdem ihn die Kugel getroffen hatte. Kriechend hatte er sich aus dem Kreuzfeuer fortbewegt und nicht weit entfernt diese Steinhütte gefunden. Hier roch es nach Schaf und Schweiß. ›Du bist zu Hause‹, flüsterte eine Stimme in ihm. Er legte sich auf das weiche Lager des Schäfers aus trockenem Laub und ranzigen Fellen. ›Endlich zu Hause.‹

Wenn nur der Durst nicht wäre. Aber kam da nicht von draußen ein Rauschen? Ein Bach in der Nähe! Doch dann tropfte es durch das undichte Hüttendach. Tapp-tapp. Es regnete. Und nicht weit von ihm versickerte nutzlos das Wasser!

Auf dem Rücken liegend schob er sich vorsichtig vom Lager über den steinigen Hüttenboden, den Mund wie ein Trichter weit aufgerissen. »Wasser!« Die Stelle musste ganz nah sein. Tapp-tapp. Beeil dich, Johannes, sonst kommst du zu spät.‹ Und dann schlug es ihm kühl und nass in die vertrocknete Kehle. ›Himmel!‹ Das erste Schlucken misslang. Er hustete.

Erschöpft lag er da. Jetzt war heller Tag, und er konnte von seinem Platz aus ein Stück Himmel sehen. Blau war er und makellos. Nur die Felszacken schienen an seiner Unversehrtheit zu sägen. In ihm kochte derweil das Fieber.

Mit einem Mal stand ein Schatten im Eingang der Hütte. ›Jetzt ist er da und will dich holen‹, dachte der fiebernde Mann und tastete mit der Linken nach dem Gewehr. Er schrie vor Schmerz. Doch die Gestalt bewegte sich nicht, verharrte als schwarze Drohung inmitten des von den Rändern hell einfallenden Lichts. Dann nahm er wahr, dass die Gestalt ein Kleid und ein Kopftuch trug.

Eine Frau! Seit wann erschien der Tod in Gestalt einer Frau? Möglich, er war schon auf dem Weg in die andere Welt und dies eine Heilige? ›Herr, vergib mir!‹ Die Frau musste seine Gedanken erraten haben, aber vielleicht hatte er dieses ›Herr, vergib mir!‹ auch nur laut gebrüllt.

Er fühlte, wie sich neben ihm die Luft bewegte. ›Der kühlenden Flügelschlag Deines Engels, Herr!‹ Dann sah er die Hand, die vorsichtig nach seinem Gewehr griff, es beiseite schob und sich sanft auf seine Stirn legte. Johannes Wiesbauer schloss die Augen. ›Das ist der Moment, Herr …‹

Jetzt hörte er ihre Stimme, aber er verstand nicht, was sie sagte. ›Wenn ich nun auf dem Weg bin, Herr, müsste Dein Geist doch …‹ Aber weiter drangen unverständliche Worte an sein Ohr. Er schüttelte den Kopf. »Ich … verstehe nichts.« Dann erinnerte er sich an das Wort. »Neró«, murmelte er. »Neró!«, wiederholte die Frau und nickte. »Neró.« Die Hand löste sich von seiner Stirn, und der Schatten verschwand.

Das erste Mal hatte er gierig getrunken. Ein eisiger Bergbach stürzte ihm durch die Kehle. Die Frau hielt ihm dabei den Kopf wie einem gerade geborenen Kind. »Efcharistó«, bedankte er sich leise und versuchte ein Lächeln. Dann ging sie wieder weg, gab ihm vorher ein Zeichen, sie werde wiederkommen. ›So handelt kein Todesengel‹, dachte er und schlief ein.

Endlos die Zeit des Alleinseins. Seine Uhr war längst stehen geblieben. Er sah, wie der Tag über die Berge kroch. Als sie wiederkam, trug sie einen Korb und eine zusammen gerollte Decke. Sie goss warme Schafsmilch in eine Schale und tauchte hartes, kretisches Brot hinein. Er lutschte am Brot, das sie ihm hinhielt, bis es aufweichte und er den teigigen Brei kauen konnte.

Dabei beobachtete er ihr Gesicht. Jünger war es, als es ihm anfangs erschienen war, mit schmaler Nase und kantigem Kinn. Ihr strenger Mund lächelte, als sie ihn fütterte. Mit den Augen folgte sie seinen mechanischen Kaubewegungen. Was sonst noch mochte ihr prüfender Blick an ihm entdecken? Und warum waren nicht längst die Männer mit ihren Gewehren gekommen, um ihm, dem wehrlosen Feind, den Fangschuss zu geben?

Danach hantierte sie mit einer Kanne und Tongeschirr, und er hörte, wie sich eine Schale mit Wasser füllte. Sie wusch ihm das Gesicht. Anders als in Kindertagen empfand er den mütterlichen Akt heute als Wohltat. Er tastete nach ihrer Hand und führte sie an seinen Mund. »Danke«, flüsterte er.

Besorgt betrachtete sie das rot geränderte Einschussloch in seiner Uniform und knöpfte ihm vorsichtig die Jacke auf. Da sie erkannte, dass er zu schwach war, das Hemd darunter über den Kopf zu ziehen, nahm sie das Messer, das er am Koppel trug und durchtrennte den blutigen Stoff. Er zuckte im ersten Augenblick, als er die Klinge in ihrer Hand blitzen sah, doch tiefe Bewusstlosigkeit erlöste ihn von aller Besorgnis.

Im Traum ging er über eine Wiese und roch ihre Blumen und Krautgewächse. Er versuchte, das mähreif blühende Gras von seinen Wurzeln zu rupfen, doch es wich seinem Griff aus. Stattdessen fasste etwas nach ihm, legte feingliedrige Verästelungen fest um sein Handgelenk. Aus der Blumenwiese wurde steiniger Boden.

Nur der Blütenduft blieb ihm in der Nase Er schlug die Augen auf. Zuerst war er wütend über den Verlust des Idylls. Doch dann erkannte er ihr Gesicht. Auf seiner Schulterwunde lag warm und feucht ein zum Beutel geknotetes Tuch. Tief atmete er die ausströmende Kräuterluft ein. Ihm war, als füllte sich sein Inneres mit neuem Leben.

»Kaliméra!«, rief sie und lachte.

»Guten Morgen«, grüßte er.

»Gut-ten Mor-gen«, wiederholte sie.

»Wie heißt du?«, fragte er nach einer Weile. Sie verstand nicht.

»Dein Name …«

»Onomá?« Dabei zeigte sie auf sich:

»Ja, dein Name …«

»Maria.« Ihr Zeigefinger berührte wie eine Pfeilspitze ihre Brust.

»Maria«, wiederholte er.

»Ein schöner Name: Ma-ri-a.«

»Wie … heißt … du?«, buchstabierte sie mühsam.

»Johannes. Ich heiße Jo-han-nes.«

»Jannis? Ah, Jannis.« Sie nickte verstehend. Dann klappte sie die Decke zurück und machte durch Gesten deutlich, dass sie ihn waschen wollte.

Er empfand anfänglich Scham, sich ihr, einer Frau, in seiner fiebernden Nacktheit auszuliefern. Doch dann ließ er es willig geschehen, dass sie ihm mit kreisenden Handbewegungen das kalte Quellwasser in die Poren rieb. Als er zu zittern begann und keuchte, hielt sie einen Moment inne.

»Es ist gut so, Maria«, sagte er. Bevor sie die Hütte verließ, breitete sie die Decke über ihn und legte ihm das Gewehr griffbereit an die Seite.

Schon früh am Morgen kroch Johannes nach draußen. Wie ätzende Säure brannte bis zuletzt der Urin. So hilflos, dass sie ihn auch bei dieser Verrichtung halten musste, sollte ihn Maria nicht sehen. Danach hangelte er sich an der Hüttenwand hoch und lehnte sich erleichtert dagegen. Er kramte in seiner Hosentasche, fand die angebrochene Zigarettenschachtel und das Feuerzeug, schnippte ein paar Mal das Zündrädchen, bis eine ruhige Flamme die Zigarette entzündete und er einen ersten, tiefen Zug nehmen konnte.

Durch den Rauch sah er sie kommen. Auf der Schulter trug sie einen Tonkrug, in der Hand einen Korb. Ihr Kleid war schwarz wie auch ihr Kopftuch. Fast alle Frauen in den kretischen Dörfern trugen in dieser Zeit Schwarz. Gerade und sicher schritt Maria über den steilen Bergpfad. ›Schwere Lasten zwingen Frauen und Mädchen zu einer besonderen Haltung‹, grübelte er.

Jetzt hatte sie ihn vor der Hütte entdeckt. Verwundert stand sie einen Moment still, doch dann stolperte sie hastig heran. »Jannis!« In ihrem Ruf lag unverhohlen ein Vorwurf. Er lächelte schuldbewusst. Bei der Rückkehr in die Hütte stützte er sich auf ihre Schulter. ›Eine starke Frau, diese Maria‹, dachte er, als er sich auf die Tierfelle zurücksinken ließ.

Gierig trank er das quellfrische Wasser, danach die warme Schafsmilch. Als sie ihn wieder mit Brot füttern wollte, nahm er es selbst in die Hand, tauchte es in die Milch und genoss mit Zunge und Gaumen die allmähliche Auflösung des steinharten Laibs. Maria hockte neben ihm und verfolgte aufmerksam, wie er aß. »Gutt?«, fragte sie.

»Gut. Sehr gut.«

Auch durch abwehrende Handbewegungen konnte er sie nicht davon abbringen, ihn erneut zu waschen und einen Beutel mit Heilkräutern auf seine Wunde zu legen. Mit der Hand fühlte sie auf seiner Stirn, ob das Fieber gesunken war.

Unter der sanften Berührung schloss er die Augen. Wie leicht es doch war, mit einem Lidzucken die Wirklichkeit auszusperren und im Schutz eines Engels dahinzutreiben, der jeden seiner Atemzüge bewachte. Jetzt meinte er, von dort, wo der Engel eben noch saß, ein Schluchzen zu hören.

Nur im Rechteck des Eingangs erkannte er schwaches Dämmerlicht und am Fußende seines Lagers eine Gestalt. »Maria!« Er musste den Tag über geschlafen haben, während sie frierend da saß und weinte. »Maria!« Er streifte seine Uniformjacke ab und legte sie ihr über die bebenden Schultern. Sie wollte die Hilfe dessen, der, wie sie meinte, dringend ihrer Fürsorge bedurfte, zurückweisen und ihn bewegen, sich wieder geduldig ihrer Obhut zu überlassen. Doch er legte seinen Arm um sie. Und Maria wehrte sich nicht.

Am Morgen wachte sie als Erste auf. Sie erschrak, dass sie ihren Kopf an die Schulter eines Mannes gelehnt fand, der ruhig und gleichmäßig neben ihr atmete. Dann bemerkte sie, dass ihre Hände in den langen Ärmeln einer Uniformjacke steckten und Rock und Bluse auf dem Boden lagen. Sie sprang auf. Diese Schande! Niemand dürfte das je erfahren, vor allem der Vater und ihre Brüder nicht! Und wenn sie wüssten, dass dieser Mann ein Deutscher war, sie würden ihn bis ans Ende der Welt verfolgen und töten.

Hastig schlüpfte sie in ihren Rock. Sie würde mit dem Melken der Schafe beginnen und Jannis die warme Milch bringen. Dann ginge sie ins Dorf zurück, um dort wie gewohnt ihre Arbeit zu tun. Immerhin konnte es sein, dass ihre nächtliche Abwesenheit niemandem aufgefallen war.

»Jannis!« Er hatte sich bewegt und sah zu ihr herüber. »Kaliméra«, sagte sie.

»Kaliméra«, lachte er zurück und streichelte ihr Gesicht. Sie fühlte, wie ihr Blick wässrig wurde und Seufzer ihre Schultern schüttelten. Sie beugte sich über den Daliegenden und küsste ihm die Brust. Er spürte ihren Mund auf der Haut, wie er zärtlich um seine Wunde fuhr. Sie weinte, als hätte sie Angst, ihn bald zu verlieren.

Nicht weit von der Steinhütte rief eine Männerstimme laut ihren Namen. Maria erschrak, und auch Johannes fuhr verstört auf. Sie packte das Gewehr und richtete den Lauf auf den Eingang. Von dort blickte erstaunt ein dunkelbärtiges Gesicht ins Innere, erkannte im Halbdunkel die geduckt da stehende Frau mit der Waffe. »Maria!« Der Mann machte Anstalten, den Gewehrlauf in Marias Händen beiseite zu schieben. Doch die schrie ihm etwas entgegen, das Johannes als die Aufforderung an den Eindringling deutete, sich auf keinen Fall weiter zu nähern. Der Mann redete beschwichtigend weiter und trat trotz ihrer Warnungen in die Hütte.

Erst jetzt sah er, dass Maria eine deutsche Uniformjacke trug. Voll Verachtung spuckte er auf das Schandkleid seines Todfeinds. Mit schnellem Griff versuchte er, es ihr vom Leib zu reißen. Geschickt wich ihm Maria aus. ›Sie hält nicht zum ersten Mal ein Gewehr in der Hand‹, fand Johannes. Die Mündung zeigte genau auf die Brust des Mannes. Der sprach nun erneut besänftigend zu Maria. Dann erst bemerkte er, dass sich jemand auf dem

Schlafplatz der Schäferhütte bewegte, starrte fassungslos auf Johannes' halb aufgerichtete Gestalt, der im Begriff war, seiner Retterin beizustehen. Der Mann brüllte etwas, das in Johannes' Ohr wie Kampfgeschrei klang, zog den Dolch, den jeder Kreter im Hosenbund trug, und stürzte sich auf ihn.

In diesem Moment schoss Maria. Johannes' Hände fuhren abwehrend vor die eigenen Ohren, um das laute Bersten im Kopf zu dämpfen. Der Dolch fiel dem Angreifer aus der Hand. Der schrie vor Schmerz und sah ungläubig auf die Schützin. Auch Maria stand die Verwunderung im Gesicht, als sie wahrnahm, dass der Mann aus dem Arm blutete. »Adonis!«, rief sie, vom eigenen Tun fast betäubt. Das Gewehr polterte zu Boden, und sie lief die wenigen Schritte auf den Getroffenen zu. »Adonis!« Sie beugte sich über die frische Wunde.

Johannes versetzte es einen Stich. Vielleicht war sie eine der Samariterinnen, die ihr Mitgefühl über jeden ausschüttete, der ihrer Zuwendung bedurfte. Aber es mochte auch sein, sie hatte schon längst einen Bräutigam in ihrem Dorf, diesen Mann zum Beispiel, den sie so vertraut mit ›Adonis‹ anredete. Argwöhnisch beobachtete Johannes, wie Maria diesem Mann, der ihn eben noch umbringen wollte, ihr Kopftuch straff um die Wunde band. In seinem Hass würde der andere sich bald wieder stark genug fühlen, erneut, und dieses Mal sein Ziel sicher treffend, zuzustoßen, um ihn, den Feind, aus seinem gerade zurückgewonnenen Leben zu werfen.

Und wirklich begann dieser Adonis, als Maria das Tuch fest auf der Wunde verknotet hatte, von neuem sein wüstes Geschrei, bei dem er wiederholt voll Feindseligkeit auf Johannes zeigte. Doch Maria blieb unbeirrt, fasste den zwischen den Männern liegenden Dolch und warf ihn aus der Hütte. Dazu scheuchte sie mit Gesten und schrillen Rufen Adonis hinaus, rief etwas hinter ihm her, von dem Johannes nur seinen griechischen Namen ›Jannis‹ verstand. Von den Bergen hörte er deutlich das mehrfache Echo: »Jannis!«

Von weit her kam das Schießen. Harmlos wie das Meckern einer verirrten Ziege hallte das Maschinengewehr aus dem Tal. Dazwischen Einzelfeuer und Detonationen. ›Bandenbekämpfung‹ hieß das im Tagesbefehl. Er konnte nicht ewig in seinem Versteck bleiben, hatte ihn doch dieser Adonis entdeckt. Und der würde weiter gegen den Feind, vielleicht auch um Maria, kämpfen. Sie hatte ihm das Gewehr in die Hand gegeben, bevor sie hinter Adonis den Bergpfad hinaufstieg. Johannes war sicher: Sie würde zur Hütte zurückkehren.

Wartend saß er vor deren Eingang. Von dort konnte er beide Richtungen des Pfads überblicken: Vor ihm lag griffbereit das Gewehr. Viel Munition hatte er nicht. Sie würde nur für eine kurze Gegenwehr reichen. Er zuckte die Achseln. Es wurde ohnehin viel gestorben in diesem Krieg. Jetzt war er nur müde. Die Kippe seiner letzten Zigarette fiel glimmend zu Boden, und der Kopf sank ihm auf die Brust.

Jemand tippte ihn gegen die Schulter. Im Aufwachen tastete er mit der Hand nach der Waffe. Aber sie war nicht an ihrem Platz. Vor ihm stand ein Junge und sah ihm direkt ins Gesicht. Zwölf oder dreizehn mochte er sein. Feindselig blickte er nicht, eher prüfend und ungläubig, wie solch ein Fremder in seine Berge gekommen war. An einem Strick hielt er einen Esel, der mit dem Maul ein paar spärliche Halme aus Feldritzen rupfte. An der Hüttenwand neben ihm lehnte Maria. Ihr Gesicht schien ihm ernster als sonst, doch ihr Mund zeigte ein feines Lächeln, als ihre Blicke sich trafen. Maria! Nie war ihm ein Mädchen so nah gewesen. Dieses Einverständnis, fast ohne Sprache, nur durch Gesten und die Ausstrahlung ihrer Seele. Das musste es sein, was in den Romanen ›Liebe‹ hieß.

Zu Hause wurde nie darüber gesprochen. Doch bei allem Streit und der Klobigkeit ihres Verhaltens hatte er sich bei den Eltern immer darüber gewundert, wie doch die Eintracht siegte. Und, wenn er es genau betrachtete, behauptete sich zumeist der Wille der Mutter, wobei sie dem Vater den Glauben ließ, letztendlich habe seine Entscheidung gegolten. Möglich, auch Maria war solch eine Frau. Unter dem Arm hielt sie das Gewehr, wie um sie alle vor unsichtbaren Feinden zu schützen. »Dimitrios«, sagte sie und zeigte auf den Jungen. Dann wanderte ihr Zeigefinger zwischen Dimitrios und ihr hin und her. Dazu erklärte sie etwas, dessen Bedeutung er aus ihren Gesten begriff: Dimitrios war ihr Bruder.

Johannes wies auf sich selbst: »Johannes. Ich heiße Johannes.« Dabei streckte er dem Jungen die unversehrte Linke entgegen. Anfangs zögerte Dimitrios. dann ergriff er die ausgestreckte Hand und schüttelte sie. Jetzt trat Maria hinzu und reichte Johannes eine zusammengerollte Jacke. Dabei machte sie Zeichen, er solle die Uniformjacke ausziehen. Sie half ihm, erneut lächelnd, auch beim Überstreifen des mitgebrachten Kleidungsstücks. Dann warf sie sein abgelegtes Uniformteil mit Schwung den Berghang hinunter.

Johannes atmete auf, als sich der Pfad verbreiterte. Auf dem schwankenden Eselsrücken hatte er angesichts der steil abfallenden Felswände das Gefühl, ohne Halteseil und eigene Bodenhaftung direkt über dem Abgrund zu schweben. Auch der Esel schien die Gefahr zu empfinden; denn er bockte kein einziges Mal, sondern trottete brav an der kurzen Leine hinter Dimitrios seines Wegs.

Maria ging derweil sichernd mit dem Gewehr voraus und blieb nur an den Biegungen stehen, um auf sie zu warten. Der Weg führte zu einem Plateau. Vor einem tiefen Felseinschnitt saßen unter Bäumen rauchende Männer. Sie waren schwarz gekleidet, trugen weite Hosen, viele von ihnen Stiefel, schwarze Hemden mit weit offenen Kragen. Hinter ihnen an den Fels gelehnt standen in Griffweite alte, langläufige Flinten und erbeutete deutsche Karabiner. Und genau auf Johannes zeigte die Mündung eines Maschinengewehrs.

Die Männer lachten, als sie sahen, wie Johannes erschrak. Doch keiner von ihnen zeigte sich durch seine Ankunft überrascht. Da wusste Johannes: Er wurde erwartet. Dicht vor einem Weißhaarigen hielt Dimitrios den Esel an. Wortlos nickte der Mann, wohl der Anführer, dem Jungen zu. Dessen Auftrag war damit erfüllt. Verwirrt blickte Johannes zu Maria hinüber, die abseits stand und seinen Augen auswich. Es würgte ihn in der Kehle. Maria!

Nach einer Weile fand er es lächerlich, vor allen mit fast auf die Erde baumelnden Beinen auf dem Esel zu sitzen. Langsam und die Männer genau beobachtend ließ er sich vom Rücken des Tiers gleiten. Aus dem Hintergrund trat jetzt Adonis mit einem Popen zu den Männern. Finstere Augen sahen aus beiden Gesichtern zu ihm herüber.

»Wie heißt du?«, fragte ihn der Pope.

»Johannes.«

»Weiter!«

»Johannes Wiesbauer.«

»Du bist Deutscher?«

»Ja.«

»Wieso bist du hier?«

»Der Krieg …«

»Ich meine, warum bist du nicht bei deinen Leuten?« Johannes schwieg. »Rede! Du wirst noch einiges erklären müssen!«

»Ich töte keine Zivilisten.« Jetzt schwieg der Pope.

›Du stehst hier vor einem Tribunal‹, erkannte Johannes. Nur war ihm nicht deutlich, welche Rolle Maria dabei spielte. Er schloss die Augen. ›Du hast dich täuschen lassen. Vater hatte Recht: Traue niemandem.‹

»Du hast einen Eid geschworen«, fuhr der Pope fort.

»Ein Soldat schwört, sein Land zu verteidigen«, wich er aus. »Kreta ist nicht mein Land.« Der Pope übersetzte den andern, was Johannes ausgesagt hatte.

»Warum bist du dann hier?« Darauf wusste er keine Antwort. Adonis schrie etwas und zeigte voll Wut auf Johannes. Maria unterbrach ihn. Sie stellte sich dicht vor Adonis, und Johannes las aus ihrer Miene und ihrer Haltung Zorn und Verachtung für diesen Mann. Aber um was es jetzt ging, verstand Johannes nicht. Auch der Pope, der so gut Deutsch sprach, versagte ihm seine Hilfe. Aus der Gruppe der Männer löste sich eine Gestalt, gekleidet wie die andern, nur Haare und Bart waren nicht dunkel, sondern fast blond mit einem Stich Rot.

»Die Leute nennen mich Nikos«, stellte er sich vor. Johannes wunderte sich über den singenden Tonfall.

»Wir haben gemeinsame Freunde im *Kaíki*.« ›Wie weit doch alles zurückliegt‹, dachte Johannes und fragte laut:

»Wieso kennt hier jemand das *Kaíki*?«

»Stavros tut uns manchmal einen Gefallen. Und Jenny und Lambis machen da sehr schöne Musik.« Dazu lächelte Nikos. Dann erklärte er den andern in ihrer Sprache, dass er dem Deutschen, der von nichts, was hier vorginge, eine Ahnung hätte, den Vorwurf, der hier verhandelt würde, erläutern müsste.

Der Weißhaarige war einverstanden. Nur Adonis protestierte. Nikos nahm Johannes beiseite.

»Die Sache ist ernst«, klärte Nikos ihn auf.

»Die Familien haben nach kretischer Sitte vor langem beschlossen, dass Adonis und Maria heiraten.«

›Also doch‹, dachte Johannes.

»Maria will das nicht. Sie sagt, sie hat mit dir in der Hütte eine Nacht verbracht. Jetzt ist Maria in den Augen aller entehrt, und Adonis will sich an euch für die eigene Kränkung rächen.«

»Maria ist eine Heilige …«, erregte sich Johannes und vergaß, dass er gerade noch an ihr gezweifelt hatte.

»Heilige gibt's nur im Himmel«, fiel ihm Nikos ins Wort. »Für die im Dorf ist sie eine Hure. Und du hast sie geschändet.«

»Hure? Geschändet, sagst du? Ich …«

»Du willst nicht begreifen. Für euch wäre es besser, …«

»… sie hätte mich in der Hütte krepieren lassen!«, brach es aus Johannes. Er packte Nikos' Arm und zerrte ihn zu Maria. Adonis griff zum Hosenbund, wo sonst sein Dolch steckte. Ein Mann fasste ihn und hielt ihn zurück. »Sag Maria, ich will sie heiraten … keine andere. Freiwillig! Sag ihr das! Ich liebe sie mehr als mein Leben. Aber wird das überhaupt in die Schädel dieser

Kerle hineingehen?« Nikos übersetzte. Maria hörte aufmerksam zu, aber sie sagte nichts.

Stattdessen nahm sie Johannes bei der Hand und zog ihn mit sich zu dem weißhaarigen Mann.

»Páthera!«, rief sie, dass jeder es hören konnte.

»Vater!« Dann redete sie lange auf den Mann ein. ›Eine schöne Sprache‹, dachte Johannes, ›und erst ihre Stimme!‹ Er fand keinen Vergleich. Ihr ›Jannis‹ war wiederholt zu hören. Und dann gab sie Johannes vor allen einen Kuss. Das machte ihn verlegen, und er blickte Rat suchend zu Nikos hinüber.

»Was hat sie gesagt?«

»Dass sie dich und keinen anderen will. Und wenn das Dorf euch beide verstieße, würde sie mit dir fortan in der Schäferhütte leben und nie mehr zurückkehren.«

Johannes ahnte, wie es im Innern des Weißhaarigen arbeitete, den Maria ›Páthera‹ nannte. Auch ihm selbst begann zu dämmern, dass dies vor aller Welt seine Verlobung mit Maria, der Kreterin, war. Er hätte sie ans sich reißen und herumwirbeln mögen. Aber so erlaubte ihm seine Verwundung nur, sie mit einem Arm zu umfassen und auf den Mann zu blicken, der jetzt ihr Richter war.

Der beriet sich mit dem Popen, bis er zustimmend nickte und beide auf das Paar zugingen. Es gab Umarmungen und Schulterklopfen. Johannes biss die Zähne zusammen, und vielleicht wirkte deshalb sein Lächeln verkrampft. Der Pope winkte einem der Männer, und der brachte einen Krug Wasser. Auf ein Zeichen des Popen goss er ihn über Johannes aus. Durch das vom Kopf rinnende Wasser sah Johannes, wie der Pope ein großes Kreuzzeichen schlug und dazu laut »Jannis« rief.

»Amen«, sagten die andern.

»Das ist heute unser neuer, kretischer Bund, Herr«, murmelte Jannis.

24.

Im Dorf achteten alle darauf, dass sie sich vorerst nicht mehr begegneten, so als könnte eine längere Trennung Maria in den Zustand der Unversehrtheit zurückversetzen. Eine Weile noch wurde über den Verstoß der Bürgermeistertochter gegen das alte Gesetz getuschelt, und manch böser Blick traf Maria. Aber nicht selten spürte sie auch heimliche Zustimmung älterer Frauen, hatte sie doch gewagt, sich den Mann ihrer Wahl zu ertrotzen, mochte der auch ein Fremder, sogar ein ehemaliger Feind, sein. Bald schon würde der Segen des Popen die sündhafte Verbindung heiligen, und die Braut, gerade noch beinahe verfemt, stünde als Heldin da.

Jannis behielten die Männer derweil in ihrer Obhut. Anfangs fühlte er sich in den Bergen wie eine Geisel. Er bemerkte ihre misstrauischen Blicke, wenn er vor die Höhle trat, in der alle hausten. Draußen saßen zwei Wächter mit ihren Gewehren und rauchten. Auch wenn anfangs ihre Augen jeder seiner Bewegungen folgten, war er nicht das eigentliche Ziel ihrer Aufmerksamkeit. Mit einem Fernglas fuhr der eine über den Himmel, um Flugzeuge, lange bevor man den Lärm ihrer Motoren hörte, zu entdecken. Der andere suchte mit bloßem Auge auf den umliegenden Hängen und Gipfeln nach Auffälligkeiten. Jannis ließ sich dann Zeit, den Duft der Kräuter und Harze und auch die kühle Schneeluft zu atmen, die von den letzten Schneefeldern herunter wehte. ›Fast wie zu Hause‹, dachte er, als in der Nähe ein Schaf blökte.

Anfangs hielt sich Nikos von Jannis fern. Möglich, er wollte den Eindruck einer Verschwörung mit diesem Fremden vermeiden. Doch wurde er immer wieder als Dolmetscher gerufen, wenn Jannis zum Verhalten seiner früheren Kampfgefährten bei einem möglichen Angriff ihres Lagers befragt werden sollte, oder wenn er sich selbst den Kretern verständlich machen wollte. Da auch für Nikos das Griechische Fremdsprache war, bemühte er sich um eine einfache und deutliche Sprechweise, so das Jannis schon bald diesen eigenartig klingenden Wörtern Dinge und Begriffe zuordnen konnte. Er formte die merkwürdigen Laute gelehrig nach, und schon bald machte er die Erfahrung, zum ersten Mal in einer fremden Sprache verstanden zu werden.

»Maria, wann werde ich Maria wieder sehen?«, fragte Jannis einen, der in seiner Nähe stand.

»Maria?« Die Augen des Mannes sahen dunkel herüber. Dann verzog sich sein Mund zu einem stillen Lachen. »Maria!« Dabei zeigte er auf einen hoch über ihnen kreisenden Adler. »Bald lässt sie dich nicht mehr aus ihren Krallen!«

Lachen mochte Jannis über diesen Vergleich nicht, war sie ihm doch als Engel erschienen, als ihm das eigene Ende gewiss war. Den Wundschmerz verspürte er kaum noch. Wohl stach die Sehnsucht nach Maria in seiner Brust.

»Nikos«, sprach er abends am Feuer den Engländer an. »Weißt du, was mit den Leuten im Dorf ist?«

»Du meinst Maria?« Jannis nickte. »Ich habe gehört, da unten bereiten sie alles für eure Hochzeit vor.«

»Und wieso darf der Bräutigam seine Braut nicht sehen?«

»Sie sagen, du sähst sie noch lang genug. Später.«

»Was tust du da?«, fragte Julia ihre Schwester.

»Ich packe.«

»Willst du weg?«

»Für ein paar Tage. In die Berge.«

»Sie werden dich unterwegs anhalten und fragen, woher du kommst.«

»Ich werd's ihnen sagen.«

»Dass du aus der *Ebreica* …? Dann wissen sie, wer du bist.«

»Ja. Eugenia Minervo, genannt Jenny.«

»Und sie werden dann wissen, dass du Jüdin bist, die gerade unerlaubt ihre Stadt verlassen hat.«

»In den Bergen gibt's keine Kontrollen. Und ich geh nicht allein.«

»Lambis? Lambis geht mit?«

»Ja, er geht mit.«

»Wollt ihr …?«

»Ob wir uns einfach davonstehlen wollen? Nein, wir kommen zurück. Bestimmt. Wir wollen nur einen Freund besuchen. Er heiratet.«

»Wer heiratet schon in Zeiten wie diesen? Du kannst nicht mal ein richtiges Brautkleid kaufen.«

»Ein Brautkleid?« Jenny lachte. »Du machst dir Sorgen. Viel notwendiger als das Brautkleid ist der richtige Bräutigam.«

»Du bist gemein!« Jenny erschrak und umarmte die Schwester.

»Nicht böse sein. Ich wollte dich nicht kränken.« Julia schnäuzte sich.

»Lambis soll auf der Geige spielen«, fuhr Jenny fort. »Und du? Was sollst du dabei?«

»Sie sagen, da oben gäb's auch ein Klavier.«

»Ich wünsch mir, ihr würdet auch einmal auf meiner Hochzeit spielen. Versprichst du mir das?«

»Versprochen. Ist es etwa Isaac Cohen?«

»Wie kommst du auf den? Nein, nicht Isaac. Seit du und Lambis ... ich meine, seit Isaac weiß, dass du dich für ihn nicht interessierst, verfolgt er mich. Und jetzt meinst du, ich ... ein Leben lang mit dem? Nie!«

»Ich muss mich beeilen. Wenn ich wiederkomme, können wir weiterreden.« Jenny küsste Julia auf die Wange. »Vergiss die Noten nicht!« Und, als Jenny schon in der Tür stand: »Ob die Frauen in Deutschland auch in Weiß heiraten?«

Verschlungen und ungestüm schrillte das Lied der Lyra. Der Mann mit der Haut wie die Rinde eines uralten Baums saß vor seinem Haus und ließ den Bogen tanzen. Einen Tag wie heute hatten sie hier lange nicht erlebt. Gleich gäbe es wieder eine Hochzeit in *Neoklesia*. Maria, Theodoris und Vangelas älteste und widerspenstige Tochter, würde diesen Jannis heiraten. Der war als Feind übers Meer zu ihnen nach Kreta gekommen, und Maria hatte dem auf den Tod Verwundeten das Fieber aus den Adern getrieben, ihn sanft entwaffnet und schließlich bekehrt. Bald würde er einer der ihren. Ein Segen für Braut und Bräutigam, dass Theodori, der Brautvater, und endlich das Dorf, bis auf Adonis und dessen Familie und nicht zuletzt Thea, die um ihren Lohn geprellte Kupplerin, mit dieser Verbindung einverstanden waren.

In der Tür erschien eine gebeugte, schwarz gekleidete Frau. Der alte Mann schnalzte mit der Zunge. »Gleich geht's los, Elefthería!«, rief er der Frau zu, und aus seinem Mund blitzte ein einzelner Zahn. »Fast wie bei uns damals«, krächzte er, und die Frau lachte. Auch seine Elefthería sollte einen anderen heiraten. Aber mit ihrer Einwilligung hatte er sie kurzerhand entführt. Eine Weile blieben sie in einem Versteck in den Bergen. Alles verlief nach Wunsch. Eleftherías Vater fügte sich dem Willen der Tochter, und auch der verschmähte Bräutigam tröstete sich bald mit einer andern. So konnten sie, mit allen versöhnt, im Dorf weiterleben, ohne die Rache der Gekränkten zu fürchten. Aber vor diesem Adonis sollte sich Jannis in Acht nehmen!

Frühestens am Tag ihrer Hochzeit würde Jannis Maria wiedersehen. Das erklärte ihm Nikos. »Du hast Glück gehabt«, sagte er weiter. »Du bist gerettet vor Freund und Feind.«

»Aber ich werde nie wieder nach Hause dürfen«, unterbrach ihn Jannis. Seine Stimme klang bitter.

»Soll ich dir jetzt das Lied vom schönen Soldatentod singen?«, fragte Nikos.

»Hör auf«, bat Jannis. »Ich habe verstanden.«

Erst vor Tagen hatten sie am Rand einer Almwiese ein menschliches Skelett gefunden. Auf dem Rücken ausgestreckt lag es da zwischen den Gräsern, und aus dem weit klaffenden Kiefer wuchs zwischen den fauligen Zahnreihen rot eine Blume.

»Der macht sich über uns lustig«, empörte sich Jannis und dachte an Hobler.

»Der macht gar nichts mehr«, erwiderte Nikos. »Als Toter verlierst du alles: deinen aufrechten Gang, deine Sprache, deine Gedanken, dein Gesicht, dein Geschlecht ...« Sie fanden nichts, was zu dem Toten gehört hatte, keine Waffe, keine Erkennungsmarke, keine Uniform- oder andere Kleidungsstücke. Sie begruben ihn und steckten ein Kreuz aus Ästen in den lockeren Boden. Dann murmelten sie ein ›Vaterunser‹ in Griechisch, Englisch und Deutsch, jeder in seiner Sprache.

Theodori, der Weißhaarige, war gleich nach dem Zusammentreffen mit Maria, seiner Tochter, und dem Popen ins Dorf hinabgestiegen. Vorher hatte er eine lange Rede gehalten und dabei mehrfach auf ihn, Jannis, gezeigt. Seitdem waren Nikos und Dimitrios immer in seiner Nähe geblieben, wohl weniger aus Furcht, er könnte fliehen, sondern eher zu seinem eigenen Schutz.

Eines Morgens senkte ein Ziegenbock, in dessen Nähe er gerade eine Ziege melken sollte, seinen Kopf und rannte mit Schädel und Hörnern gegen ihn an. Mit dem ersten Rempler traf ihn das wütende Tier gegen das Schienbein. Die Männer um ihn her lachten. Mit griffbereiten Händen erwartete Jannis den zweiten Anlauf des Bocks, packte ihn bei den Hörnern und riss ihn mit einer raschen Drehung von den Beinen. Benommen zappelte das Tier am Boden, bis er fühlte, dass es sich geschlagen gab. Als er den Griff löste, sprang es meckernd davon. Bei den Kretern gab es erstes, aufmunterndes Schulterklopfen. Einige schlugen mit Wucht auf die heilende Wunde. Er zerbiss seinen Aufschrei zwischen den Zähnen.

Abends wurde am Feuer getanzt. Anfangs, als er zum ersten Mal das Kreischen ihrer Lyra hörte, hatte er die Hände gegen die Ohren gepresst. Musik nannten die Kerle das! Dann sah er aufmerksam ihren Tänzen zu. Nach fremden Regeln vollzogen die Beine eigenartige Schrittfolgen, hüpften und sprangen wild. Dann schlugen Hände gegen aufwärts zeigende Schuhsohlen. Jannis wartete ab, bis die Musik ein Ende fand und die schwitzenden Männer ihren Raki tranken. Zuerst unbemerkt von den andern, summte er eine alpenländische Melodie, begann, sich mit starrem Oberkörper zu bewegen. Die Beine flatterten, als gehörten sie nicht zu ihm selbst. Mit offener Handfläche schlug er sich gegen die Schenkel, dann auf die abgehobene Schuhsohle, dass es klatschte. Die Kreter wurden aufmerksam, besahen das Schauspiel der Gesten und wirbelnden Gelenke. »*Chaniótikos*«, tippte einer auf einen kretischen Tanz, aber die andern schüttelten den Kopf.

Einige versuchten, es ihm gleichzutun. Doch sie stürzten aus den ungewohnten Sprüngen seines Schuhplattlers, den ihnen Jannis so vollkommen vormachte. Wütend über eigenes Ungeschick manche, andere staunten und lachten. »Jannis!«, riefen sie anerkennend zum Schluss. »Jannis!« Und wieder prasselten harte Schläge auf seine Wunde. Da wusste er: ›Du bist angenommen.‹

Im Dorf hieß es: ›Die Musiker aus der Stadt sind da!‹ Es gab Händeschütteln und aufmerksames Betrachten. Jenny folgte den andern Frauen ins Haus der Braut. Neugier und Aufregung stand ihnen in den Gesichtern, würden sie doch die eigene Beklemmung in den letzten Stunden ihrer Jungfernschaft niemals vergessen. Aber diese Maria, die hatte doch schon mit ihrem Jannis … Wenn das nur gut ginge! Oder war das alles nur ein hinterhältig eingefädeltes Spiel, um dem Vater die Einwilligung zur Hochzeit mit diesem Deutschen abzupressen?

Männer fehlten im Haus. Sie waren an diesem Tag nicht erwünscht. Und so ergoss sich über Maria, die Braut, ein Choral weiblicher Stimmen, der ihr von Heldentaten der eigenen Männer sang, von ausbleibender Blutung und Fehlgeburt und von der trotz aller Widrigkeiten des Lebens stetig wachsenden Familie, denn nie ließen Männer in ihrem Eifer nach, den ewig schuftenden Frauen wenigstens ein paar Tage der Ruhe im jährlichen Kindbett zu verschaffen.

Maria schien jetzt zu träumen. Sie saß, schon im Brautkleid, auf einem Stuhl und nahm mit hochrotem Kopf die Wünsche und Ratschläge der Dorfbewohnerinnen entgegen. Die Näherinnen steckten Nadeln in Nähte und Falten. Ob diese Maria in letzter Zeit runder als vorher war? Wohl eher zu kurz die Zeit, seit sie diesen Jannis halbtot in der Hütte fand.

Im Nachbarzimmer lag schon für morgen die Aussteuer ausgebreitet, all das, was an langen Winterabenden unter Marias Händen entstanden war: Bettwäsche, makellos rein, bereit für die sichtbaren Zeichen der ersten gemeinsamen Nacht mit einem Bräutigam, dem sie zum Zeitpunkt des Nähens und Säumens noch gar nicht bestimmt war, Tischtücher, Wäsche. Nirgends zeigte sich üppige Zurschaustellung von Wohlhabenheit. Denn die Zeiten waren karg. Und doch konnte jeder das Glück in den Augen der Braut erkennen.

Gäbe es in der Enge des Raums Platz für das sperrige Klavier? Auch Lambis brauchte fürs Geigespiel Raum, wenigstens so viel wie im *Kaíki*. Und die Gäste ... das Paar ... der Tanz. Da wäre es besser, die Ausgelassenheit fände im Freien statt. Das würde sie Lambis gleich vorschlagen. Der könnte dann mit Theodori, dem Brautvater, reden.

Mehr als fünfzehn Männer kamen den steilen Weg herab, der vom Dorf noch höher hinauf ins Gebirge führte. Tief knickten ihre Beine bei jedem Schritt ein. Manche trugen lebende Lämmer, andere Gewehre über den Schultern. Ihre Mienen zeigten frohe Erwartung, war doch das Fest einer Hochzeit etwas ganz anderes als die ewigen Begräbnisse in diesem Krieg. Und gleichzeitig eine willkommene Unterbrechung ihres kargen Höhlenlebens als *Andarten*. Sonst gab es nichts zu feiern in dieser Zeit, schien der Sieg doch noch weit. Trotz aller Trauer um verlorene Freiheit hoffte jeder von ihnen, dass bald wieder die griechische Fahne über Kreta wehte. Dann würden überall Städte und Dörfer im Raki ertrinken!

Auch um Jannis' Nacken schlang sich eines der Lämmer, dessen Vorder- und Hinterpfoten er mit beiden Händen gepackt hielt. Das Bild von Guten Hirten fiel ihm ein, das zu Hause bei den Eltern an der Wand hing. Doch er selbst war ein treuloser Gehilfe der Schlächter. Aber vielleicht ahnte das Tier auf seiner Schulter längst, dass dies sein letzter irdischer Weg war.

Neben ihm ging ein Mann, aus dessen Tornister eine dünne, wippende Stahlrute ragte. Das musste der britische Funker aus dem *Kaíki* sein. Lambis erkannte beide sofort.

»Bist du nicht dieser Engländer?«, fragte er.

»Nikos. Ich bin Nikos«, antwortete der und lachte breit.

»Und ich bin Jannis, der Kreter«, sagte der andere auf Deutsch. »Ich sehe zum ersten Mal mein neues Zuhause.« Die Männer umarmten sich.

»Jammas!« Gläser voll *Tsikoudia* wurden geleert. Frisches Brot zum Empfang gegessen. Denn morgen begänne für Maria, Theodoris und Vangelas Tochter, und Jannis, den Fremden, ein neues Zeitalter, das harte Leben.

»Jammas!« Theodori schlachtete die Lämmer, eins nach dem andern, auf der Dorfstraße. Die Kinder tobten um das grausame Schauspiel der Tötung und übertönten mit ihrem Kreischen die Angstrufe der Tiere. Sie sahen, wie frisches Blut aus gerade durchtrennten Kehlen schoss und sich die Leiber unter

Zuckungen im Tod streckten. Wohl kaum jemand erkannte in diesem Moment die Symbolhaftigkeit für das christliche Opferlamm, das sein Leben für das Heil dieser Welt gab. »Heilige Maria! Wird das morgen ein Fest!«

Mit gebrochenen Augen hingen die Tierleiber kopfüber an kräftigen Baumästen, bis mit dem letzten Rest Blut der Lebenssaft aus ihnen getropft war. Theodoris Schlachtermesser fuhr von oben nach unten durch die Kadaver, und geschickt zerrte er ihnen das Fell vom Leib wie einen zu engen Mantel von den Schultern einer willenlosen Person. Dann folgte ein glatter Schnitt, der die Bauchdecke teilte. Sorgfältig nahm er die Eingeweide heraus, warf sie in bereitstehende Schüsseln, hinter denen schon die Frauen des Dorfs warteten. Gleich würden sie, bis auf den Darminhalt, alles in Kesseln und Töpfen in rare Köstlichkeiten verwandeln, die auch Ereignisse späterer Jahre niemals aus der Erinnerung der Bewohner von *Neoklesia* tilgen könnten. Wann hatte es zuletzt Derartiges gegeben? Und durfte man Gottes Gaben, und damit nicht zuletzt die Freude am Erdenleben, brüsk zurückweisen, nur weil sich nach Meinung mancher das Feiern in solchen Trauerzeiten verbot?

»Gott hat uns Kretern eine Burg gebaut«, verkündete der Pope und wies vom offenen Portal der Kirche aus auf die Berge ringsum. »Schon die Paschas haben sich an diesen Felsen die Schädel eingerannt. Niemand von ihnen hat je diesen Ort betreten. Und so soll es bleiben.«

»Amen«, bekräftigte die Gemeinde, und jeder schlug feierlich ein großes Kreuz. Jetzt drängte es sie alle mit dem Popen ins Innere der Kirche.

Die Glocke bimmelte hell. Sollten doch alle wissen, vor allem die fremden Herren im Tal, dass Gott mit den Kretern war. Doch manch einer der frommen Christen von *Neoklesia* dachte im Stillen auch an die alten griechischen Götter, die in den Berghöhlen die Jahrhunderte verschliefen. Und Zeus, den wilden Stier, hatte noch kein Sterblicher bei den Hörnern gepackt!

Maria, die Braut, stand schon längst vor dem Priester, da bahnte sich Jannis noch mühsam den Weg nach vorn. Dimitrios zerrte ihn am Ärmel seines ungewohnten kretischen Hemds hinter sich her. Merkwürdig fremd fühlte sich Jannis in diesem Augenblick. Von der Sprache um ihn her verstand er nur wenige Worte. Und die Heiligen blickten streng von der Ikonenwand auf ihn herab.

Heute trug er zum ersten Mal eine kretische Pumphose, wie das Hemd eine Leihgabe seines zukünftigen Schwiegervaters. Nur Theodoris Stiefel waren ihm ein wenig zu groß. Aber die eigenen Militärschuhe zu tragen, verbot sich. Sie hätten hier alle an seine Herkunft erinnert. Nun erst sah er Maria, ein Gesicht mit mildem, erwartendem Lächeln ohne alle Besorgnis, die er in ihren Augen erkannt hatte, als er in der Schäferhütte aus der Bewusstlosigkeit aufwachte. Er stellte sich auf den freien Platz neben sie. Dimitrios steckte ihm den eigenen Dolch, das Zeichen der Mannbarkeit, in den Hosenbund. Jetzt war er für alle sichtbar ein Kreter.

Jannis hörte den Priester feierlich reden. »*Stephanoma*«, flüsterte Lambis hinter ihm. »Das ist die Trauzeremonie. Bleib ruhig stehen, bis euch der Priester bei der Hand fasst. Du brauchst dann nur zu folgen.« Jetzt schmiegte sich Maria dicht an seine Seite. Der Priester setzte ihnen kleine, weiße Kronen auf. Zwischen beiden spannte sich ein weißes Band. Maria und Jannis verharrten unbewegt, als fürchteten sie, die frische Verbindung könnte durch eigene Unachtsamkeit gleich wieder zerreißen.

Jannis bemerkte, dass in diesem Moment der äußeren Beherrschtheit Marias Körper leise bebte. Sie weinte. Währenddessen nahm Lambis beide Kronen von ihren Köpfen, tauschte sie von rechts nach links und von links nach rechts und wiederholte das zwei weitere Male.

Nun weinten auch Vangela und die meisten Frauen, die sich zurückerinnerten, wie mit der gleichen Zeremonie hier in der Kirche ihre eigenen Ehen begannen. Ihre Tränen erlaubten keine Unterscheidung zwischen Freude und Enttäuschung. Das Leben hier oben ließ ohnehin keine Wahl.

Als dann der Priester mit lachender Miene die Hände des Brautpaars ergriff, um mit ihnen den traditionellen *Jesaiastanz* um den Altar zu beginnen, löste sich die Spannung unter den Kirchenbesuchern. Aus einem Korb griff jeder von ihnen einige kandierte Mandeln. Der Priester trank Wein in der Hoffnung, dass er ihnen nicht wie damals in *Kanaan* ausginge, und alle eilten zur Kirchentür, um dort die Hände des Brautpaars zu schütteln und, wenn sich im Gedränge die Gelegenheit bot, beide zu küssen.

Draußen auf dem Kirchplatz stand Lambis schon mit seiner Geige und holte nach, was ihm in der Kirche nicht möglich war und ließ ein ›Treulich geführt …‹ hören. Eine Weile schwiegen alle voll Andacht und staunten über die fremden, anrührenden Klänge.

Doch als Lambis den Bogen absetzte, fiel schon das Lied der Lyra in seinen letzten Geigenton. Der alte Mann spielte, begleitet von zwei rhythmisch geschlagenen Lauten. Maria versuchte mit Jannis ein paar der ihm ungewohnten Schritte zur kretischen Musik.

Dann kam Theodori und tanzte mit seiner Tochter ein paar Mal im Kreis. Er gab sie an Lambis weiter, der mit ihr den drehenden Tanz fortsetzte.

Dann folgten Marias Brüder und Cousins und die anderen männlichen Anverwandten. Jeder von ihnen warf, wenn er sich aus der gemeinsamen Drehung mit der Braut löste, Münzen für die frisch Verheirateten auf den Boden. Dann bildeten die Dörfler Reihen und bewegten sich im Takt der Musik. Die Füße wirbelten flink und leicht wie die Welt, die für sie in dieser Stunde alles Schwere verlor.

Nun setzte sich von der Kirche ein Zug lärmender Hochzeitsgäste in Bewegung. An der Spitze trug Dimitrios an einem hohen Flaggenstock die griechische Fahne vor allen her. Frauen hatten einen großen Brotkranz gebacken, der in seinem Innern ein Kreuz aus Teig umfasst hielt. Dieses essbare Symbol des kretischen Lebenskreises, der als Inhalt das Zeichen christlicher Erlösung umschloss, pendelte unter der wehenden Fahne hoch über Dimitrios' Kopf.

Der Pope, der eben das Paar getraut hatte, ritt nun auf einem Maultier im Strom der Menge. Auch Maria, die weiß gekleidete Braut, saß erhöht im Damensitz auf einem geduldigen Tierrücken. Nur bei Jannis' Maultier schlug das Erbe des störrischen Esels durch. Es ignorierte die Rufe und unsanften Stöße von den Stiefelabsätzen des Reiters, beugte den grauen Schopf und rupfte mit dem Maul Halme vom spärlichen Bewuchs des Wegrandes. Lachende Männer schoben und zerrten die unwillige Kreatur, die unter dem Druck vieler Hände schließlich von eigener Fresslust abließ und den Widerstand aufgab.

Vor Marias Elternhaus hielt der Zug an. Die Lyratöne hüpften in eigenen, ungesicherten Tonsprüngen, die der vornehmen Geige unter Lambis' Hand fremd waren. Die angeschlagenen Lauten hämmerten ihren eigenen, heftigen Rhythmus, der die aus der Höhe stürzende Lyra auffing und wieder in ihre Freiheit entließ.

Maria zog ihren Jannis, der von den wogenden Menschenleibern hin- und hergerissen wurde, durch das Gedränge zur Tür ihres Elternhauses. Umstehende Männer zückten ihre Dolche, hielten sie zum Spalier hoch über den Köpfen gekreuzt. Unter dem schützenden Klingendach schritt das junge Brautpaar zum ersten Mal gemeinsam ins zukünftige Heim.

Beim Eintreten hörten sie, wie draußen aus vielen Gewehren Freudenschüsse in die Luft gefeuert wurden, obwohl der Pope die Männer vorher gewarnt hatte, weil der sinnlose Lärm nicht nur die Ohren der Kreter im Tal aufschreckte, sondern auch die Deutschen daran erinnerte, dass in den Bergen wieder einmal gegen ihr striktes Waffenverbot verstoßen wurde.

Dann zwängten sich Verwandte und Freunde ins Haus, allen voran der

Pope mit seiner Frau. Maria, die Braut, saß schon am Tisch und genoss es, wie die Hereintretenden sie in ihrer weißen Pracht bewunderten. Manch eine der Frauen befühlte den seidigen Stoff ihres Kleids und staunte, dass je ein Deutscher an dieser Fallschirmseide wie unter gebauschten Segeln vom Himmel getaumelt sein sollte. Andere lächelten über weiblichen Wirklichkeitssinn und die daraus geborene Verwandlungskunst: Vieles vom menschlichen Aberwitz ließ sich mit einiger Fantasie für Küche und Haus, in diesem Fall für eine wundersame Ehestiftung, verwenden.

Dimitrios schenkte den Eintretenden Raki ein. Durch Zeichen gab er Jannis, dem Bräutigam und seit soeben sein Schwager, zu verstehen, dass er diese Aufgabe von ihm übernehmen sollte. Jannis verstand: Dies war hier für den Bräutigam Brauch. Er hörte ein »Efcharistó« nach dem andern, sobald wieder Gläser randvoll gefüllt waren. Und durch die Luft schwirrte ›Jammas‹-Geschrei und Lachen und Ausrufe der Bewunderung, wenn neu Angekommene die schöne Braut zum ersten Mal aus der Nähe sahen.

Aber dann brüllte Theodori gegen das lärmende Staunen an: »Nach draußen!«, rief er. »Wir feiern mit dem ganzen Dorf draußen!« Jetzt schob jeder jeden zum Ausgang. »Nach draußen!« Dimitrios und einige junge Burschen griffen nach Tisch und Sesseln, und bald ordnete sich auf dem Dorfplatz ein Karree aus Bänken und Stühlen, die die Nachbarn aus ihren Häusern herausschleppten.

Noch einmal dröhnte Theodoris Stimme. Mit der Hand wies er auf zwei leere Sessel. »Maria … Jannis …«, verstand der aus den griechischen Worten. Maria fasste ihren Ehemann bei der Hand. Und er begriff: Neben Maria war jetzt sein Platz.

Danach hielt Theodori ein lange Rede über Familie, Kampf und das harte kretische Leben und forderte von allen Anwesenden, dass sie seinen Schwiegersohn respektierten. Er wäre von weit her zu ihnen ins Dorf gekommen, ein Bergbauer wie sie und im Übrigen ein ganzer Kerl, dem er und Vangela, seine Frau, die von beiden geliebte Tochter für das weitere Leben anvertrauten.

»Jannis hat sich für die Hochzeit und als Geschenk für Maria Musik aus seiner Heimat gewünscht. Fräulein Jenny Minervo, die Klavierspielerin, und Herr Kanteris Charalambos, der Geiger, den alle ›Lambis‹ nennen, haben sich auf den mühsamen Weg von Chania nach *Neoklesia* gemacht …« Die Hochzeitsgesellschaft klatschte, hatte doch schon lange niemand mehr aus der Stadt zu ihnen heraufgefunden. Dann erklärte Theodori mit wissendem

Lächeln, dass, wenn der Krieg endlich aus wäre, also bald, Fräulein Minervo und Herr Kanteris selbst ihre Hochzeit feiern würden.

Alle horchten ungeduldig, was Theodori ihnen noch mehr zu sagen hätte und hofften insgeheim, dass bald alles Reden ein Ende nähme. Jeder blickte verstohlen zu den duftenden Herrlichkeiten hinüber, die sie gleich zu Ehren des Brautpaars und zur eigenen Freude verschlingen dürften. Immerhin erzwang dieser Krieg für alle ein fortwährendes, zehrendes Fasten.

Da zog die leise anschwellende Musik der Geige die Aufmerksamkeit auf sich. Scheppernd fiel der metallische Klang des Klaviers ein. Jannis wiegte den Kopf zum gleich erkannten Takt dieses Stücks. »Darf ich bitten?«, fragte er förmlich auf Deutsch, und sein dargebotener Arm war für die Braut Zeichen aufzustehen und sich von ihm umfassen zu lassen. Sie lächelte aufgeregt, als sie die ersten, ungewohnten Takte des Walzers verstolperte.

Nach erster Unsicherheit fügte sie sich bald den fremden Schrittregeln, die Jannis selbst auch nur in der einfachen Grundform beherrschte. Und dann drehte sich Maria mit ihm in den Kreiseln des Schwebetanzes, fest von seinen Armen gehalten. Jannis hatte Mühe zu vermeiden, dass ihn die Fliehkraft und das Gewicht von Theodoris zu weiten Stiefeln von den Füßen rissen. Egal. Seine Maria ließe er auch dann nicht mehr los.

Die Musik endete. Maria und Jannis keuchten, und die *Neoklesianer* klatschten. Demnächst würden sie selbst einmal diesen eigenartigen Tanz versuchen, erlaubte er doch den Paaren vor aller Augen eine sonst unziemliche Nähe. Dimitrios und seine Freunde gossen erneut Raki aus Glaskaraffen in leere Gläser. »Jammas!« Einige Männer traten vor und begannen zu singen, einstimmig und für Jannis' Ohren mit orientalisch verschnörkelten Tonwendungen. Honigsüßes Gebäck wurde als erster Reiz der entwöhnten Gaumen durch die Reihen gereicht. Jannis steckte Maria einen kandierten Mandelkern, den er seit der Trauzeremonie in der Kirche bei sich trug, in den Mund. »Hm. Süß«, sagte sie mit geschlossenen Augen.

»Genau wie am Anfang die Ehe«, murmelte Theodori neben ihr. »Die äußere Hülle ist zuckrig. Erst später schmeckst du den bitteren Kern.«

»Kein guter Scherz, Páthera«, zischte Maria und spuckte wütend die zerbissene Mandel auf den Boden.

Dann begann wieder die Lyra und mit ihr die Aufforderung zum kretischen Tanz. Maria vollführte die ersten Schritte. Jannis versuchte, unsicher wie sie beim Walzer, ihrem Beispiel zu folgen. Als sie die annähernde Gleichheit der Schritte erreichten, traten andere an ihre Seite und fielen mit Leichtigkeit in den Tanzrhythmus ein. In den Pausen wurde geklatscht und getrunken. Der Raki in den fast leeren Mägen tat seine Wirkung.

Dimitrios führte Jannis mit dem Brot, das er am Flaggenstock vorausgetragen hatte, zum Dorfbrunnen und weichte es dort unter dem sprudelnden Wasser ein. Dann gingen sie zu den Gästen zurück, brachen das Brot und verteilten es. Das war das Zeichen für alle, nun endlich in die Brot- und Gebäckkörbe zu greifen.

Maria trat in ihr Elternhaus und kam mit einem Tonkrug zurück. Allein ging sie zum Brunnen, füllte den Krug und trug ihn wie eine klassische Schöne auf der Schulter zu den Gästen zurück. Sie goss das quellfrische Wasser in Gläser und Becher und reichte sie den Umstehenden.

Jetzt wurde noch einmal getanzt. Diesmal führten der Pope und seine Frau die Reihe der Tanzenden an. Die Beine des Priesters schwangen wie die Klöppel von Kirchenglocken unter dem schwarzen Talar. Das Feiertagsessen begann. Es gab Pyramiden in Öl gebackener und dann in Honig getauchter, süß triefender Kugeln, gekochte und anschließend in grüne Blätter gerollte Gerste, Reis und Hühnerfleisch, das sie gierig von zersplitterten Bein- und Flügelknochen nagten, weiße Bohnen in Öl, das heutzutage so kostbar war, Linsen, im ersten Morgenlicht an den Berghängen gesammelte Schnecken, Eierkuchen mit Quark, im Ölbad gegarte Kartoffeln und immer wieder Honig zum Eintauchen der Käsestücke, die überall auf Tellern bereit standen. Lammfleisch vom Spieß, Lammkopf aus dem Ofen. Ein jeder griff zum Wein, weißem und rotem, um das laute Rumoren in den Bäuchen zu dämpfen. Und zu allem kreiste die Rakiflasche.

Am Abend wurden auf dem Dorfplatz Reisigfeuer entzündet. Von den Bergen wehte es kühl, und das matte Sternenlicht reichte nicht, die beginnende Dunkelheit aufzuhellen. Kinder und Alte schliefen schon in den Häusern. Jetzt tanzten die Männer um die Wette. Jedes Mal nach einem besonders hohen Sprung gab es Beifall. Auch Nikos wurde aufgefordert, einen Tanz seiner Heimat vorzuführen. Er pfiff eine Melodie. Doch sonst ließ sein Gesicht keine Regung erkennen, als die Beine unter ihm eigenartige Verrenkungen vollführten. Der Tanz gefiel, aber die Kreter vermissten die großen, gewagten Sprünge.

»Jannis!«, erinnerten sich einige Männer, die gestern mit ihm aus den Bergen ins Dorf hinabgestiegen waren. »Jannis ist an der Reihe!« Jannis fühlte, dass er betrunken war. Raki und der Obstler zu Hause, das machte kaum einen Unterschied. Jeder hatte mit ihm auf glückliche Jahre und auf viele

Kinder anstoßen wollen. Jetzt war es zu spät. Er hakte die Daumen hinter die Falten seines kretischen Hemds, summte die Melodie eines Schuhplattlers, um die Schrittfolge, die Sprünge und Handschläge auf die Schuhsohlen nicht zu verpassen. Aber der Kopf stand ihm nicht mehr gerade genug. Nach jedem gelungenen Hochreißen der Beine gab es Applaus. Er versuchte, es diesen Kretern zu zeigen, dass ein richtiger Bajuware sich mit ihnen messen konnte. Die Erde unter ihm begann sich zu drehen. Er stürzte.

Am Boden liegend hörte er ein Rauschen wie von einem sich rasch nähernden Bergwasser. Zwei Füße, Frauenschuhe, über den Waden eine wehende, weiße Wolke. »Maria!«, rief er und ließ sich von ihr bereitwillig in den Stand zurückhelfen. Später wusste er nicht, wie er an diesen Ort gekommen war. Er saß in einer kleinen Kammer auf der Holzkante eines Betts. Alles strahlte Weiße und Frische und roch verlockend nach Heu. Sein Hemd, schweißnass vom Tanzen, hatte er erst zur Hälfte aufgeknöpft.

Marias Brautkleid hing sorgfältig zusammengelegt über einer Stuhllehne. Sie lag schon im Bett, die Decke bis knapp unter ihr Kinn gezogen. »Ma-ri-a«, stammelte Jannis. »Maria ...« Er sah, dass sie weinte.

25.

Ermattet von der rar gewordenen Ausgelassenheit eines Festes wie der gestrigen Hochzeit schlief das Dorf fest, als der erste Hahn krähte. Nur ein Hund hatte die Schritte bemerkt, mit denen sich ein Trupp Soldaten *Neoklesia* näherte. Sein wütendes Bellen weckte den Popen, der sofort die Gefährdung erkannte, bis auch die Kirchenglocke mit ungewohnter Aufgeregtheit in die schlaftrunkenen Köpfe hinein läutete.

Bald schon stand Theodori vor seinem Haus und brüllte Kommandos. Halb angezogene Männer mit Gewehren sammelten sich um ihn. Vangela kreischte dazwischen, die Männer sollten sich besonders beeilen, denn schließlich gelte ihnen der Überfall. Ihnen, den Frauen, Kindern und Alten würde schon nichts angetan. Auch Theodori trieb jetzt die Männer an. Nikos war unter ihnen, schnallte sich im Laufen den Tornister mit dem Funkgerät um. »Nun macht schon!«, rief Theodori. »Los! Los!«

Noch benommen vom Raki und der missglückten Hochzeitsnacht wankte Jannis aus dem Haus. Voll Angst um ihren gerade erst angetrauten Ehemann schrie ihn Maria an, er solle sich schneller bewegen. Immer wieder zeigte sie in die Richtung, aus der nun erste Schüsse kamen. Sie schob ihn und schlug mit den Fäusten auf seinen Rücken ein, bis auch Theodori ihm einen heftigen Stoß versetzte. Erst jetzt begriff Jannis, dass er als geflüchteter Deutscher besonders gefährdet war. Er lief zum Dorfbrunnen, wo gestern Maria den Krug gefüllt hatte und ließ sich das eiskalte Bergwasser über Arme und Kopf rinnen.

Manche hatten noch Habseligkeiten zusammengerafft. Die meisten waren so geflüchtet, nur mit dem, was sie am Leib trugen. Jetzt richteten sie sich notdürftig für einige Zeit, wenigstens für die nächsten Tage, in den Berghöhlen ein. Junge Mütter stillten Säuglinge. Andere, der Mutterbrust entwachsene Kleinkinder weinten nach ihrem Brei. Einige Frauen brachen zu den Schafherden auf, um die Tiere zu melken. Männer mit Gewehren begleiteten sie. Andere hielten vor dem Zugang zum Lager Wache oder verteilten Rationen vom Proviant, den die *Andarten* hier oben für ihre Rückzüge gehortet hatten.

Für Kreter war es seit Menschengedenken nicht ungewohnt, in die Berge zu fliehen, wenn Piraten die Küsten bedrohten oder Eindringlinge die Insel überrannten. Dann sahen aus sicheren Schlupfwinkeln Hunderte verborgener Augen dem unerbetenen Treiben zu und warteten darauf, dass die Gefahr vorüberginge. Selbst der gerade erst geborene *Zeus* hatte in solch einer Höhle überlebt. Undenkbar, was geschehen wäre, hätte ihn sein eifersüchtiger und mordgieriger Vater entdeckt! Die Geschichte des griechischen Götterhimmels wäre so nie geschrieben worden. Und daher glaubten auch die Flüchtlinge aus dem Dorf *Neoklesia* an ihre sichere Rettung, und wohl manch einer unter ihnen spielte in seinen Gebeten die Götter der Zeiten gegeneinander aus.

»Siehst du was?« Nikos reichte Jannis das Fernglas. Der fuhr suchend mit dem Glas vor den Augen die Dorfstraße auf und ab.

»Klar. Das sind ihre Helme. Sie durchsuchen die Häuser.«

»Erkennst du jemanden?«

»Nur Uniformen. Keine Gesichter. Es ist zu weit von hier.« Jannis drehte an der Einstellung. »Ich glaub, da ist jemand ohne Uniform. Ein Grieche.«

»Zeig mal!« Nikos nahm das Glas. »Ist das nicht …?«

»Ja, ich bin mir fast sicher. Das ist …« Beim Namen zögerte Jannis. »Ich weiß, wen du meinst.«

»Ist zu unscharf. Frag Theodori.« Jetzt gab Nikos Theodori das Fernglas. »Guck mal, zwischen den Soldaten der Mann …«

Lange betrachtete Theodori die Szene im Dorf. »Wenn mich nicht alles täuscht, ist das Adonis, der Hund.« Dann sahen sie, wie Staubwolken aus Fenstern und Türen ihrer Häuser schossen, die Dächer sich wie unter einem letzten, heftigen Atemzug hoben und dann einstürzten. Erst dann hörten sie den Explosionsknall.

»Sie sprengen die Häuser! Sie sprengen unsere Häuser!« Wut und Entsetzen sprach aus den Gesichtern. Die Frauen und Kinder kreischten. Die Männer griffen zu ihren Gewehren und richteten sie auf die umherlaufenden Uniformen im Dorf.

»Nicht schießen!«, brüllte Theodori. »Von hier trefft ihr keinen. Und ihr verratet ihnen unser Versteck!«

Der Pope trat zu den Flüchtlingen in die Höhle. »Ihr seid alle wohlauf?«

»Ja«, sagten sie. An die Alten im Dorf, die zurückgeblieben waren, wagte niemand zu denken.

»Gleich ist da draußen Kindtaufe«, fuhr der Pope fort. »Nebenan hat eine Frau gerade ein Kind geboren.«

»Was ist es?«

»Ein Mädchen. Ihr kommt doch?«

Jannis lächelte, als er die Gesänge des Popen und die Antworten der Gemeinde hörte, schien doch Moses gerade erst mit den Tafeln vom Sinai herabgestiegen und verkündete hier seinem Volk Gottes Gesetz. Aus dem Gesicht des bärtigen Priesters sprach Zuversicht, hatte er ihn doch gestern noch mit Maria getraut, und gerade taufte er hier oben ein neu geborenes Kind. Morgen, ja morgen hätte er vielleicht Totengebete zu sprechen. Aber so war es von Anfang an. Und so würde es immer bleiben. »Von Ewigkeit zu Ewigkeit!«

»Amen!«

»Sie sind weg! Niemand zu sehen!«, rief am Morgen eine der Wachen, die aus sicherer Deckung das Dorf beobachteten. Jeder, der einen Platz mit Blick auf *Neoklesia* fand, sah nach unten ins Tal. Im Morgendämmer schien das Dorf kaum verändert. Doch dann zeigte sich, dass Krater das gewohnte Antlitz zu einer Grimasse verzerrten. Das alte *Neoklesia* lebte nicht mehr.

Theodori stellte einen Trupp Bewaffneter zusammen. Er sollte die Lage erkunden und dann durch Zeichen zu erkennen geben, ob die Dorfbewohner gefahrlos in ihren Ort zurückkehren konnten. Auch Jannis ging mit. Das Signal zur Rückkehr ließ auf sich warten. Die *Neoklesianer* in den Berghöhlen verloren die Geduld. Der Pope bemerkte als Erster die Unruhe. Und so beschloss er, dem Drängen auf Heimkehr nachzugeben.

Er setzte sich an die Spitze des Zugs, der sich schwerfällig über den steilen Bergpfad zurückbewegte, langsam, auf Nachzügler wartend. Der Pope sang. Es waren Karfreitagsgesänge, aus denen schon, bei aller Trauer, die Gewissheit baldiger Auferstehung klang. Irrlichterte doch jeder durch seine auf Erden bemessene Zeit, um an deren Ende befreit in die Ewigkeit einzugehen.

»Hilf, rette, erbarme Dich und beschütze uns, Gott, durch Deine Gnade.«
»Kyrie eleison.«

Beim Betreten des Dorfs verlangsamten sich die Schritte des Popen, und die Bewegung des Zugs stockte. Brandgeruch lag in der Luft. Ein Hund kam ihnen hinkend entgegen und humpelte bellend zurück in die Richtung, aus der er gekommen war. Dann stand er, heulte, als wollte er ihnen eine Trauerbotschaft verkünden.

Vor einem der zerstörten Häuser lag ein Bündel. Aus einem schwarzen Kopftuch starrten blicklose Augen zu ihnen herüber. Ein offener Mund, erstaunt über die Plötzlichkeit des hereinbrechenden Unheils, die Beine im kraftlosen Sturz verrenkt. Eine junge Frau schrie auf und stürzte sich weinend über die Tote.

Der Schreie gab es noch viele an diesem Tag. Zurückgekehrte gruben Namen rufend in den Trümmern ihrer Häuser. Verstörte Katzen und Hunde schlichen durch die Ruinen. Ziegen mit prallen Eutern fraßen in Hausgärten Kräuter und sorgsam gehütetes Gemüse. Aber kein Zeichen, kein Laut von durch himmlische Fügung dem Unheil entkommener Angehöriger. Die Angreifer hatten keinen von ihnen verschont. Nicht alle fanden in den Gräbern ihrer Familien Platz. So hatten Männer eilig Gruben ausgehoben, um die Toten darin zu begraben.

Neoklesia weinte an diesem Tag. Bald schon wären die Häuser von den Überlebenden wieder aufgebaut, aber die Toten müssten sie für immer der kretischen Erde übergeben. In den Herzen würden sie weiterleben, der alte Lyraspieler und seine Frau und alle die, deren Namen irgendwann auf einer weißen Gedenktafel stünden.

»Du sollst nicht töten!«, mahnte der Pope zum Schluss der Feier und segnete Tote und Überlebende und las aus finsteren Männergesichtern geheime Racheschwüre. Als die Toten bestattet waren, nahmen Lambis, der Geiger, und Jenny, die Pianistin, Abschied vom Dorf. Da hatte die Wiederbelebung des Dorfs schon begonnen. Möbel und Hausrat wurden geborgen. Vorräte gesammelt. Schafe und Ziegen gemolken. Steine geschichtet. Zäune geflickt. Auch Maria und Jannis halfen, das Haus ihrer Eltern, das sie nach der Hochzeit gemeinsam bewohnen sollten, wieder herzurichten.

»Wie war die Hochzeit?«, fragte Julia die Schwester, als die sich müde aufs Bett fallen ließ.

»Die Hochzeit, ja, die Hochzeit war ein schönes Fest, zuerst ...«

»Wieso zuerst?«

»Magst du die?« Jenny gab ihr ein paar gezuckerte Mandeln, die sie noch von der Zeremonie in der Tasche trug. Dann erzählte sie Julia die Geschichte von Maria und Jannis.

»Ist das der Jannis, den du vom *Kaíki* her kennst?«

Jenny nickte. »Ja, genau der.«

»Eine wunderbare Geschichte, findest du nicht? Du siehst also, es geht.«

»Was?«

»Dass eine Kreterin mit einem Deutschen ...«

»Sag, nicht so etwas, Schwester!«

Abends im Kafé *Krikri* ist Jannis nicht sehr gesprächig. Steve sitzt mit krauser

Stirn hinter seiner Tabakwolke. Mir ist, als ziehe er heute besonders heftig an seiner Pfeife. Vorne spielt jemand leiernd die Lyra. Ein anderer singt. Doch niemanden reizt die Musik zum Tanz. Ob jemand gestorben sei, will ich fragen. Aber ich halte mich zurück. Vielleicht hat es Streit gegeben, bevor ich herkam. Oder die alten Männer sind müde. Grund dazu gibt es genug. Die letzten Nächte waren sehr lang. Und der Raki geht auf Kreta nie aus.

Ebenso wenig wie die alten Geschichten. Schon früher zu Hause war mir aufgefallen, dass nach Ablauf einer bestimmten Lebenszeit beim Menschen alles – oder doch das meiste – um die Vergangenheit kreist. Anfangs wurde mir die Wiederholung der stets selben Begebenheiten oft lästig. Mit den Jahren wuchs bei mir die Erkenntnis, dass das Erzählen längst vergessener Ereignisse der Archäologie nicht unähnlich ist. Ausgegrabene Erinnerungen fügen sich wie Bruchsteine wieder zu tragenden Gewölben, über die die Nachwelt, wenn auch mit Vorsicht, voll Staunen schreiten kann.

»Warum spielst du nicht Tavli?«, versuche ich, an Jannis gerichtet, einen Scherz. Steve blickt vorwurfsvoll. Sicher fürchtet er, dass ihn nun Jannis für Stunden hinter das Spielbrett zerrt.

»Pah, Tavli!«, wehrt jedoch Jannis ab.

»Schade, dass der keinen Skat kann«, brummt er und zeigt mit der Nasenspitze auf Steve. Zum ersten Mal, seit ich Jannis kenne, hat es den Anschein, als verbrüdere er sich mit mir.

»Wir würden ihm glatt die Hosen herunterziehen«, prahlt Jannis.

»Da werdet ihr's schwer haben«, hält Steve dagegen. »Der Kelte trägt Kilt, und er spielt Bridge.«

Darauf sagt Jannis nichts, und ich sehe stumm zu Steve hinüber. Mir kommt es vor, als weiche er meinem Blick aus. »Du fliegst übermorgen?«, fragt er.

»Ja, aber die Maschine geht spät. Fast gegen Morgen.«

»Ich hasse Nachtflüge«, sagt Steve.

»Teufelskram, diese Fliegerei«, brummt Jannis. »Der Mensch ist kein Vogel.«

»Dann hast du morgen Abend noch Zeit?«, kommt zögernd Steves Frage.

»Ja, aber der Koffer ...«

»... ist schnell gepackt«, schneidet Jannis den Einwand ab.

»Ich wollte noch ...«

»Du bist eingeladen«, beharrt er. »Und eine Einladung auf Kreta kannst du nicht ausschlagen.«

»Du wolltest doch noch einmal Barbunjas essen«, lächelt Steve. Und, als ich zögere: »Katharina wird auch da sein.«

›Katharina!‹ Beim Gedanken an sie komme ich mir treulos vor, als gebe es zwischen ihr und mir ein geheimes Einverständnis oder gar ein Versprechen. Dabei bestehen innere Verknüpfungen nur in meiner Einbildung. Ich erkenne das sich stets wiederholende Versäumnis in mir, den eigenen Standort klar zu bestimmen und für andere erkennbar zu machen. Mag sein, solches Verharren im Ungewissen ist mangelnder Glaube an persönliche Überzeugungskraft und gleichzeitig Strategie des ängstlichen Ego: Es will sich mit der Wahrung des Schwebezustands den Rückzugsweg offen halten, bevor überhaupt ein Schritt vorwärts getan und ein Gegenschlag ausgeführt wurde. Wie feige die Seele doch ist, sobald sie aus ihrer Deckung heraustreten soll. ›Katharina!‹ Ich weiß nicht, ob ich ihren Namen gerade nur gedacht oder laut gesprochen habe.

»Du kommst?«, fragt Jannis.

»Und wo ...«

»Ich kenne den Weg«, unterbricht mich Steve. »Am besten treffen wir uns unten im *Pharos*. Sagen wir, abends gegen halb acht an der Rezeption.«

Die *Ebreica* schien an diesem Tag menschenleer. Bevor er sich mit den andern Gemeinde-Ältesten in der Synagoge traf, tat Herr Minervo vor der Familie sehr geheimnisvoll. »Etwas Besonderes steht uns bevor«, war seine einzige Andeutung und, als Frau Minervo auf einer Erklärung beharrte, empfahl er: »Lest nach im Buch Exodus.« Danach legte er den Zeigefinger wie einen Riegel quer vor die Lippen.

»Was er wohl meint?«, fragte später Julia ihre Schwester.

»Weiß nicht«, sagte die knapp. »Mir hat er nichts verraten.« Jenny verschwieg, dass am kommenden Sonntag alle jüdischen Familien der *Ebreica* und aus anderen Teilen von Chania in kleinen, unauffälligen Gruppen die Stadt als Spaziergänger verlassen würden, um in den Bergen für eine Weile Zuflucht zu suchen. Die Nachrichten von benachbarten griechischen Inseln waren Besorgnis erregend. Nur die wenigsten der Gemeinde mochten noch glauben, dass die Juden von Kreta einfach vergessen würden. Zu präzise lief alles Räderwerk der Besatzungsmacht, wenn auch oft, und in letzter Zeit mit wachsender Häufigkeit, gestört durch Sabotageakte der *Andarten*. Die hatten jetzt stetigen Zulauf auch aus der Stadt, und es hieß, sie beherrschten schon weite Teile des Berglands, zumindest dessen hohe und abgelegene Gegenden.

»Da unten kommt Isaac Cohen«, sagte Jenny und zog den beiseite geschobenen Vorhang wieder vors Fenster. »Seit er weiß, dass du und Lambis ...«
»Nichts weiß er«, schnitt ihr Jenny das Wort ab.
»Aber ...«
»Kein Aber.«
»Du musst doch zugeben, dass alle denken ...«
»Lass sie denken.«
»Aber Schwester, es stimmt doch, dass ihr ...«
»Ja. Nach dem Krieg.«
»Ich seh euch schon überall auf den Plakaten. Lambis mit der Geige und meine Schwester am Flügel!«
»Heute Abend ist unsere Generalprobe. Vor Publikum.«
»Heute Abend, sagst du? Du weißt doch, dass abends niemand von uns dabei sein kann. Es ist doch Sperrstunde«, schluchzte Julia.
»Lambis kommt bald zu uns. Dann gibt's ein ›da capo‹ für euch ganz allein.«
»Sag bloß, ihr spielt heute im *Odeon*!«
»Nein. Im *Kaíki*.« Julia lachte schallend, bis die Zimmertür aufging und Frau Minervo in Julias Lachen rief:
»Isaac Cohen ist da!«
»Ich muss weg«, hatte es Jenny jetzt eilig.
»Wozu brauchst du heute dein weißes Kleid?«, wunderte sich Frau Minervo.
»Für unsere Premiere, Mamá. Wir spielen zum ersten Mal öffentlich die *Kreutzer-Sonate*, die wir hier so oft geübt haben. Ich bin schon ganz aufgeregt.« Frau Minervo blickte ungläubig.
»Ja, es kommen auch Offiziere mit ihren Damen«, sagte Jenny gereizt.

Eine fühlbare Spannung lag über dem Publikum. Nicht, dass jeder der Zuhörer, die Damen eingeschlossen, der Beethoven'schen Musik entgegenfieberte. Schön, der erwartete Kunstgenuss war ein Zeichen, dass die Kultur in Zeiten wie diesen nicht völlig abhanden kam. Doch Anlass zur Sorge gab die Rückkehr des Krieges an diesen eher vergessenen Ort. Immer öfter jagten Flugzeuge der *Royal Air Force* über die Stadt, und niemand konnte vorhersagen, wo ihre Bombenlast niederging.

Auch war durchgesickert, dass es geheime Befehle aus Berlin gab, die in den nächsten Tagen Aktionen der Geheimen Feldpolizei auslösen würden. Kein Zufall also, dass heute niemand von dieser auch bei den Militärs gefürchteten Polizeitruppe der Einladung ins *Kaíki* gefolgt war. Die Offiziersmienen hinter dem Zigarettenrauch gaben sich kühl. Besorgnis wollte niemand vor der Damenwelt zeigen.

Nur Toni, der Leutnant, wirkte verstört. Zwar hatte er Nachricht, dass Johannes, der Freund, gerettet war. Doch immer häufiger hatte er an Julia, Jennys Schwester, und an ihren ersten gemeinsamen Tanz hier im *Kaíki* denken müssen. Jetzt während des Spiels der *Kreutzer-Sonate* hielt er die Augen geschlossen. Er versuchte, sich an Julias Gesicht zu erinnern. Ihr Bild blieb trotz seines Bemühens verschwommen. Er sah nur eine junge Frau, die über das Pflaster einer engen Gasse in der *Ebreica* schwebte und von einer dunklen Männergestalt in weit schwingenden Kreisen geführt wurde und mit ihr im Nachtnebel verschwand, sich dann wieder mit ihrem finsteren Tänzer auf ihn zu bewegte, die Hand nach ihm ausstreckte, als erwarte sie Hilfe. Vergebens versuchte sie, aus dem Tanzrhythmus auszubrechen und sich aus der Umklammerung der Schattengestalt zu befreien, die sie bei jedem Fluchtversuch wieder in die wilde Drehung zurück zerrte.

Lautes Klatschen riss den Leutnant aus seinem Traum. Auch seine Hände erzeugten mechanisch aufeinander schlagend Zustimmung zu einer gelungenen Darbietung. Da vorne stand Lambis, der Geiger, und verbeugte sich. Jenny erhob sich von ihrem Klavierhocker. Der Beifall ließ ihre Gesichter glühen, und bei jeder Verneigung schienen sie einzutauchen in ein sprudelndes Bad.

Irgendwann verplätscherte der Applaus zu einem gedämpften Gemurmel. Erstes Lachen war wieder zu hören, und Gläser schlugen laut gegeneinander. Im *Kaíki* ging alles wieder seinen gewohnten Gang. Stavros und seine Brüder hasteten, Flaschen öffnend und einschenkend, von Tisch zu Tisch. Musik machte durstig, auch wenn man sie nicht selbst erzeugte, und ein solch langes Stück allemal. Zudem würde gleich nach der Pause getanzt.

Toni ging zögernd die paar Schritte zum Podium. »Es war wunderbar«, lobte er und ertappte sich, wie er gleichzeitig im Dunkel hinter der Bühne nach dem Geisterpaar von vorhin suchte. Vielleicht könnte er doch noch die junge Frau aus ihrer Bedrängnis retten. Lambis wischte sich mit einem Tuch die Stirn. »Wie geht es Julia?«, fragte Toni.

»Heute Abend wäre sie gern gekommen. Aber die Sperrstunde …«

Toni spürte Jennys Vorwurf gegen das deutsche Ausgehverbot und schwieg verlegen. »Würdest du mir einen Gefallen tun?«, fragte er schließlich.

»Soll ich Julia …«

»Ich habe einen Brief für sie.« Er griff in die Innentasche seiner Uniformjacke.

»Am besten geht ihr nach hinten!«, zischte Lambis.

»Pour Mademoiselle Julie«, las Jenny später auf dem Umschlag, bevor sie ihn zwischen ihren Noten versteckte.

Fast alles geschah gleichzeitig an diesem Morgen. Im Haus der Minervos schrak zuerst Julia auf.

»Jenny, was ist das?«, schrie sie. Auch die Cohens ein paar Häuser weiter wurden durch Faustschläge gegen die Haustür geweckt. Isaac Cohen fuhr in seinem Bett hoch. Keiner der christlichen Nachbarn in der *Ebreica* würde derart die Sabbatruhe der Juden stören! Und da hörte er schon die Lautsprecherstimme. Hier oben im dritten Stockwerk war sie nur undeutlich zu verstehen.

»Auf Befehl des Kommandanten von Kreta ... alle Juden ...!«

Jemand aus der Familie stolperte laut die Treppe hinunter und hastete bald wieder nach oben. Isaac war der Schwester gefolgt.

»Was ist?«, fragte er.

»Lies selbst!« Er überflog, was dort auf Griechisch gedruckt stand. ›Hab ich's doch lange geahnt‹, dachte er, ›und oft genug vor diesem Tag gewarnt.‹ Jetzt war es zu spät. Doch ihn würden sie niemals kriegen! Zumindest nicht lebend. Zwei Stufen gleichzeitig nehmend hetzte er wieder nach oben. Sich auf dem Dach hinter einem Kamin zu verkriechen, wäre sinnlos. Sie würden ihn finden. Er riss eine Zimmertür auf, lief auf den Balkon, blickte nach unten und dann wieder zum Nachbarhaus. Er kletterte auf die Balkonbrüstung, nahm mit den Augen Maß, verlagerte sein Gewicht, bis er unmöglich zurück konnte und sprang. Auf allen Vieren stürzte er auf den Balkon des Nachbarhauses.

Einen Augenblick blieb er reglos liegen. Seine Knochen waren noch heil, und offenbar hatte auf der Straße niemand seinen Sprung bemerkt. Er richtete sich halb auf und klopfte gegen die Scheibe der Tür, zaghaft erst, dann heftiger, als keine Antwort kam.

»Hallo, ich bin's. Isaac Cohen. Bitte, macht auf!« Der Vorhang flog zur Seite, und ein Mann starrte ihn mit aufgerissenen Augen an.

»Isaac!«, rief der. Es dauerte nicht lang, und Isaac trat hastig ins Zimmer. »Bitte, ihr müsst mir helfen!«, flehte er. Der Nachbar begriff sofort. Er packte Isaac am Arm und zerrte ihn hinter sich her. Im Flur schrie die Nachbarsfrau auf, als sie den Fremden sah.

»Das ist doch der Cohen Isaac von nebenan«, erklärte ihr Mann. »Wir müssen ihn vor den Deutschen verstecken.«

»Wo?«, fragte die Frau, und in ihren Augen stand Angst.

»Unten«, sagte er. »Hinter der Garderobe. Komm!«

In seinem Innersten sträubte sich Isaac, dem Mann zu folgen. Wer garantierte ihm, dass sie ihn nicht gleich aus dem Haus warfen und ihn damit den Fängern da draußen auslieferten? Doch bald sah er ein, dass er keine Wahl hatte. Dicht hinter dem Mann stieg er die Treppe hinunter. Neben dem Hauseingang war eine Garderobe und gleich dahinter eine Tür. Die stieß der Nachbar auf, schob ihn unsanft in eine dunkle Kammer und schloss die Tür. An den halblauten Rufen und am Fußgetrappel erkannte er, dass sie Kleider herbeischafften, um sie zur Tarnung seines Verstecks an die Haken zu hängen.

Dann wurde es vor der Tür ruhig. Wahrscheinlich beobachteten seine Retter jetzt hinter ihren Gardinen, was auf der Straße vorging. Isaac erkannte Gepolter im Elternhaus nebenan. Rufe der Mutter und des Vaters. Stapfende Füße, die die Treppe hinauf- und hinunterhasteten. Dazwischen sein Name. Er wurde vermisst. Die Mutter rief erneut seinen Namen. Eine Antwort blieb aus, und so fiel knallend die Haustür ins Schloss.

Auf der Straße jetzt kommandierende Männerstimmen. Zuerst meinte er, von weit her ›Mi-ner-vo‹ zu verstehen. Namen. Jetzt suchten sie zu jedem Namen die passende Person. Die Namensliste der Familie Cohen! Einer fehlte. Einer der Cohens war nicht auf der Straße. Dann eine griechische Stimme.

»Wo ist Isaac Cohen?« Ihr Dolmetscher fragte jetzt seine Eltern.

»Nicht da. Mein Sohn ... im Dorf ... draußen vor der Stadt.« Das war deutlich die Stimme der Mutter. Befehle, Schritte. Jaulende Motoren von Lastwagen, die sich entfernten. Dann war es in Isaacs Kammer still wie im Grab.

Isaac Cohen rang nach Luft. Als alle, Mutter, Vater und seine Geschwister das Haus nebenan verlassen hatten, blieb es dort eine Zeit lang still. Doch dann polterten Soldatenstiefel über Treppen und Flure. Möbel wurden geschoben. Männer ächzten und fluchten in der Sprache der Fremden, und dann hörte er, wie unten in der Gasse schwere Kästen mit Glas und Porzellan aufschlugen und zersplitterten. ›Sie schmeißen alles heraus, als hätte es uns hier nie gegeben‹, dachte er.

Leise scharrte es vor der Kammertür, und der Schlüssel im Schloss wurde gedreht. Ein Lichtspalt fiel ein, und eine männliche Gestalt blickte angestrengt ins Dunkel.

»Komm raus!«, sagte die Gestalt, doch der Befehl kam nicht auf Deutsch.

Es war der griechische Nachbar, der da sprach. Nein, bleiben könne er nicht, bestehe doch für die Nachbarsfamilien die Gefahr der Entdeckung. Denn niemand unter den christlichen Bewohnern der *Ebreica* zweifelte daran, dass die Verfolger versuchen würden, jede der geflüchteten oder unauffindbaren Personen ausfindig zu machen. Und wer denen Obdach gab, fände keine Gnade.

»Ein Glas Wasser noch«, bat er, bevor er nach draußen zu den Gaffern schlüpfte und gleich ihnen neugierig tat, was da mit dem Eigentum der jüdischen Mitbewohner geschah. Er versuchte, sich unauffällig zu entfernen, warf einen letzten Blick auf die Fassade des Elternhauses. Nur weg von hier!

In einer Seitengasse wohnte ein Freund und Kollege aus der Druckerei. Auf sein Klopfen wurde sofort geöffnet.

»Wir wissen schon«, schnitt ihm der Freund das Wort ab, als er den Hergang erzählen wollte.

»Ich habe Hunger«, sagte Isaac Cohen, und die Frau des Freundes gab ihm zu essen.

»Hör zu«, sagte der Freund, »letzte Nacht hat die *Royal Air Force* den Flughafen von Maleme bombardiert. Die Deutschen sind sehr nervös. Sie ahnen, dass für sie hier bald Schluss ist.« Isaac Cohen verstand. Da wollte sich niemand, auch der Freund nicht, zu guter Letzt einer Gefahr ausliefern. »Geh ins *Neptun* und warte auf mich. Ich geh inzwischen zu Stavros. Mal sehen, was der für dich tun kann.«

Auf der Straße wimmelte es von Soldaten. Er fühlte prüfende Blicke, als suchte jeder nur ihn. Aber vielleicht täuschte er sich. ›Du siehst Gespenster‹, versuchte er, sich Gelassenheit einzureden. Das *Neptun* fand er leicht. Er kannte den Wirt. Isaac Cohen setzte sich in die hinterste Ecke. Der Wirt kam mit einem Glas Raki. »Was zu essen?«

»Was gibt's?«

»Im *Neptun* gibt's Fisch.«

»Na gut. Fisch!«

Er kippte den Raki. Aufmerksam beobachtete er die Tür. Aber nicht Alexandros, der Freund, sondern ein Mann um die Fünfzig trat ein. Isaac Cohen kannte ihn aus der Zeit vor dem Krieg. ›Der saß doch früher im Hafen und putzte den Leuten die Schuhe‹, erinnerte er sich. Jetzt trug der Mann ein gestärktes Hemd und eine elegante Fliege.

»Wie geht's, Isaac?«, fragte ihn der ehemalige Schuhputzer und lächelte.

»Wie soll's gehen?« Ohne etwas beim Wirt zu bestellen, schlich der andere durch die Hintertür wieder aus dem Lokal. ›Der geht hin und verpfeift dich‹, war sich Isaac Cohen sicher und lief zum Wirt.

»Sag Alexandros, ich melde mich später.«

»Dein Fisch …«, mahnte der Wirt.

»Keine Zeit«, rief er im Hinauslaufen und verschwand auf die Straße.

Isaac Cohen irrte planlos durch Straßen und Gassen. Diesen Stavros würde er nachher auch ohne seinen Freund Alexandros finden. An jeder Ecke warf er einen Blick zurück. Er wollte sicher sein, dass ihm nicht Uniformierte oder der Mann mit der Fliege folgten. In einer Schaufensterscheibe betrachtete er das eigene Spiegelbild. ›Jeder erkennt dich sofort als den, der du bist‹, dachte er. Ein paar Häuser weiter gab es einen Friseurladen. Als er durchs Fenster sah, dass keine Deutschen darin saßen, trat er ein.

»Rasieren!«, befahl er knapp. »Auch der Schnurrbart muss weg!« Das Messer schabte über die Stoppeln, und unter dem Rasierschaum erschien ein anderes Gesicht. »Auch die Frisur …« Er deutete auf sein Haupthaar. Dunkle Büschel fielen unter der Schere.

»Jetzt sind Sie ein anderer Mensch«, bestätigte der Friseur, als er ihm die äußere Veränderung im Handspiegel vorführte.

»Danke«, sagte Isaac Cohen. »Wie viel?« Der Friseur winkte ab. Mochte sein, er hatte erkannt, wer da auf seinem Friseurstuhl saß.

Mit einem Mal gab es in den Straßen Geschrei und Bewegung. Männer liefen, so schnell sie konnten.

»Hau ab!«, rief ihm einer von weitem entgegen. »Die packen sich jeden, den sie kriegen. Das Stadion ist schon voll …« Isaac Cohen überlegte nicht lange. Er musste zum Hafen. Dort fände er Stavros. Er rannte los, doch bald kamen hastende Männer aus der anderen Richtung. Schüsse waren vereinzelt zu hören. Nicht weit von ihm führte eine Steintreppe auf eine Terrasse. Denkbar, dass er sich dort verstecken könnte. Bevor er die oberste Stufe erreichte, drangen ihm Männerstimmen ans Ohr. Sie redeten Deutsch. Auf der Terrasse stand eine ihrer Flugabwehrkanonen. Ein Glück für ihn, dass ihn die Soldaten nicht kommen sahen. Mit Ferngläsern suchten sie den Himmel über Chania nach Flugzeugen ab.

›Runter mit dem Kopf!‹, dachte er und sprang geduckt auf die Straße zurück. Wenige Schritte entfernt stand das Tor zu einem der alten Lagerhäuser weit offen. Ein rascher Blick ins Innere gab ihm Gewissheit: kein Mensch zu sehen. Hinter sich schob er den schweren Stahlriegel vor. Doch auch der würde die Deutschen nicht aufhalten, wenn sie jemand Bestimmten verfolgten.

Er hörte Stiefelgetrappel, das abrupt vor dem Tor endete. Jetzt hatten sie ihn! Lange würde es nicht dauern, bis es ihnen gelänge, den Riegel aufzubrechen. Das Holz vibrierte schon unter ihren heftigen Fußtritten.

Das Lagerhaus war bis zum Dach mit leeren Apfelsinenkisten gefüllt. Vor dem Krieg wurden von hier aus die Apfelsinen der ganzen Provinz für das Festland verladen. In panischer Angst sprang Isaac Cohen auf einen niedrigen Kistenstapel, brach mit dem Fuß ein, befreite sich wieder, um dann Stufe um Stufe die schwankende Pyramide zu erklettern. ›Lass nur die Soldaten nicht vorzeitig kommen!‹ Aber schon gab das morsche Tor splitternd nach, und er presste sich oben mit dem Körper balancierend flach auf das brüchige Holz. Wenn nur jetzt nicht der wahllos aufgeschichtete Turm zusammenbräche oder zur Seite kippte und er den Hyänen da unten als Aas vor die Füße fiele! Die dünnen Kistenbretter knackten unter seinem Gewicht. Stundenlang würde er wie eine Sphinx reglos in dieser Haltung verharren, wenn sein labiler Sockel im Gleichgewicht bliebe!

Die Soldaten unter ihm ließen sich Zeit. Laut schwadronierten sie über Systematik und Taktik eines erfolgreichen Menschenauftriebs, dass sich dabei übergroße Hast verböte, weil sich die meist oberflächlich versteckte Beute oft genug selbst verriete. »Pst!«, machte einer, als hätte er ein entlarvendes Geräusch wahrgenommen. Isaac Cohen hielt den Atem an. Nur nicht bewegen! Er schickte ein lautloses Gebet zum Himmel. ›Allmächtiger, dieses eine Mal noch …‹

»Komm!«, sagte einer der Soldaten zum andern. »Gehen wir!« Die Nagelstiefel entfernten sich. Noch lange danach wagte es Isaac nicht, sich zu rühren.

26.

»Meist kommt sie um diese Zeit ins *Kaíki*. Sie bringt bestimmt Nachricht von Julia«, tröstete Lambis den Leutnant. Er wusste, warum Toni so aufgeregt an der Zigarette zog. Auf dem Klavier schlug er das »a« an, um danach seine Geige zu stimmen. Beim ersten Bogenstrich kam der Ton unsicher daher. Lambis drehte am Wirbel, horchte nochmals nach dem dünner werdenden »a« des Klaviers, bis beide Töne im Einklang waren. »In der Liebe ist das anders«, scherzte er. »Da spielt jeder seine eigene Kadenz.« Doch Toni lächelte nicht einmal.

Sogar Stavros erschrak, als die Eingangstür laut ins Schloss fiel. Zu dieser Tageszeit waren kaum Gäste da. Für die Meute der Feldgendarmen lohnte also eine Razzia nicht. Aber statt Uniformierter stand, ängstlich zur zugeschlagenen Tür blickend, ein einzelner, junger Mann, den er nicht kannte.

»Was willst du?«, fragte Stavros. Der Mann schwieg, als er den Leutnant sah.

»Komm nach hinten!«, befahl Stavros. »Was ist?«, fragte er, als sie allein waren.

»Ich bin Isaac Cohen aus der *Ebreica*. Du musst mir helfen.«

»Was ist passiert?«

»Was will der da?« Isaac zeigte zum Barraum.

»Der Deutsche? Keine Sorge. Der wartet auf unsere Klavierspielerin.«

»Auf die Jenny ... auf Jenny Minervo?«

»Du kennst sie?«

»Sie haben alle verhaftet. Alle Juden der *Ebreica*. Ich glaube, ich bin der Einzige ...«

Antonius Benjamin Singer, Leutnant der Deutschen Wehrmacht, wusste: Dies war das Ende. Schon überall auf dem Rückzug, trieben sie nun selbst in den entlegensten Winkeln ihrer schwindenden Macht die schuldlosen Opfer ihres Hasses zusammen. Wenn sein Vater, der General fiele, wäre auch die Mutter verloren. So wie ihn, den Leutnant, das Hoheitszeichen an seinem Flugzeug vor dem Abschuss durch die eigenen Leute schützte, war es der hohe Generalsrang, der sie bisher vor der Deportation bewahrte. Er, der Sohn, liebte die Eltern beide, so wie er auch die biblischen Testamente beider in sich trug.

Mutter hatte sich Vater zuliebe taufen lassen und ihre Kinder christlich erzogen, aber wenn sie zu Purim Mutters Verwandtschaft besuchten, hatten sie sich genauso verkleidet wie die jüdischen Cousins und Cousinen. Dafür kamen die dann alle am Heiligen Abend ins Haus der Eltern, um mit ihnen unter dem Tannenbaum Weihnachtslieder zu singen. Doch der Traum einer Symbiose von Purim und Weihnachten war eine Illusion. Er müsste sich jetzt entscheiden.

Zuerst wagte er den Versuch einer Rettung. Wenn es gelänge, wenigstens die Minervos …

»Wir sind nicht zuständig«, beschied ihm der Oberst. »Das ist Sache der Geheimen Feldpolizei. Die hat die Aktion in der *Ebreica zu* verantworten.«

»Man könnte doch den Chef der Geheimen Feldpolizei bitten …«

»Bitten?«

»Es geht doch nur um die Familie Minervo. Fräulein Minervo, ich meine Fräulein Jenny Minervo, spielt jeden Tag Klavier für die Truppenbetreuung.«

»Klavier, sagen Sie?«

»Und ihre Schwester, Fräulein Julia …«

»Sie sind verliebt, stimmt's?«

»Ich muss zugeben, dieses Fräulein Julia …«

»Sie ahnen, was das bedeutet?«

»Ist Liebe verboten?«

»In Ihrem Fall schon, Herr Leutnant. Und Sie wissen es!« Der Oberst nahm ein Aktenbündel aus seinem Schreibtisch. Er schlug den Deckel auf und las.

»Die Herkunft Ihrer Mutter … Sie ist Nichtarierin, habe ich Recht?« Der Oberst sprach leise. Der Leutnant schluckte und schwieg. »Sie sind im Begriff, den selben Fehler zu machen wie Ihr Vater.«

»Herr Oberst, meine Eltern …«

»Ich schätze Ihren Vater sehr. Ich habe ihm mein Wort gegeben, dass Sie, so lange es, geht hier bei mir auf Kreta stationiert bleiben. Wenn bekannt wird, dass Sie sich für diese jüdische Familie verwenden, kann ich nichts mehr für Sie tun. Haben wir uns verstanden?« Der Oberst erhob sich. Das Gespräch war beendet, und jeder weitere Versuch zwecklos.

Einige Luftsprünge noch machte der ›Storch‹ nach dem Aufsetzen auf der notdürftig geflickten Landebahn, bis er zum Stillstand kam.

»Lassen Sie den Motor laufen«, befahl er. »Ich fliege noch eine Runde.«

»Jawohl, Herr Leutnant«, sagte pflichtgemäß der Pilot. »Aber der Sprit …«

Der Leutnant nickte. Ein Blick auf die Tankanzeigen an beiden Tragflächen gab ihm Gewissheit: Weit würde der Treibstoff nicht reichen.

Seit langer Zeit saß er zum ersten Mal wieder in einem Pilotensitz. Sie wollten nur fliegen damals, die halbwüchsigen Jungen mit den kurzen Hosen und der Sehnsucht im Blick, wenn sie die Starts und Landungen der Trainingsflugzeuge beobachteten. Und bald schon trugen sie ihre erste Uniform und hörten da oben in der Stille des Flugs nur das Rauschen der Luft, wenn sie mit ihrem Segler die Thermik nutzten, um in höchste Höhen zu steigen. Schon damals hatte es gehässige Bemerkungen wegen seiner Mutter gegeben, doch gegen Vaters Gewicht wagte sich niemand zu stemmen.

Der Pilot draußen führte die Hand an den Mützenschirm, als er, der sonst nur mitfliegende Leutnant, die Landeklappen auf die günstigste Startstellung bewegte und langsam Gas gab. Der Motor lärmte und rüttelte das leichte Flugzeug, das merkwürdig gespreizt auf seinen Stelzfüßen anrollte. Mit den Augen folgte der Pilot der sich fortbewegenden Maschine. Eine Weile noch würde der Leutnant den Steuerknüppel zurückhalten, damit das Heck des Flugzeugs sich nicht vorzeitig hob, dann drückte er es, wenn er ein Gefühl für das Wesen dieser Symbiose aus spinnengliedrigem Stahlgerippe und leichtgewichtiger Stoffbespannung hatte, in die Waagerechte, der Moment, in dem der ›Storch‹ unter Vollgas von der Startpiste abhob.

Alle diese Regeln der Flugzeugbedienung kamen ihm aus dem Gedächtnis zurück. Brav führte die Maschine jedes seiner Manöver aus, und indem sie ihm klaglos gehorchte, gewann er im gleichen Maß das Bewusstsein eigener Freiheit zurück. ›Du sitzt in einem von dir selbst gesteuerten Glashaus‹, dachte er, als er die sich ringsum verändernde Welt betrachtete. Der Boden unter ihm entfernte sich mehr und mehr, als versänke langsam die Erde. Im flachen Steigwinkel zeigte die Nase des Flugzeugs zum Himmel. Der rasende Kreis, den der Propeller vor ihm beschrieb, erinnerte ihn daran, welche Mühe jedem Aufstieg vorausging. ›Du fliegst zu den Sternen und lässt allen Ballast zurück.‹ Er kannte dieses Glücksgefühl des Sich-Lösens von aller Schwere. ›Genauso leicht müssten sich unsere Seelen in die endlose Höhe erheben!‹ Dabei dachte er an den Walzer im *Kaíki*, bei dem er mit Fräulein Julia Minervo über die Tanzfläche schwebte.

In einer engen Kurve lenkte er das Flugzeug aufs Meer hinaus. Sein Schatten glitt über das blau-grüne Kristall, in dem sich die gemächlich ziehenden Wolken spiegelten. Aus der Innentasche der Uniformjacke zog er ein weißes Blatt und seinen Füllfederhalter, Mutters Geschenk zum letzten gemeinsamen Weihnachtsfest. Als Unterlage griff er nach einer Kartenmappe und begann, in ungelenken griechischen Buchstaben zu schreiben. In Sichtweite der Küste folgte derweil der ›Storch‹ dem vorgegebenen Kurs. Da unten in den eigenen Stellungen würde das niemand wundern. Aufklärungsflüge waren nicht ungewöhnlich, zeigten sie doch weiterhin eigene Präsenz in der Luft.

Viel war es nicht, was auf dem Papierbogen stand, wohl von besonderer Bedeutung. Und die würde Julia, wenn sie je seine Zeilen erhielte, leicht erfassen. Unterschrieben hatte er sie als Zeichen seiner Verbundenheit nur mit ›Benjamin Singer‹, als hätte es den Taufnamen ›Antonius‹ nie gegeben. Darunter zeichnete er mit wenigen Strichen ein tanzendes Paar.

Die Tinte war bald getrocknet. Er faltete den Bogen zu einem kleinen Rechteck, kramte nach seinem Taschentuch, legte es auseinander und verknotete die Ecken mit Bindfäden, so dass ein kleiner Fallschirm entstand. Mit einer Schlaufe befestigte er daran den Brief, hakte den Füllhalter als Fallgewicht ein und nahm Kurs auf Agias. Wenigstens ihren Aufenthaltsort hatte ihm der Oberst verraten. In seiner Karte war der Gefängniskomplex verzeichnet. Niemand würde von da unten auf ein Flugzeug mit eigenen Hoheitszeichen schießen, auch wenn der Grund für dessen Annäherung nicht erkennbar sein mochte.

Im *Kaíki* hatte er erfahren, dass sich viele Gefangene, wenn sie nicht zur Zwangsarbeit eingeteilt waren, tagsüber im Freien aufhielten. Möglich also, jetzt wären auch die Minervos draußen inmitten der andern ihrer Gemeinde anzutreffen. Leicht fand er aus der Höhe die von Mauern umgebenen Gefängnisgebäude und die davon umschlossenen Innenhöfe. In einem dieser Karrees erkannte er dicht gedrängt Menschen. ›Gebe Gott, dass darunter auch Julia ist.‹

Er verringerte die Geschwindigkeit und drückte die Nase des Flugzeugs nach unten. Im Sturzflug warf er den Brief aus dem Seitenfenster und zog die Maschine wieder nach oben. Er flog einen Kreis und sah, wie sich langsam ein weißer Punkt auf die Menschenansammlung hinabsenkte. Vielleicht würde Julia seine Botschaft erhalten. Und es gäbe ein Wiedersehen ›nächstes Jahr in Jerusalem‹.

Der erste Schritt war getan. Jetzt ließ er das Flugzeug zur Seite kippen und flog zur Küste zurück. Die Brandung unter ihm war ein zerfasernder, weißer Saum, der die Grenze aufzeigte, die das Land gegen die Auszehrung durch das ewig anrennende Wasser setzte. Es hieß, jedes Leben hätte seinen Ursprung im Meer, bevor ihm dann Beine und Flügel wuchsen, mit denen es sich auf dem Boden und in der Luft fortbewegte. Und vielleicht schloss sich der Kreis für ihn endgültig dort, von wo aus alles seinen Anfang genommen hatte.

Der Leutnant drückte das Flugzeug tiefer. Dicht unter ihm sprangen Hausdächer, Gärten und Bäume davon, als fühlten sie sich wie flüchtige Lebewesen von ihm in der Ruhe gestört. Er hielt Ausschau nach einem Landeplatz, wo er nicht so bald von Militärpatrouillen entdeckt werden konnte. Hinter Sanddünen fand er eine abgegraste Viehweide. Er fuhr die Landeklappen aus und nahm das Gas zurück. Kurz vor dem Aufsetzen erhöhte er nochmals die Tourenzahl, bis die Räder den Boden berührten und er das Flugzeug abbremste.

Die plötzliche Lautlosigkeit erschreckte ihn, als der Propeller stillstand. Nur die mäßige Brandung rauschte im ungleichen Takt. Er sprang auf die Erde und ging zum Meer. Im trockenen Sand sank er mit den Stiefeln knöcheltief ein: Er fand einen flachen Kiesel und warf ihn wie einen Diskus weit übers Wasser. Der Stein hüpfte, in großen Sprüngen zuerst, die sich schnell verkürzten, bis die Vorwärtsbewegung aufgezehrt war und er lautlos versank. Eine Weile noch deuteten sich ausbreitende Kreise darauf hin, dass in ihrem Mittelpunkt soeben ein fremdes Objekt eingetaucht war. Aber die Kreise verflachten bald und fügten sich wieder ein in das träge Gewoge des Meers.

Der Leutnant begann, seine Uniformjacke aufzuknöpfen, faltete sie sorgfältig, nachdem sie abgestreift war, wie er es als Rekrut gelernt hatte, zog die Stiefel aus, legte das Lederkoppel mit der Pistole und dem Messer ab, dann Hose, Strümpfe, Unterwäsche und auch die Armbanduhr. Schließlich nahm er seine Erkennungsmarke vom Hals und warf sie als Letztes auf den Kleiderstapel. Er fühlte die Meeresbrise auf der verschwitzten Haut, und beim langsamen Gang durch die Brandung empfand er es wohltuend, wie ihm das Wasser die Hitze aus dem Körper trieb.

Sein volles Eintauchen war der selbst gewählte Abstieg in diese fremde, kühle Welt. Vielleicht gab es hier unten die Wahrheit, die er suchte. Doch fürchtete er, wenn er jetzt auf dem Meeresgrund nach ihr forschte, fände er stattdessen auch dort die Heimtücke vergangener Kriege wie auch des gegenwärtigen, und alle die alten Schlachten würden immer wieder neu geschlagen. Römer und Karthager bekriegten sich weiter in ewigem Hass, Franzosen, Briten, Türken, Sarazenen und Deutsche … Sogar die Phönizier würden erneut die Küsten besetzen und mauerbewehrte Städte gründen, um auch an

Land ihre Macht zu festigen. Selbst hier unter Wasser wäre keine Erlösung von Mordlust und Todeskampf zu erhoffen. Wie also könnte ihm dieses Meer die Reinheit, die Unversehrtheit seiner Seele, zurückgeben?

Keuchend rang er nach Luft, als er auftauchte. Wenigstens die Kreuzzüge sollten hier für ihn enden, das wilde Dreinschlagen auf Köpfe, die der Schrein anderer Wahrheiten waren und denen andere Schriften als heilig galten, und die doch so viel Gemeinsames enthielten. Wie Nathan wollte er werden, den der Dichter den Weisen nannte, heimkehren ins Verheißene Land, den Willen bekunden, zum Erbe der Mutter zu stehen und dort neu beginnen, wo damals Abraham den Anfang machte. War er es doch, der nicht nur bereit war, den eigenen Sohn zu opfern, sondern sich als Erster mit der Klinge das blutige Mal im eigenen Geschlecht beibrachte und dies für Kinder und Kindeskinder als Zeichen der Zugehörigkeit zum eigenen Volk erhob.

Er, Benjamin Singer, würde nun an sich selbst die Beschneidung vollziehen, um seine Heimkehr in den alten biblischen Bund zu besiegeln. Er fasste die Vorhaut, setzte die Spitze des Messers an und schrie laut auf, als er den Schnitt vollzog. Der plötzliche Schmerz warf ihn auf die Knie. Er sah, wie sein Blut in den Sand tropfte. »Allmächtiger! Jesus!«, rief er.

Die Uniform hatte er endgültig abgelegt. Für seine Reise würde das schweißfleckige Weiß der Unterbekleidung reichen. Er wusste, in Jerusalem wurden die Toten in einfachem, hellen Tuch der Erde übergeben. Keine Holzbohlen hinderten sie, von ihrem Eigentum wieder Besitz zu ergreifen.

Erneut bestieg er den ›Storch‹ und strich liebevoll über die Bordinstrumente des treuen Vogels. Dann startete er den Motor, der polternd und rüttelnd Welle und Propeller in ruckende Bewegung versetzte, bis alles in rasender Drehung war und das Flugzeug über Unebenheiten rumpelte, um dann die Erdberührung aufzugeben und sich von der Luft tragen zu lassen. Für einen kurzen Moment schloss er die Augen und atmete tief. Wie immer betäubte ihn dieser Geruch von Benzin und Leder. Er liebte das zitternde Schwingen der Tragflächen und das emsige Zirkeln des Propellers, der das Flugzeug und seinen Insassen mit sich riss. Da unten lag Kreta, dieser schlafende Saurier mit seiner schrundigen Haut. Gleich würde er noch einmal über seinen höckrigen Rückenpanzer, die Weißen Berge, fliegen und dann direkten Kurs nach Osten über das Meer nehmen.

Kreta lag nun schon hinter ihm. Nur ein letzter Landzipfel streckte sich noch nach dem Orient. Bis auf fünftausend Meter würde ihn dieses Flugzeug tragen. Doch da oben begänne die Müdigkeit, die Sinne des Piloten mit unsichtbaren Netzen einzufangen. Wenn überhaupt der Treibstoff für diesen Aufstieg langte! Sein Kopf pendelte schon willenlos im Takt der schwachen Taumelbewegung des ›Storch‹, die er im Steigflug vollführte. So schwerelos schwebte sonst nur eine Feder, die in ihrer Leichtigkeit vergaß, zur Erde zurückzusinken.

Aus halb offenen Augen nahm er die Schatten wahr, die an ihm vorbeirasten und deren Luftwirbel das Flugzeug schüttelten, als wollten sie es aus seinem Dämmerschlaf wecken. ›Jagdmaschinen!‹, blitzte es durch seinen Kopf. Ihre Hoheitszeichen erkannte er nicht. Sie beschrieben am Himmel einen weiten Bogen, um zurückzukehren und seine Behäbigkeit zu belächeln, mit der er am Himmel klebte und die ihn zu einem untauglichen Gegner machte. Denn sicher waren es Briten, die über diesem Seegebiet patrouillierten. »Schalom!«, brüllte er gegen ihren Motorenlärm, als sie ihn in ihre Mitte nahmen. »Schalom!« Er glaubte, ihre erstaunt blickenden Augen über den Sauerstoffmasken zu erkennen. Gleich würden sie erneut einen Kreis beschreiben und ihn dann von hinten angreifen.

Er hielt das Flugzeug auf geradem Kurs. Weit hinter dem Horizont musste das unerreichbare Ziel liegen. Dann fühlte er heftige Stöße, die das Flugzeug erschütterten. Auf beiden Tragflächen erschienen kreisrunde Löcher, aus denen Feuerzungen begannen, die Stoffbespannung zu verzehren. Dann folgte ein Schlag gegen den Kopf, ein schmerzloses Klopfen eher. Verwundert betrachtete er den roten Fleck auf der Frontscheibe, hinter der nun tief unten das Meer erschien und das in wahnsinniger Drehung vor seinen Augen zu kreisen begann.

27.

Lange vor dem Hellwerden war ich das erste Mal aufgewacht. Ich erschrak, als ich nicht gleich in die Wirklichkeit fand, horchte, ob da gerade von draußen ein Rufen kam oder ein fremdes Geräusch eine Gefahr ankündigte. Aber nur die Holzbalken knackten, als die Tagwärme aus dem Mauerwerk wich, und von einem der Nachbarzimmer drang das Schlafgrunzen eines Schnarchers herüber. Nicht einmal ›vier‹ zeigte der Wecker, Zeit genug, das Licht noch einmal auszuschalten und wenigstens Halbschlaf suchend das Dämmern des Tags abzuwarten.

Mich wundert, wie behände ich den Hang hinaufschreite, bin ich doch von meiner Herkunft eher ein Mann der Ebene, der steile Aufstiege scheut. Alles erscheint leicht an diesem Tag. Selbst der Wind hat ein Einsehen und weht mir kühl die Sonnenglut aus dem Gesicht. Die Schräge endet. Ich stehe am Rand eines Plateaus.

Kein Zweifel: Hier hatten die alten Götter schon ihren heiligen Ort. Ich erkenne zu Stufen gefügte Steine, aus deren Ritzen sich voll Lebensgier Kräuter und Sträucher zwängen, gestürzte Simse, die einmal wie ein Kronreif auf dem Tempeldach ruhten. Und dann die beiden einzigen Säulen, die die Zeitläufte hindurch allen Beben standgehalten hatten. Dort, wo Reste des Altars aus den Trümmern ragen, sehe ich eine ganz in Weiß gekleidete Gestalt, die sich entfernt, je näher ich ihr komme. Eine Priesterin sicher, die hier ihren immer währenden Dienst versieht, sich der Neugier des Eindringlings entzieht und zurückflüchtet in eine Welt, die ihr vertraut ist. Ich versuche zu rufen: ›Ka-tha-ri-na!‹ Doch nur meine Lippen formen den Namen. ›Katharina!‹ Dann lacht es vor irgendwo her, ich meine, von weit oben, voll Schadenfreude, umso mehr, je weiter ich in den Trümmern nach der verschwundenen Frauengestalt suche. ›Verdammtes Pack!‹, will ich in den verlotterten Götterhimmel hinaufschreien, da sehe ich von den Kapitellen der Säulen die in Stein gehauenen Gesichter von Steve und Jannis blicken.

»Ihr seid Freunde!« Ich fahre hoch und sitze aufrecht im Bett. Kein kühler Wind bläst mir den Schweiß von der Stirn. Mag sein, dass draußen die Sonne scheint. Ihr Frühlicht schimmert nur matt durch die Vorhänge. Die Luft im Zimmer ist stickig. Ich springe aus dem Bett und reiße das Fenster weit auf.

Das Duschwasser spült mir den Traum aus dem Kopf. Im Wachsein wäre mir nie der Gedanke gekommen, in Katharina etwas Göttliches oder auch nur eine Priesterin zu entdecken, obwohl ich in der Rückschau einen Hauch Unnahbarkeit in ihrem Wesen feststelle.

Auch schreckt mich die Vorstellung, Liebe sei der Altar, auf dem ich als Weihegabe einen Teil meiner Selbst opfern müsse, obgleich es vielleicht gerade dieses Verharren in eigener Unveränderbarkeit ist, das Frauen wie Katharina davon abhält, die Sicherheit ihres eigenen Umfelds aufzugeben. Mag sein, darin zeigt sich bloß ihre Scheu vor dem Fremden, der erst vor weniger als zwei Wochen nur mit Koffer und Reisetasche im Pharos eintraf. Und sicher weiß sie aus unzähligen Beispielen, dass begrenztes Urlaubsgepäck und der schon lange gebuchte Rückflug aus solchen Urlaubsamouren eine bald vergessene Episode macht.

Doch versetzt mir die Gewissheit, dass mit dem heutigen Tag mein Urlaub in Chania endet, einen schmerzhaften Stich. Die Ursache für meinen aufkommenden Groll bleibt mir anfangs im Ungewissen, doch wird mir bald deutlich, dass er sich zuerst gegen mich, dann aber eher gegen Steve und Jannis richtet. Durch ihr nie endendes Erzählen und meine Unfähigkeit, mich dessen Sog zu entziehen, haben sie mich eines großen Teils meiner Zeit beraubt, die ich sorgloser Erholung vorbehalten wollte und, aus heutiger Sicht betrachtet, besser dazu genutzt hätte, Katharina und mich in einen Kokon verliebter Zweisamkeit einzuspinnen.

Ich bin mir im Zweifel, ob es nicht Absicht der beiden redseligen Alten war, in mir das Gefühl für die anziehende Kreterin unter dem Geröll ihrer weit zurück liegenden Geschichten zu ersticken, sei es aus Neid auf den viel Jüngeren, sei es aus anderen, mir unerklärlichen Gründen. Wie sonst sollte ich das von oben herab in meinen Traum einfallende Hohngelächter deuten? Und wer sagt mir, dass es nicht die in Stein gehauenen, scheinheilig dreinblickenden Männerköpfe auf den Kapitellen der Tempelruine waren, die den arglosen Wanderer mit dröhnenden Spott überschütteten?

Der Kaffee zum Frühstück schmeckt bitterer als sonst. Mag sein, an einem Tag wie diesem sind auch die Geschmacksnerven gereizt. Hinzu kommt, dass heute nicht – wie meistens – Katharina in der kleinen Küche hantiert. Das junge Hausmädchen hat diesen Dienst übernommen. Möglich, sie wurde angewiesen, den Archäologen aus Deutschland, der ohne jede berufliche Neugier nach Kreta kam und schon in der folgenden Nacht wieder abreist, besonders aufmerksam zu bedienen. Das Mädchen sieht öfter herüber und fragt, ob ich noch etwas wünsche. »Eine Tasse Kaffee, bitte«, antworte ich schließlich, um mich zum Schluss wie jemand zu kasteien, der bereitwillig eine Buße für Sünden und Unterlassungen auf sich nimmt. Unterlassen habe ich es bisher, mich Katharina zu nähern und ihr meine Zuneigung zu zeigen. ›Henkersmahlzeit‹, denke ich kauend. Aber das ist dieses Frühstück in Wahrheit nicht, sind doch Steve und ich für heute Abend zum ›Essen mit Freunden‹ eingeladen.

Auch an der Rezeption finde ich keine Katharina. Statt ihrer steht eine elegant gekleidete Dame hinter dem Tresen und prüft lange Computerlisten. »Kaliméra«, sagt sie und lächelt. Ihr Lächeln erinnert an das von Katharina. ›Sicher ihre Tante aus Heraklion, der das Hotel gehört‹, fällt mir ein. So, oder doch so ähnlich, wird Katharina in dreißig Jahren aussehen, ein Anblick, der auch dann noch das träge Herz eines älteren Mannes hoch schlagen lässt. Mich erschreckt die Vorstellung, dass ich in dreißig Jahren schon siebzig sein und dann wie Steve und Jannis zu den Alten gerechnet werde. Doch ich zucke gleichgültig mit den Schultern. Vergänglichkeit, auch eigene, sollte für einen Altertumsforscher nichts Überraschendes sein. Und für wirkliches Leben zählt ohnehin nur die Gegenwart.

Auch Steve, der sonst nach dem Frühstück im Hotelempfang Zeitung liest, ist nicht da, geschweige denn Jannis. Der sitzt sicher irgendwo hinter einem Tavlibrett und bringt seinen Spielgegner ins Schwitzen. Vielleicht ist er auch zu Hause; denn irgendwo in der Stadt muss Jannis ja wohnen. Gesprochen hat er darüber und über sein heutiges Leben nie. Auch habe ich stets vermieden, ihn nach Maria zu fragen. Denkbar, sie kommt heute in Jannis' Begleitung zum ›Griechischen Mahl‹, wie es Steve nannte.

Ohne die bekannten Gesichter fühle ich mich fremd wie am Tag meiner Ankunft, als ich jetzt aus dem Hotel trete, noch einmal in den kleinen Innenhof sehe und zum Himmel hinaufschaue. Keine Wolke ist dort zu erkennen. Sicher herrscht oben über den Dächern schon flirrende Hitze. Hier unten hält sich noch Morgenkühle wie tief in einer Schlucht.

Auf der Gasse begegnen mir Frauen, die mit Körben und Taschen von ersten Einkäufen aus der Markthalle heimkehren. Ich schlage den Weg zum alten Hafen ein. An diesem Tag kreuzt keine venezianische Galeasse als Wache vor der Einfahrt, und kein abgetakeltes Kauffahrteischiff wird von schwitzenden Männern an straffen Tauen zur Überholung in eines der langen Magazine geschleppt.

Nur wenige Gäste sitzen zu dieser Stunde in den Restaurants und Straßencafés. Einige Urlauber in Reisekleidung machen letzte Fotos von Leuchtturm und Mole oder sehen den Fischern beim Ordnen der Netze zu. Die

Pferdekutsche mit einem eng umschlungenen Paar rasselt vorbei. Der junge Nussverkäufer mit seinem fahrbaren Stand fehlt heute an seinem Platz. Möglich, er sitzt in diesem Augenblick noch auf der Schulbank und quält sich mit endlosen Sätzen oder paukt Jahreszahlen der kretischen Geschichte.

Schon oft habe ich eine unerklärbare Trauer empfunden, wenn mir ein Abschied von vertrauten Personen und Orten bevorstand. Vielleicht ist es meine geheime Furcht, ihnen nie wieder zu begegnen. Heute will ich dieses Gefühl gar nicht erst aufkommen lassen. Woher ich die Zuversicht nehme, Katharina, vor allem sie, wieder zu sehen, ist mir ein Rätsel. Nach der Rückkehr werde ich ihr sofort schreiben und alles erklären, vor allem, warum ich sie neulich auf dem Weg zu dem minoischen Grab nicht einfach in die Arme genommen habe, als sie strauchelte, und dass sie so ganz anders sei als alle Frauen, die mir bisher begegneten. Diese Behutsamkeit, die uns Heutigen in unserem Land schon lange fremd ist, sei Zeichen einer ernsthaften Regung, die zu mehr befähige als zu einer alltäglichen Beziehung.

Aber wenn ich mir meiner so sicher bin, warum ihr das nicht alles Auge in Auge erklären? Warum erst die Heimkehr abwarten und Briefe schreiben, wo doch das direkte Wort, eine zärtliche Berühung gar, viel mehr ausrichten kann als leeres Papiergeraschel? Die Sprache der Blumen ist überall gleich. Ich muss Blumen besorgen, am besten Rosen!

Bisher war mir auf meinen Rundgängen durch Chania kein einziges Blumengeschäft aufgefallen. Vielleicht zeigen die kretischen Männer auf versteckterere Weise ihre Gefühle oder leisten auf andere Art Abbitte für Fehltritte oder Entgleisungen. Und dann stehe ich plötzlich vor *Minos' Storehouse*. Evtychios! Ihn hatte ich ganz vergessen. Er weiß mit Sicherheit Rat. Ich sehe ihn, wie er hinter der Scheibe die Auslagen neu ordnet. Er erkennt den überraschten Schaufensterbetrachter sofort, und in seinem Gesicht scheint ehrliche Freude auf.

Wie ein Blumendieb halte ich den Strauß hinter dem Rücken versteckt, als ich das Hotel wieder betrete. Niemand scheint da. Nur der Kopf des Hausmädchens blickt aus der Bürotür. Es geht zum Schlüsselbrett und reicht mir die Nr. 13. »Bitte, Herr Menges«, sagt es brav und ist wieder verschwunden. Hastig reiße ich das Papier von den Blumen, werfe den welkenden Margeritenstrauß in den Abfallkorb und stelle die Rosen in die Vase. Eine Karte mit ›lieben Grüßen von Martin für Katharina‹ stecke ich zwischen das tiefgrüne Blattwerk. Schade nur, dass ich nicht dabei sein würde, wenn sie den Rosenstrauß wahrnimmt und sich beim Lesen der Karte vielleicht ihre Gesichtshaut verfärbt wie das Rubinrot der Blüten.

»Nice flowers today«, brummt Steve, als wir uns abends an der Rezeption treffen. Von wem die Blumen stammen, verrate ich nicht. Aber sicher hat er mich längst durchschaut. Wie sonst sollte ich seinen prüfenden Seitenblick deuten?

»Well«, sagt Steve und tritt vor mir durch eine Tür. »There we are.« Wir stehen in einem hell erleuchteten Vorraum. Es gibt lautes Reden der in Gruppen da stehenden Leute, Händeschütteln, Umarmungen und kurze Neugier auf die gerade Ankommenden, Kalispéra-Rufe und dann ein erfreutes:

»Da seid ihr ja.« Jannis steht vor mir und drückt mich an sich wie einen lange verschollenen Sohn. Jemand reicht Raki und Brot.

»Alles Familie!«, ruft Jannis voll Stolz in den Lärm, und mit einer ausholenden Geste weist er über die Schar der Anwesenden. »Und Freunde ...« Dabei stößt er Steve und mir die Faust vor die Brust.

Mit flinken Augen suche ich Katharina. Ich finde sie nirgends. Vielleicht ist sie schon im Saal nebenan, in den jetzt lachend und schwatzend die ganze Gesellschaft strömt. Über unseren Köpfen ein frisch geweißtes Gewölbe mit leuchtenden Lampen, und – fast den Raum füllend – steht vor uns eine riesige, u-förmige Tafel. Glaskaraffen mit weißem und rotem Wein, Körbe voller Brotlaibe mit tiefen Einschnitten, was späteres Brechen erleichtern soll. Durch Winken und Rufen werden die Gäste an ihren Platz dirigiert. Drei Stühle an der Stirnseite bleiben frei. Steve und Jannis nehmen mich an einem Schenkel des U in ihre Mitte. Sicher wollen sie mir bevorstehende griechische Reden dolmetschen. Eytychios lacht vom anderen Ende herüber, neben ihm seine Margarita, die er längst schon geheiratet hätte, wenn, ja, wenn seine Schwester Katharina schon unter der Haube wäre. Eine Zeit lang hatte ich den Eindruck, er setzte da seine Hoffnungen auf mich. Aber vielleicht war diese Vorstellung nur mein einfältiger Wunschtraum.

Und dann wird es mit einem Mal still. Alle wenden ihre Gesichter zur Tür. Durch die tritt gerade ein Pope in schwarzem Talar, auf dem Kopf den gleichfarbigen Priesterhut. Darunter blitzen zwei wache Augen über die frohe Gesellschaft, die sich jetzt vor dem Priester erhebt. Hinter dem Popen folgt Katharina, begleitet von einem Unbekannten mit buschigem Schnurrbart, den ich noch nie gesehen habe. Katharina wirkt blass, aber sie lächelt, mir scheint, verlegen.

Ich fühle, wie mir das Herz gegen den Brustkorb schlägt, als wolle es aus seinem engen Gefängnis springen. Warum, weiß ich nicht, aber im gleichen Augenblick ist mir gewiss: Katharina wird diesen Mann heiraten. Dessen Mundwinkel zeigen Stolz und Genugtuung, als hätten für ihn nie Zweifel am Erfolg seiner Werbung bestanden. Ich schließe die Augen, will mit mir allein sein. Einen Moment lang sinke ich in das Dunkel einer Grabkammer. Katharina! Ich sehe sie wieder im weißen Gewand in der Tempelruine vor dem fremden Eindringling fliehen. Der Traum war das Orakel, das mir die Vergeblichkeit meines Hoffens offenbarte. Doch wollte ich seinen Sinn nicht verstehen.

Ein Rippenstoß, nicht heftig, aber stark genug, um das Bild zerbersten zu lassen, weckt mich aus meinen Gedanken. Jannis zeigt mit dem Kopf auf den Popen, der jetzt für mich Unverständliches redet. Dann schlägt er feierlich das weit ausholende Kreuzzeichen der Orthodoxie. Ich tue es ihm auf meine Art gleich. »Amen«, sagen alle zum Schluss und nehmen wieder auf ihren Stühlen Platz.

Aus den Augenwinkeln sehe ich zu Steve hinüber. Er hätte es mir längst sagen müssen. Aber er weicht meinem Blick aus. Statt eines erklärenden Worts greift er zur Weinkaraffe.

»Rot oder weiß?«, fragt er.

»Rot«, sage ich. Rot ist die Farbe der Rosen, die im Hotel Pharos auf Katharina warten. Überall an der Tafel wird jetzt das Brot gebrochen und Wein getrunken. Ein letztes Abendmahl ... Der Pope vorn spricht mit Katharina und dem Mann. Ich sehe einen rubinroten Fleck auf dem Revers seiner Jacke: Eine Rose. Meine Rose! Da hat sich dieser Kerl eine der üppigen Blüten an der Hotel-Rezeption vom dornigen Stiel gerissen! Ein gemeiner Schmarotzer, der sich nicht um die Gefühle anderer schert!

Ich lache laut auf, höre mit dem Lachen gar nicht mehr auf, sehe, wie sich verwunderte Mienen in meine Richtung recken. Steve fällt ins Lachen ein, schließlich auch Jannis, der sein Glas hebt, um auf den Frohsinn der Tischgesellschaft anzustoßen. Auch der Pope nickt aufmunternd und trinkt genussvoll einen kräftigen Schluck. Nur Katharina scheint verstört und dem Weinen nah.

Das Gelächter ebbt ab, und es werden die ersten Speisen aufgetragen. Aus Höflichkeit greife ich zu, doch Appetit habe ich keinen. Steve gießt mir Wein nach, der sich wie heilender Nektar auf die blutende Wunde im Innern legt. »Jammas!« Der Kopf wird mir leicht, und ich denke an den Jungen in Heraklion, dem kürzlich das gas-pralle Mickeymaus-Gesicht grinsend davon flog und er, verlassen vom treulosen Freund, Tränen vergoss. Aber hier ist kein mitleidiger Vater, der mit schnellem Ersatz Trost spendet. Stattdessen werde ich mich ebenso wie der flüchtige Ballon bald selbst in die Lüfte erheben ...

Vorne der Pope schlägt mit dem Besteck an sein Glas, das hell wie eine Glocke in das allgemeine Gemurmel hineinklingt. ›Ein Angelusläuten‹, denke ich, und eine Orgel beginnt ihr dröhnendes Spiel. Die Stimme des Popen drängt wortmächtig das Reden und Tuscheln in die Münder der Anwesenden zurück, bis alle schweigen.

Der Unbekannte mit dem Schnurrbart und meiner Rose im Knopfloch ist aufgestanden und beginnt laut zu singen. Die Art der Tonfolgen ist meinem Ohr fremd, die Sprache sowieso. Der Gesang ist wie die stetige Wiederkehr der Meereswellen, ein Plätschern und Gegeneinander-Schlagen. Dazwischen das Kreischen der Möwen und das Brausen eines aufkommenden Sturms. Und dann immer stärker eine menschliche Stimme mit einer sehnsuchtsvoll klingenden Klage. Die Köpfe der Zuhörenden wiegen sich andächtig im Takt des Wellenschlags, und in den Augen der Frauen erscheinen glitzernde Perlen. Ohne erlösenden Schlusston bricht der Gesang ab.

Das Lied ist aus, und die Geschichte, die es erzählt, hat die Herzen bewegt. Applaus und Zurufe nehmen kein Ende. Der Sänger geht zu Katharina hinüber und küsst sie.

»Sollen wir gehen?«, fragt Steve neben mir. Ich nicke wortlos. Niemand der Gäste nimmt unseren Aufbruch wahr.

Doch draußen vor der Tür höre ich plötzlich Katharina hinter mir rufen: »Martin! Martin!« Verwundert wende ich mich um. Sie tritt zu mir und küsst mich auf die Wange. Es ist eine kaum fühlbare Berührung, aber sie durchfährt mich wie der Überschlag eines Flammbogens.

»Katharina!«, stammle ich.

»Leben Sie wohl, Martin. Sie kommen doch wieder nach Chania?« Ich zögere mit der Antwort.

»Am besten zur gleichen Zeit«, mahnt Steve meine Zustimmung an.

»Ich komme«, sage ich. »Nächstes Jahr wieder in Chania.«

Steve und ich gehen zum Pharos zurück. Wir reden kein Wort. Aber ich empfinde es als wohltuend, einen Anteil nehmenden Freund an meiner Seite zu wissen. Hinter dem Tresen der Rezeption sitzt der alte Nachtportier. Er ist eingenickt und schreckt auf, als wir um die Schlüssel bitten.

»Kalinichta«, grüßt er.

»Ich reise gleich ab«, sage ich, und Steve übersetzt. Der alte Mann nickt und gibt mir die Rechnung.

»Bis zum Abflug hast du noch Zeit«, sagt Steve. »Komm, setzen wir uns auf die Dachterrasse. Ich habe noch einen Schluck Wein.« Doch bevor ich Steve folge, sehe ich nach den Rosen. Und wirklich: Von einem der Stiele fehlt die Blüte! ›Da hat dir dieser Vagabund nicht nur Katharina …‹ Den Rest denke ich nicht mehr zu Ende.

Es war anders, als ich nach meiner Ankunft zum ersten Mal mit Steve Harrison oben auf der Dachterrasse saß. Alles hier, der ganze Urlaub, lag noch vor mir. Jetzt läuft die Uhr mit rasender Eile und markiert nur noch Stunden bis zu meinem Abflug. Nach dem zweiten Glas Wein will ich wissen, was denn der Mann mit dem Schnurrbart Bewegendes gesungen habe. Steve räuspert sich. »Jorgí. Du meinst Jorgí?«

»Weiß nicht, wie der heißt.«

»Jorgí hat eine typische Mantinada[19] gesungen. Aus alter Zeit, als die Araber Kreta besetzt hielten. Ein junger Kreter lief damals zum Markt seiner Stadt, um ein Hochzeitsgeschenk für seine Braut zu kaufen. In genau drei Tagen wollten sie heiraten. Da überfielen bewaffnete Araber die Stadt und nahmen alle jungen Männer, derer sie habhaft werden konnten, gefangen. Sie wurden auf Schiffe gebracht und mussten fortan als Matrosen an Deck Dienst tun. Einer von ihnen, besagter Bräutigam, stieg jeden Abend nach getaner Arbeit hoch in den Mast und sang. Er sang Stunden lang, bis die Sonne unterging, immer wieder dieselben, traurigen Lieder. Der Kapitän, ein Mann, der die Musik liebte, fragte ihn, was und für wen er fortwährend sänge. Und der junge Mann erzählte dem Kapitän von der Braut und von der geplanten Hochzeit, die dann – der Kapitän wüsste, aus welchem Grund – nicht stattfinden konnte. Der Kapitän war gerührt und versprach: ›Wenn du weiter wie bisher jeden Tag singst, setze ich dich an Land, sobald wir wieder in kretischen Gewässern sind.‹ Und der Kapitän hielt Wort.«

›Ein tolles Märchen‹, denke ich und sage nichts. Nach einer Weile nimmt Steve wieder das Wort: »Du musst wissen, das ist – oder so ähnlich – auch Katharinas und Jorgís Geschichte. Jorgí war arm und ist kurz vor der geplanten Hochzeit ins Ausland gegangen, um Geld zu verdienen und besser vor Katharinas Familie dazustehen. Niemand hat je geglaubt, er käme zurück.«

»Ich muss noch packen«, falle ich Steve ins Wort.

»Wie kommst du zum Flughafen?«

»Mit dem Taxi.« Wir umarmen uns.

»Denk dran: Du hast es versprochen!«

»Ich komme wieder. Nächstes Jahr. Um die gleiche Zeit.«

»Good bye, Martin.«

»Good bye.« Dann gehe ich, ohne mich noch einmal umzublicken.

Im Zimmer starrt mich der leere Schrank finster an, als ich alles in Koffer und Reisetasche verstaut habe. Unten an der Rezeption lege ich den Schlüssel auf den Tresen. Die Nr. 13 hat mir kein Glück gebracht. Helen würde triumphieren, wüsste sie davon.

»Adió«, sage ich zum verschlafenen Nachtportier. »Würden Sie mir bitte ein Taxi rufen?«

»Taxi, ja ...« lächelt er fein. Doch statt zum Telefonhörer zu greifen, geht er ins Büro nebenan und kommt von dort mit einem Mann zurück.

»Evtychios!«, wundere ich mich. »Sie?«

»Ich fahre Sie.« Ob es Katharinas Wunsch war, verrät er mir nicht. Am Flughafen übergibt er mir ein sorgfältig verschnürtes Päckchen. »Einem guten Freund zur Erinnerung«, sagt er zum Abschied und umarmt mich.

Schlaf kann ich auch auf diesem Rückflug nicht finden. Als erdnaher Stern ziehen wir ruhig unsere Bahn. Weit unter uns wetterleuchtet es aus den Wolken. Möglich, dort auf der Erde ist wieder Krieg. Vorsichtig öffne ich die winzige Schachtel mit dem Aufdruck *Minos' Storehouse* und sehe, wie es aus einem Wattekissen golden zu mir heraufblitzt: Eine kretische Doppelaxt mit einer feinen Halskette liegt vor mir in der Hand.

Auch wenn die Bedeutung der zweischneidigen Klinge bis heute unerforscht ist, eines weiß ich gewiss: Zu Helen zurückkehren werde ich nicht.

WORTERKLÄRUNGEN

1 (S. 26) Venezianischer Seeoffizier und Kartenmaler des 16. Jh., stationiert in Candia (Kreta)
2 (S. 26) Handgemalte Seekarten, die von den Kapitänen zur Navigation benutzt wurden
3 (S. 26) Bekannter venezianischer Kartendrucker des 16. Jahrhunderts
4 (S. 28) Britischer General, der während des Zweiten Weltkriegs für die Bombardierung deutscher Städte verantwortlich war
5 (S. 31) Vorort von Krefeld
6 (S. 32) Deutscher Archäologe des 18. Jahrhunderts
7 (S. 33) Englische Übersetzung von Heinrich Heines ›Loreley‹ (Auszug) von Felix Pollak
8 (S. 39) Griechische Fischkutter
9 (S. 40) Großbritannien, Frankreich und Russland im 19. und Anfang des 20 Jh. bei der Befreiung Griechenlands aus osmanischer Herrschaft
10 (S. 48) Ortsteil von Chania
11 (S. 61) Seit den Kreuzzügen Bezeichnung für Westeuropäer
12 (S. 87) Dem Garten Eden vergleichbares Land in der Vorstellung der Sumerer
13 (S. 105) Altgriechisches Ruder-Kriegs-Schiff mit drei übereinander liegenden Riemen-Reihen für die Ruderer
14 (S. 105) Römisches Kampfschiff nach dem Vorbild der griechischen *Triere*
15 (S. 119) »Möge sie nicht verhext sein.«
16 (S. 181) Bekannter kretischer Partisanen-Führer
17 (S. 184) Einer der Titanen der griechischen Mythologie, der Vater des Zeus
18 (S. 185) Abkürzung für ›Jagdbomber‹
19 (S. 249) Rhythmische Reimpaare, oft spontan gedichtete Texte, zu traditionellen Melodien

Danksagung

Dem Philologen und Historiker Evtychios Malefakis aus Chania fühle ich mich besonders verbunden. Meine Kreta-Romane wären wohl kaum entstanden, hätte er mich nicht an die wichtigen Schauplätze in seiner Stadt geführt.

Außer vielen andern, die mir mit ihrem Wissen und Rat zur Seite standen, gilt mein besonderer Dank:

S. E. Bischof Irineos von Selinos und Kissamos aus Kastelli, der lange Jahre als Metropolit der Griechisch-Orthodoxen Kirche in Bonn tätig war;
Dr. Alexandros Papaderos, Direktor der Orthodoxen Akademie Kreta in Kolimbari;
Erzpriester Ioannis Psarakis, geboren auf Kreta, jetzt Pfarrer der Griechisch-Orthodoxen Gemeinde in Düsseldorf;
Judith Humphrey, Historikerin der Fakultät für Orientstudien der Universität Cambridge, die mir ihr Wissen über die untergegangene jüdische Gemeinde Kretas und über die Minervos, Jennys und Julias Familie, weitergab;
Christoph Reichmann, Archäologe, Museum Burg Linn, Krefeld.

Herbert Asbeck